瞭望世界的风景

国际比较教育研究报告集

丁晓昌　杨九俊　主编

凤凰出版传媒集团
江蘇教育出版社
JIANGSU EDUCATION PUBLISHING HOUSE

图书在版编目（CIP）数据

瞭望世界的风景:国际比较教育研究报告集/丁晓昌,杨九俊主编.—南京:江苏教育出版社,2011.11
ISBN 978-7-5499-1082-3

Ⅰ.①瞭… Ⅱ.①丁…②杨… Ⅲ.①教育工作—对比研究—研究报告—世界 Ⅳ.①G51-2

中国版本图书馆CIP数据核字(2011)第205346号

书　　名	瞭望世界的风景——国际比较教育研究报告集
主　　编	丁晓昌　杨九俊
责任编辑	午新生
出版发行	凤凰出版传媒集团 凤凰出版传媒股份有限公司 江苏教育出版社(南京市湖南路1号A楼　邮编210009)
苏教网址	http://www.1088.com.cn
集团网址	http://www.ppm.cn
照　　排	南京前锦排版服务有限公司
印　　刷	江苏凤凰通达印刷有限公司(电话025-57572508)
厂　　址	南京市六合区冶山镇(邮编211523)
开　　本	787×1092毫米　1/16
印　　张	14.25
字　　数	230 000
版　　次	2011年11月第1版　2011年11月第1次印刷
书　　号	ISBN 978-7-5499-1082-3
定　　价	28.00元
邮购电话	025-85406265,85400774 短信 02585420909
E-mail	jsep@vip.163.com
盗版举报	025-83658837

苏教版图书若有印装错误可向承印厂调换
提供盗版线索者给予重奖

目录 CONTENTS

0—6 岁学前教育一体化国际比较研究

——新西兰、英国、日本学前教育一体化述评及启示

幼儿教育与特殊教育研究所

张　晖

近年来脑科学、心理学和教育等领域的大量研究证明，长期被教育界忽略的人类出生最初 3 年的教育，对人的一生的身心发展具有极为重要的意义。重视 3 岁前婴幼儿教育，实施 0—6 岁一体化的学前教育，已成为全世界教育领域的共识。

科学研究表明婴幼儿在成长的每一个阶段都有自身的特征和价值，为发展提供了不可重复的唯一机会，而早期教育的疏忽或失误，往往是以后难以弥补和纠正的。婴幼儿是人的一生中生长和发展最迅速、变化最大的阶段。近年来的研究成果认为，人生的头 3 年胜过以后发展的各个阶段，胜过 3 岁以后到死亡的总和。脑科学研究指出，人类大脑在婴儿期呈现出快速发育的特征。人脑的重量在出生后的第 6 个月达到成年期的 50%，第二年达到 75%，第五年达到 90%；大脑神经系统的网络化过程主要发生在生命的头 3 年。同时，心理学证明，出生 1 个月的新生儿，心理已经发生，1—3 岁的婴儿，高级的心理过程逐渐出现，是各种心理活动发展齐全的时期；每一个婴儿都具有极大的发展潜能，婴幼儿实际上要比人们通常所确信的具有更大的智力优势。早期科学有效的教育，可以加速心理发育过程，影响心理发展方向，提高心理发育水平及影响非智力因素等。早期良好的教育可以极大地开发婴幼儿的智力，教育从 0 岁开始这种理念正在被愈来愈多的人所接受。

0—6 岁这一人生的初始阶段，是一个相对完整的年龄阶段，有必要实施整体性的教育影响。这一阶段儿童的身体、智力、情感和社会性逐步产生和建立起来，是他们未来成长的最初奠基时期。成长最快的阶段是在儿童出生后的最初 4 年中，包括生理、语言和智力各方面。而在加强 0—3 岁婴儿期教育的同时，将婴幼儿教育的两大阶段进行整合，根据 0—3 岁和 3—6 岁儿童的不同发展需要，

有目的有计划地分别施以不同的、互相衔接的教育，则更是“优质高效”的学前教育所要求的。

目前，我国也认识到了3岁前婴幼儿教育的重要性。在20世纪末，上海市就率先提出了“幼托一体化”的概念。1997年在《上海托幼三年(1995—1997年)工作的回顾与总结》中，市教委翁亦诗同志曾将有关内容总结为：“托幼机构逐步呈现一体化的倾向，把0—6岁学前教育视为一个系统的整体将成为现实。”2003年1月23日，中华人民共和国劳动和社会保障部颁布了《育婴员国家职业标准》，在我国诞生了一个新的职业，职业定义为“主要从事0—3岁婴儿照料、护理和教育的人员”。学前教育一体化也成为我国学前教育的发展方向。

目前我国实施学前教育一体化刚刚起步，无论对学前教育一体化概念的理解，方针、政策的规定，还是全面的实施，都没有一个清晰的思路。国外一些国家在这方面已经形成了较为成熟的管理体系，或已经深入思考了学前教育一体化的若干问题，值得我们借鉴。

一、新西兰——全球最早实施学前教育一体化的课程[①]

新西兰是南半球的一个移民国家，全国所有的学前教育服务机构、设施由教育部统管。在过去的20年里，新西兰的学前教育经历了一个飞速发展的阶段。1989年7月新西兰颁布了 *Education Early Childhood Services Regulation 1989* 并在全国范围内实施。1996年新西兰教育部颁布了全世界第一份具有国家法律文件性质的学前教育课程 *Te Whaariki*。2002年9月，又颁布了学前教育的十年策略性计划 *Pathways to the Future*，2004年7月教育部开始实施新的学前教育拨款制度；2007年7月教育部开始向全国3岁和4岁的幼儿提供每周20小时的免费学前教育。在一系列的正式的国家文件的指导下，新西兰的学前教育改革通过多种方式和途径逐步落实到全国的学前教育实践中。

新西兰教育部颁布的学前教育课程 *Te Whaariki*——这也是新西兰国家级的学前教育课程，成为新西兰幼教工作者的行动指南，被昵称为学前教育工作者的“圣经”。*Te Whaariki* 涵盖了从出生到入小学前的早期教育和保育范围，体现了这样一个信念——学习是伴随人生的一个过程，它始于人生的最早阶段。对儿童所生活成长的社会环境的重视是这一课程的重要基础之一。*Te Whaariki* 为

---

① 新西兰资料由新西兰奥克兰皇家十字幼教中心负责人范忆女士提供。

新西兰早期教育课程提出了 4 个基本原则:早期教育课程应赋予儿童学习和成长的力量;早期教育课程应体现幼儿的整体学习和发展的方法;家庭和社区更广泛的环境是早期教育课程的内在部分;幼儿是通过与他人、地点和事物的交互关系来学习的。基于以上 4 个原则,该课程为早期教育划分出了 5 个课程领域:身心健康、归属感、分享、交往和探索。

在这份正式的国家文件中,对新西兰早期教育的作用,早期教育机构之间的联系、家庭需要、文化的多样性的增长以及新西兰社会的快速变化文化都有简洁扼要的说明。*Te Whaariki* 花了一定的篇幅阐述了该课程的心理学和教育学的理论观点,并对学前教育机构在管理、组织和实施课程中的责任以及计划、评价和测量作了说明。但却并没有规定学前教育机构如何去实施这一课程的细节,这也是给予了幼儿园在课程实施过程中的实践空间。

新西兰的学前教育服务机构种类很多,但都必须按照 *Te Whaariki* 来实施学前课程。公立幼儿园是政府所拥有的,教师的工资、园舍和水电费之类的支出由教育部拨款,但幼儿园的日常开销需要家长、社区、单位的捐助和集资。公立幼儿园招收 3 岁和 4 岁两个年龄组的幼儿。3 岁年龄组的幼儿每周 3 个下午,每次活动 2 小时。4 岁组年龄的幼儿每周上午 5 个半天的活动时间,每次 3 小时。公立幼儿园孩子的人数取决于场地的大小和年龄。一般一个老师可以带最多 15 个 4 岁以上的孩子或 10 个 3 岁以上的孩子。所有在公立幼儿园任职的教师,都必须持有有效的新西兰早期教育教师注册证书和急救证书。在新西兰学前教育机构中占比较多数的是私立幼儿教育机构(幼儿保育中心),招收 3 个月到 5 岁的幼儿。这些机构通常是赢利性的,由一些个人或私人公司拥有。除了得到教育部根据在中心的孩子数量和时间给予的拨款外,还向家长收取一定的费用。这些机构服务于全职或全天工作学习的父母,服务时间大多每周 5 天,每天 8—11 小时之间。除了国家规定的公共假期外,全年没有假期。私立幼儿园的师生根据年龄不同而不同,一般比公立幼儿的少,一位老师可以带 5 个 0—2 岁的孩子,或 10 个 2 岁以上的孩子。

二、英国——保教一体化的学前教育服务体系的历程

英国早期儿童教育和保育在 18 世纪开始出现。1879 年英国的教育法规定义务教育从 5 岁开始,1880 年起 5—13 岁儿童接受义务教育。在没有专门的教育机构对年幼的儿童(5 岁以下)实施教育的情况下,允许 5 岁以下的儿童入学

学习，以保护儿童不因贫穷而造成不健康的身体状况和流落街头。1905 年，英国教育委员会的调查报告建议 5 岁以下的儿童应该有单独的设施，不适合使用小学儿童的教学方法。报告的结论正式将 5 岁以下儿童排除在小学教育之外。很长一段时间里，大部分幼儿在家接受幼儿教育。

20 世纪 60 年代，家庭规模缩小以及第二次世界大战后幼儿园的关闭，造成了儿童之间游戏机会的减少。与此同时，游戏的教育价值得到了大部分人的认同。但是，由于教育部没有扩办幼儿园的计划，对于地方教育当局来说，扩办幼儿园是不可能的。政府办幼儿园托儿名额紧缺，而家长越来越关注儿童的幸福和教育，这种局面导致产生了一个新型的托幼机构——游戏小组。教育当局对游戏小组的形式表示赞同，因为游戏小组成本低，并可以替代幼儿园对幼儿实施公共教育。

1972 年，时任教育部秘书的 Margaret Thatcher 提交了一份名为《教育：扩展的框架》的教育白皮书。白皮书提出应为所有想接受幼儿教育的儿童提供受教育的机会；提出到 1980 年，英国接受幼儿园教育的 3 岁儿童达到 50%，4 岁儿童达到 90%。不过这个目标由于英国经济的衰退没有实现。在整个 70 年代到 80 年代，非义务教育阶段的幼儿教育并没有得到重视和发展。

1990 年，Rumbold 的报告《从质量开始》和 1994 年皇家艺术学会的报告《开始的权利》都强调了早期教育质量的重要性。随着 1986 年 HMI（Her Majesty's Inspectorate）的《5—16 岁儿童课程》(DES)出版，Rumbaed 的报告提出了建立在 8 个学习领域上的课程体系。1994 年皇家艺术学会的报告建议为所有 3—4 岁幼儿提供高质量的教育，指出高质量的早期教育有益于儿童认知和社会性发展。报告列出下列主要的高质量的先决条件：适宜的早期学习课程，教师的选拔、持续培训，高水平的教师，儿童比例，为幼儿学习而设计的建筑物和设备，与家长的伙伴关系等。

英国政府于 20 世纪 90 年代末期启动了全面整合学前儿童服务体系的改革进程，试图走出一条全面整合学前儿童服务体系的英国道路。1996 年保守党政府推出第一阶段的幼儿券计划及与之挂钩的非义务阶段幼儿机构的计划——《为进入义务教育阶段的儿童学习的设想》(以下简称《设想》)。教育券计划和《设想》推出以来，早期教育成为国家政策部门的议题。教育券计划允许家长为每个 4 岁儿童使用价值 1 100 英镑用于非全日制的教育，进入任何形式的幼儿园接受教育。

1997 年，新上任的工党政府取消了教育券计划，制定了早期教育服务的计划。新政府试图提高早期教育标准和公共资金。政府直接为非全日制的为 4 岁儿童服务的学前教育机构提供资金，并增加为 3 岁儿童服务的早期教育机构的数量。然而，为 3—4 岁儿童准备的资金的接受依赖于每个幼儿园能够满足政府在《设想》方面所做出的努力。

1998 年的政府绿皮书《应对保育挑战》(*Meeting The Childcare Challenge*)提出，托幼机构提供的服务要改变保育和教育分离的状况，将“保教一体化”作为拓展学前儿童保育服务、提高服务质量的国家战略发展重点。2003 年绿皮书《每个儿童都重要》(*Every Child Matters*)指出，要重构儿童服务的方式，为儿童和青少年创造一个涵盖教育、健康和社会服务在内的一体化服务框架，以缩小儿童间的发展差距并提高所有儿童的发展成就。绿皮书在明确工作机制的同时还设定了儿童发展目标，从而使工作机制和儿童发展目标相辅相成。同时还颁布了绿皮书的配套实施文件《每个儿童都重要：为了儿童而改变》(*Every Child Matters*：*Change for Children*)。该文件明确指出，为了使所有儿童达到理想的发展目标，各相关机构必须围绕儿童和青少年的需要进行合作以提供整合式的服务。

2004 年英国出台了《儿童法案》(*Children Act 2004*)和《儿童保育法案》(*Childcare Act 2006*)，两个文件都重申了“整合服务”这一改革理念。《儿童法案》要求各地方当局任命一名儿童服务主管和一名儿童服务要员，统一负责当地儿童教育和社会服务的相关事宜。《儿童保育法案》明确指出，学前儿童服务应包括儿童早期教育和保育服务、与幼儿及其家长或准家长相关的社会服务、卫生保健服务、就业与培训服务、信息提供以及其他支持性服务，明确界定地方当局在建构合作关系和领导相关合作伙伴方面的职责，将地方当局、基础保育信托(Primary Care Trusts，PCTs)、地方战略健康局(Strategic Health Authori-ties，SHAs)、特别就业中心(Job Centre Plus，JCP)置于互惠职责中，旨在通过这些机构的通力合作实施整合式的学前儿童服务。

同时新工党政府执政之初就将儿童保育机构的管理职责从福利部门转移到当时的教育与就业部(Department for Education and Employ-ment)，从而将儿童保育和早期教育(3—4 岁儿童教育)的行政管理职责由两个部门统一于教育部门，并设立两个下属部门分管儿童保育和早期教育事务，随后这两个部门合并为“儿童早期教育和保育办公室”(Early Years and Childcare Unit)。2002 年底，儿童早期教育和保育办公室与“确保开端”(Sure Start)计划合并，由“确保开端办公室”(Sure Start Unit)统一负责儿童早期教育、保育以及确保开端项目的相关事宜。2003年，教育与技能部(Department for Education and Skills，先前的教育与就业部)设立儿童、青少年和家庭部长(Minister for Children，Young People and Families)，负责除儿童保健外几乎所有的儿童服务事宜。涉及学前儿童保育和教育的中央层面的行政整合基本完成，行政职责统一于教育部门，形成一个围绕学前儿童发展的决策机构。2007年6月，新上任的布朗政府将原有的教育与技能部一分为二，分别组成儿童、学校和家庭事务部(Department for Children，Schools and Families)与创新、大学和技能部(Department of Innovation，Universities and Skills)。儿童、学校和家庭事务部将在负责以往学前教育职能的基础上，从儿童实际需要出发，“制定有关儿童和青少年的政策，统筹政府各部门内关于青少年和家庭的措施”，积极推动儿童、学校和家庭相关政策的协调发展。

2008年9月英国颁布了新的《儿童早期基础阶段》(*The Early Years Foundation Stage*，*EYFS*)学前教育课程(简称EYFS)。EYFS整合了《0—3岁很重要》《8岁以下儿童日托和居家保姆全国标准》《基础阶段课程指导》，完整地建立起0—5岁儿童学习、发展和保育的统一的课程框架。具体来说，它通过设定学习、发展和保育的统一标准，向所有的儿童，特别是处境不利的儿童提供平等的机会，创设合作机制，提高质量和确保一致性等，来实现政府绿皮书《每个儿童都重要》中所明确的儿童发展的指标。

目前，英国学前教育机构的形式很多，有公立的附设在小学里的学前班(Reception class)，招收3—4岁、4—5岁的儿童；有公立的、私立的幼儿园(Nursy school)及社区和慈善组织及教会办的游戏小组、儿童之家等，招收0—5岁的儿童；还有个人办的幼儿园(Childminding)，招收0—6岁儿童。无论是哪一种形式的幼教机构，都必须按照新的《儿童早期基础阶段》学前教育课程实施教育。所以英国目前不仅在学前教育的保教管理体制上，而且在课程实施上，都走上了一体化的道路。

三、日本——学前教育“二元化”向“一元化”的进程中[①]

日本的幼儿教育体制至今仍保持着二元化的发展方向，即幼儿园教育和保育所教育。它们按照各自的法规、制度发展。其中有关联，有融合，也保留了各

① 日本资料由南京晓庄学院李煜提供。

自的特性。

日本的幼儿园作为学校教育的一部分，被列入学校教育体系中，由文部省（教育部）管辖，招收 3 岁以上的学前儿童，每天在园约 4 小时，侧重于教育；而保育所（托儿所）则是一种福利性的设施，由厚生省（卫生部）管辖，招收刚出生到入学前的儿童，每天在中心约 8 小时，侧重于保育。

随着社会的变迁及时代发展，为了能更加适应 21 世纪儿童发展的需要，日本文部省于平成元年（1989）全面修订了《幼儿园教育要领》，将幼儿教育界定为通过环境进行的教育，并着重指出三点：（1）儿童为活动的主体，教育要适合幼儿期的生活特点展开。（2）以游戏为主导活动。（3）根据每个儿童的特点进行指导。此外，改变了以往小学分科式的教育方法，强调了幼儿教育的独自特点，将教育的内容分为 5 大领域：健康、人际关系、环境、言语和表现。这次修订将以往教师主导型的地位改变为儿童主导，并确定了儿童是自由活动的主体，教师的作用在于指导儿童的活动。此后，文部省又积极推进了地域幼儿教育中心及临时保育的实施，促进了幼儿园新的保育政策的施行。1998 年 12 月，文部省对《幼儿园教育要领》进行了修订，并于 2000 年 4 月 1 日开始执行。其中基本保留了平成元年（1989）的要领，对教师的作用及职责更加明确化，并强调重视儿童个人活动的价值及在集体中实现个人的愿望，形成初步的道德观。

在幼儿园要领修订的影响下，厚生省也开始对保育所的保育指针进行研讨和修订，并于平成二年 3 月（1990）公布，4 月开始执行。修改后的指针中明确了保育所保育的独特性，将养护的概念确定为各年龄班幼儿保育内容的基础，并整合了幼儿教育要领，将 3 岁以上幼儿的保育内容分为 5 个领域。为了顺应保育需要的多样化，提出了乳儿保育、延长保育、夜间保育、残疾儿保育的内容。此后，随着日本社会核心化及少子化情况的加剧，伴随着儿童及家庭环境的变化，新的保育所指针应运而生，并于 2000 年 4 月开始实施。

在 2006 年日本教育基本法修订的基础上，2008 年 3 月 28 日，文部省和厚生省同时颁布了新修订的《幼儿园教育要领》和《保育所保育指针》。

幼保一元化问题（即幼儿园和保育所的一元化问题），至今是日本幼儿教育的老问题。从目前来看，现行的二元化的管理体制存在许多弊端。一是幼儿园和保育所不同的管辖机构，造成了保教方面存在着差异。实际上，由于幼儿园的教师资质优于保育所保姆，仅就教育而言，幼儿园方面占有一定的优势。二是导致公费的双重投资，很难协调二者的投资关系而产生某些不公平。三是制度上的混乱，幼儿园和保育所各有自己的一套法规和制度，同是学前教育机构，却分出不同的两轨，在某种意义上，不利于学前教育的深入发展。因此，1998 年，文部省和厚生省发表了《为支援儿童和家庭的共同行动计划》，展开了双方协同研究，使幼儿园教员及保育士学习科目共通化。这也是日本幼儿园和保育所实现一体化的一种尝试，如何及早解决两者之间的分歧，实现幼保一元化，仍然是日本教育界目前所需解决的问题。

尽管在日本存在幼保一元化的问题，现行的二元化的管理体制存在许多弊端，但在对幼儿教师的要求方面，要求是一致的。在日本，幼儿教师被称为是国民重要的早期智力启蒙者，最终对幼儿教育质量起决定性作用。为确保幼教师资质量，日本采取了一系列措施：颁布《教员许可法》等法规；建立幼儿教师资格证制度；建立职后进修制度等。日本实行"开放式"的教师培养制度，这一制度遵循两大原则：一是由大学承担培养教师的责任；二是教师资格证的颁发实行开放制。日本教师的培养机关包括国立、公立、私立的师资培养大学、综合大学的教育部、一般大学、短期大学。幼儿教师主要由 300 多所四年制大学和二年制的短期大学培养。另外，当按大学规定的正规课程所培养的教员不敷所需时，可由文部大臣指定某些机构培养，其水平相当于二年制短期大学的水平，毕业生可获得幼儿园教谕两种普通资格证书。其资格证颁发的开放性体现在：只要在设有学前教育专业课程的大学完成了规定学业、取得相应课程学分的学生，都可以平等地通过考试获得幼儿教师资格证。幼儿园教师必须在指定的四年制大学或短期大学专门学校修完指定课程并获取毕业证后，再向政府报名进行资格考试获取幼儿园教师资格，然后方可从事幼儿教育工作。而保育所（托儿所）的保育员也要求二年制大学毕业，并取得资格证。

日本将幼儿教师职后培训作为提高教师质量，进而提高教育质量的重要环节，因而给予了高度的重视，并出台相关法规，建立教师进修制度。按照日本《地方公务员法》及《教育公务员特例法》的相关规定，在职进修是每个教员的权利也是义务，主管单位必须为之提供各种条件。幼儿教师的进修机构主要是各都道府县市设立的教育研究（研修）中心和新设想教育大学。目前，已发展形成了一套完善的教师进修制度。

四、我国学前教育一体化的思考及建议

通过对以上 3 个国家学前教育一体化的比较研究我们可以对"学前教育一体化"有更进一步的认识。

首先，学前教育一体化的关键是政府政策的主导。正如学者虞永平指出的，托幼一体化意味着将 0—6 岁儿童的教育纳入公众的视野，纳入国家的教育或福利体系，在国家现有的行政构架下能得到政府相关职能部门的关注，能得到政府财政的投入。政府应制订和颁布相关学前教育法规，从长远出发，将 0—3 岁的教育纳入到学前教育体系中来，实施一体化的管理。目前我国的现状与日本的现状相类似，尽管国家重视了 0—3 岁儿童的早期教育，但在管理上存在着多部门管理、责任交叉、重复管理的现象。0—3 岁主要由计生部门、妇联管理，对民办学前教育机构的申办、督察、监督政府部门的管理责任不清，造成社会上存在着学前教育不规范操作的现象。从这点上看，英国的学前教育服务体系值得借鉴，由一个政府部门统一管理、监督任何一种类型的学前教育机构，从法律、政策、管理层面真正实施学前教育一体化。

其次，学前教育课程一体化势在必行。尽管从心理学来看，0—3 岁、3—6 岁是两个具有典型发展特征的年龄阶段，但从儿童的发展来看，一体化的教育课程能更好地实施保教结合，让儿童更好地获得持续性发展。新西兰在 1996 年就实施了 0—5 岁一体化的学前课程，英国也于 2008 年实施了新的面对 0—5 岁的基础教育阶段课程。一体化的课程在对儿童年龄特征的把握上、教育理念上、教育活动的实施上都是对儿童发展有益的。目前，在我省的很多早教机构、幼儿园开始了对 0—3 岁儿童教育的服务，但是课程没有跟上，存在着早教课程（托班课程）“小班化”的倾向，即用幼儿园小班课程实施的模式来实施早期教育。江苏省是教育大省，在学前教育领域无论是政策层面、理论学术层面还是实践层面都领先全国。江苏省可以集全省之力，借鉴先进国家的一体化课程（如新西兰、英国），开发和研究出江苏省的学前教育一体化课程，并成立相关督导部门，提高所有学前教育机构的办学质量。

最后，学前教育一体化的实施还应体现在对教师的培养和培训上。目前我国 0—3 岁育婴师的培训无形中就造成了 0—3 岁和 3—6 岁教师要求的裂缝。劳动部颁布的各级育婴师的标准相对于幼儿教师的标准来说层次低了很多，是从工种对从业人员提出的要求，而非从教师的职业标准提出要求。总之，从事 0—3 岁教育工作的育婴师标准起步太低，初中学历就能准入。而很多具有中专大专学历、小学中级和高级教师为了从事 0—3 岁的教育反过来去考育婴师的资格证书，以获得执教的资格。建议在目前的本科、大专学前教育的职前培养和职后培训中，加强和增加 0—3 岁相关的课程，实施学前教育教师一体化的培养途径和培养策略。

【参考文献】

1. 霍力岩、齐政珂:《全面整合学前儿童服务体系——走向“保教一体化”的英国学前教育》,载《比较教育研究》2010 年第 5 期。
2. 丁昀:《教育一体化是幼托一体化的根本和关键》,载《学前教育研究》2000 年第 2 期。
3. 虞永平:《全面理解幼托一体化教育体系》,载《早期教育》2008 年第 6 期。
4. 虞永平:《托幼一体化的政策导向与课程理念》,载《学前课程》2008 年第 6 期。
5. 林静微:《台湾幼托整合与日本幼保一元化之介绍与比较》,台湾嘉义大学幼儿教育研究所www. nhu. edu. tw/～society/e-j/79/79-13. htm 2009 -5 - 13。
6. 森上史郎:《最新保育资料集 2004》,ミネルワァ　書房,2004。
7. 水野浩志、加藤隆子:《新幼儿教育概论》,ブレーン出版,1991。
8. 《现代保育用语词典》,ブレーン出版,2002。
9. 岩崎次男:《近代幼儿教育史》,明治图书,1979。
10. 《幼儿园教育 100 年史》,ひかりのくに,株式会社,1979。
11. Department for Children, Schools and Families(2008). Raising Standardsproving Outcomes Statutory Guidance: Early Years Outcomes Duty Childcare Act 2006. Nottingham: Department for Children, Schools and Families. http://www. surestart. gov. uk.
12. Department for Children, Schools and Families (2007). The Children's Plan: Building Brighter Futures. London: The Stationery Office. http//www. dfes. gov. uk.
13. Department for Education and Skills(2005). Statutory Guidanceon the Roles and Responsibilities of the Director of Children's Services and Lead Member for Children's Services. http://publications. teachernet. gov. uk, 2008 - 08 - 20.
14. Young-Ihm Kwon (Cambridge University), *Changing Curriculum for Early Childhood Education in England www. eric. ed. gov/ERICWebPortal/recordDetail? accno=ED*471904.

五国(地区)学前教育立法比较研究

幼儿教育与特殊教育研究所

叶小红　何　锋

教育立法是实现依法治教、依法兴教的基础。教育立法能有效地从法律层面解决教育发展中面临的诸多问题。当前我国学前教育尚未真正纳入法制化的轨道,亟待通过立法保障学前教育事业的科学发展;公众对制定"学前教育法"的诉求也越发强烈,从某种意义上讲,学前教育立法已经成为一个"公众论题"。当今世界,已制定和颁布学前教育法律的国家有数十个之多,介绍、比较它们的立法经验,对我国的学前教育立法实践不无裨益。

各国的社会传统、社会发展程度和对幼儿教育的重视程度不同,其幼儿教育立法状况也各具特色,大致可分为三种情况:有独立的学前教育法规;在其他教育法规中包含学前教育问题;没有具体法规,只有行政规定。本研究根据社会、政治、经济、教育、文化传统及地理范围等因素综合考量,主要从北美洲、欧洲、亚洲和南美洲选取了美国、英国、日本和巴西以及我国台湾地区,以这五国(地区)的学前教育法律文本、政策文本、政府报告、相关评论性文章等作为主要资料来源,采用比较的方法,从学前教育性质与地位、学前教育政府职责、学前教育财政投入、幼儿教师队伍建设以及弱势幼儿群体受教育权利保障等方面对五国(地区)的学前教育立法进行梳理分析,在此基础上联系我国实际情况,提炼五国(地区)立法实践的共性经验,并提出对我国学前教育立法的相关启示和建议。

一、学前教育性质与地位的法律规定

在学前教育法和法规中,各国(地区)均规定了学前教育的地位与性质:

美国《2000 年目标:美国教育法》第 102 条第 1 款明确规定,"到 2000 年,美国应保证所有儿童都能接受高质量的适合个体发展需要的学前教育"。

英国的学前教育政策报告《家长的选择，儿童最好的开端：儿童保育十年战略》强调："幼儿时期是儿童发展过程中非常重要的一个时期，儿童在该时期所获得保教质量的高低直接关系到其日后发展及其成就的取得，幼儿良好开端对其终身发展意义重大。"并将学前教育明确定位为社会公共服务体系的重要组成部分之一，定性为公益性事业。

日本于 2006 年颁布新修订的《教育基本法》，首次增加了第 11 条"幼儿教育"条款，对幼儿教育的性质和地位作了更清晰的表述："幼儿期的教育在人的整个生涯中对于人格的形成是极为关键的，是人格塑造的基础。国家及地方公共团体应当为幼儿的茁壮成长创造良好的环境，应努力振兴幼儿教育。"这一阐述明确了国家和地方政府在推动幼儿教育发展中的作用，以及全社会在振兴幼儿教育中应承担的责任和义务。

巴西 2001 年由国民议会通过的具有法律效力的《国家教育计划》明确指出，"学前教育是巴西社会发展的必需"，认为在人的全面发展中，学前教育扮演着越来越重要的角色，是个体生活的最初阶段，该阶段的经验对个体一生发展具有重要的奠基性作用。

我国台湾地区在《幼儿教育券实施方案》中也强调：幼儿教育不仅是个体终身发展的关键阶段，亦是一切教育的基础。

可见，明确学前教育的"公益性"性质，承认其是整个学校教育的一个重要组成部分，重现学前教育阶段对个体一生和对于社会发展的重要意义和价值，是立法的重要内容。

二、学前教育政府责任的法律规定

(一) 强化中央政府宏观管理学前教育的责任

美国是一个联邦制国家，管理教育的权力属于各州，联邦教育立法对各州并不具有强制力。但近年来美国各级政府，特别是联邦政府对学前教育的宏观调控仍呈现不断加强的趋势，明确并强化了联邦政府对学前教育发展的领导、规划、管理、协调、监控、评价等职责。《2000 年目标：美国教育法》专门就促进学前教育发展的全国领导组织机构、教育改革标准与评价、监督等方面做出了规定。《不让一个儿童落后法》在第一篇就明确了联邦政府对包括学前班在内的 K－12 年级公立学校教育的宏观调控目标。

《1988 年教育改革法》是英国强化中央政府职责的一道分水岭。"中央直接拨款公立学校”的确立,被认为是英国打破过去中央、地方两级分权管理教育的传统,走向中央集权的重要一步。在1989年和2004年的《儿童法》中,均规定了中央政府的主要职能,包括地方儿童服务当局履行的具体职责以及对早期教育机构的运转、管理和儿童权益保障等制定规章、进行指导和监督检查等。

(二) 明晰地方政府发展学前教育的职责

《2000年目标:美国教育法》中有专门的“州与地方教育体制改革”,分别对促进州与地方政府包括学前教育在内的教育改革的目标、联邦政府拨款的申请、获得与使用、州与地方政府教育活动的开展、各州教育标准的制定、州与地方政府对教育事务的实际控制权力等方面进行了具体详尽的法律规定。在《不让一个儿童落后法》的基础上,美国许多州纷纷制定本州的相应法律,明确州政府作为宏观调控主体在发展学前教育事业中的职责与作用。

英国议会2006年颁布的《儿童保育法》第7条规定:“地方当局必须根据各辖区有关0—5岁儿童法规规定,确保以下年龄段儿童接受免费学前教育:(1)达到当地法规规定年龄;(2)未达到义务教育年龄。”《儿童法》(2004年)第52条明确规定英国地方当局有保护和促进儿童健康成长及提高教育成就的职责。《儿童保育法》(2006年)的第1—13条进一步明确了地方当局在学前教育管理方面的总体职能和具体职能。前者指地方当局要在改善学前儿童教育与保育,促进每一个儿童健康成长,减少儿童在接受保育、教育、健康等服务上的不平等等方面承担起责任。后者则主要包括制定具体计划,并负责总体组织与协调,确保向家长和儿童提供满足其需要的早期服务;确保为工作的家长提供充足的儿童早期服务;对儿童早期服务项目、实施及质量进行评估、检查和监督;向家长提供早期服务的信息、建议和援助并建立一定的服务机制;向儿童早期服务机构提供信息、建议和培训等。

巴西议会《教育指导方针与基础法》(1996年)第11条、12条规定各州政府负责结合国家教育指令和规划,制订和实施各州教育政策和计划,下达针对教育系统的补充性规定;组织、维护和发展其教育系统内的官方机构和组织,调配学前教育机构布局,确保教育专业人员的培养。各市政府有权批准、委托和监督其教育系统内包括学前教育机构在内的各类学校。

(三) 促进政府相关部门的协调与合作

美国学前教育法律所呈现的一个重要特点是在明确政府各相关部门各自职

能、权利的基础上,重视各相关部门的协调与合作。《不让一个儿童落后法》《提前开始法》《2000年目标:美国教育法》《儿童保育与发展固定拨款法》等法律均对所涉及的美国教育部、财政部、健康与人类服务部、内政部、司法部等政府部门在学前教育事业发展中的职责分工与协调合作进行了明确的法律规定。

英国《2006年儿童保育法》第4条规定:"为达成该法目标,相关部门包括:该地区的教育部门、健康与卫生部门、基础保育部门、劳动与培训部门等","教育、卫生、基础保育、劳动与培训等每个相关部门都必须与地方当局及其他合作者共事,召开相关联席与协调会议,做出工作部署"。《2004年儿童法》规定:"英格兰每个儿童服务当局均必须促进以下方面的合作,包括地方当局,地方当局的相关合作者,当局认为合适的在其辖区内从事儿童事务的其他人士或组织。"

巴西《宪法第14号修正案》明确规定在学前教育发展过程中要实行相关政府部门合作,其第3条第4款规定:"要加强政府部门的合作"。巴西《2000年国家教育计划》特别就学前教育领域的政府部门协作作出明确规定:"要使教育部和其他相关部委的技术、管理、财政等方面的资源实现整合。确保财政部、社会福利部和卫生部的资源用于教育、学前教育事业的发展中。"

总之,以法律形式明确政府在发展学前教育事业中的具体责任,有效协调相关部门的职能,形成"无缝隙"的合作局面,健全对政府履行责任状况的监控机制,是立法的重要内容。

三、学前教育政府财政投入的法律规定

(一)明确联邦(中央)政府对学前教育的财政投入规定

美国几乎每个学前法律都包含拨款项目,充分体现通过立法保障学前教育财政投入的特点。以1990年《儿童保育与发展固定拨款法》为例,为促进各州和地方儿童保育服务的开展,特别是提高对低收入家庭儿童的早期看护与教育,该法规定,1996—2002年每个财政年度联邦政府应提供10亿美元的拨款,获得拨款的机构要将其中不少于4%的部分用于改进和提高儿童保育服务的质量。2000年颁布的旨在增加儿童早期发展的义务性项目、提高服务和活动的有效性、促进年幼儿童为入学做好准备的《早期学习机会法》,计划在2001—2003财政年度分别拨款7.5亿、10亿和15亿美元,确保2004和2005两个财政年度分别有15亿美元的拨款,批准由健康与人类服务部管理该拨款的使用。2002年通过的《不让一个儿童落后法》规定,2002财政年度拨款9亿美元用于其中的

“阅读优先”项目。2005年国会提出《儿童保育法案》拨款数额明显增加的建议:在2006财政年度联邦政府的拨款为23亿美元,是CCDBG中规定的2002年拨款数额的130%,此后每年增加2亿美元,2010年达到31亿美元。美国总统奥巴马上任后,在教育施政纲领中提出实行“全民早期教育”,投资100亿美元发展学前教育。

英国《2002年教育法》第15条明确了英国政府对学前教育进行财政资助的多种途径,包括拨款、贷款、担保、资助项目运转已花费的设备费用,以及受资助人为项目运转而发生的其他费用等。该法第14条规定:“英格兰教育大臣或威尔士立法会议可以直接对任何为达成如下目的或与之相关目的的人士提供或安排相应的财政资助。”2001—2007年《拨款法》对中央学前教育专项拨款的预算单列金额做出明确规定,且法律规定的该项财政预算要逐年递增。以“确保开端”专项拨款为例,《2001年拨款法》中规定的2001—2002财政年度用于该项目的中央财政拨款为1.79亿英镑,而《2005年拨款法》规定2005—2006财政年度用于该项目的相应拨款为11.58亿英镑,为2001—2002财政年度的6.5倍。

2008年日本政府《教育振兴基本规划》提出,今后5年应把免费幼儿教育作为努力方向。为此,2008年日本政府为学前教育投入资金539.44亿日元,并且大力推行“幼儿园入园奖励资助事业”,一个家庭内有两个或更多孩子同时入园时,对第二个孩子实施入园优惠减免措施。目前,日本都道府县和市乡村都开始实施“入园奖励事业”,所需资金的1/3由国家负担。日本《儿童福利法》规定,进入国家设置的儿童福利设施者入所后所需的费用由国库提供,国家承担保育所二分之一或三分之一的设备及各种事务费。

我国台湾地区各市县公立园经费全部由政府负担,幼教总经费的90%用于支持公立园发展,同时公立园接受政府的供给预算。《教育经费编列与管理法》第3条明确指出,各级政府应在财政能力范围内,“充实、保障并致力推动”教育经费的“稳定成长”,要求“各级政府教育经费预算合计应不低于预算筹编时之前三年度决算岁入净额平均值之百分之二十一点五”。在法律的保障下,幼儿园教育经费不仅总量上升,而且所占当年教育总支出比例也在不断提高,从70年代的1%左右增长到2005年的3.23%。

巴西《国家学前教育政策(2006年)》中关于发展学前教育宗旨的第1条指出“要确保维持与发展学前教育的经费”。《国家教育计划》第5章第11条第3款指出“提高学前教育质量要有相应的财政投入保障”,将国家保障教育投入的责任明确化。

(二) 确保地方政府对学前教育财政投入的规定

英国学前教育法律中有多处对地方政府的学前教育投入作出了原则性的规定,其《儿童保育法》第8、9条明确规定:"地方当局提供的支持包括财政支持、工作部署上的支持,以及涉及地方当局财政支持方面的法律条款支持。""如果儿童保育服务提供者没能达到地方当局的要求,特别是地方当局特别说明的条件不能达到令人满意的程度,地方当局有权要求其偿还全部或部分财政资助。"

巴西立法明确地方政府的学前教育财政投入以及各级政府财政分担比例。巴西《教育指导方针和基础法》(1996年)第69条规定,各州、联邦区及各市的专项税收是本地区包括学前教育在内的公共教育经费的重要来源。《1988年巴西宪法》第212条特别规定:联邦政府每年应支出不少于18%的税收额,州、联邦特区和市应支出不少于25%的税收额,包括来自财产转让的收益,用于维持和发展教育事业。联邦拨转给州、联邦区、市的税收,以及州拨转给市的税收不应用于本条上述目的。并且为遵循上述规定,应综合考虑联邦、州、市教育系统的资金。

综上所述,通过法律明确中央政府对学前教育财政投入优先、重点用于举办和发展公立学前教育机构,用相应条款说明财政投入的可靠性与规范性,强调逐年增加等立法举措对政府切实履行发展学前教育的责任起到保障作用。

四、幼儿教师培养与管理的相关法律规定

(一) 关于幼儿教师的任职资质的法律依据

各国的法律法规对幼儿教师任职资质有明确规定。早在1981年,美国的《提前开始法》中就对"提前开始"项目教师学历水平提出要求,2003年该法的修订案要求到2011年所有教师均要拥有儿童早期教育的学士或更高级学位。日本1988年修订的《教育职员资格证法》把幼儿园教师的学历水准提高到硕士毕业或大学毕业并修完师范专业的规定课程。巴西2006年《国家学前教育政策》规定,5年内所有幼儿教育教师要拥有中等水平学历,10年内70%幼儿教师拥有高等教育学历和有资质正规机构颁发的证书。台湾的《幼儿教育法》规定幼儿教师最低学历为高中毕业,但2007年《儿童教育及照顾法(草案)》已将最低学历要求提高到大学。

推行教师资格证制度是各国确保入职师资质量的重要手段。例如,美国的教师资格证书由各州政府发放,申请者除修完必修的专业课程和实践学习外,必

须通过名为Praxis的考试。幼儿园教师资格证书仅是成为教师的最低标准,而非就业的保证。一些州的法令中还规定了早期儿童教育证书的适用年龄,以及吊销资格证的事由。日本的《教职员资格证书法》《教职员资格证书法施行规则》和《教育公务员特例法》,台湾的《教师法》和《师资培育法》等都对教师资格证书种类和级别、获得的途径、程序等作出规定。

日本的《教职员资格证书法》规定"许可证有普通资格证、特别资格证及临时资格证"三种。2008年修订的《教职员资格证书法》第9条规定,"普通资格证和临时资格证的有效期限分别为自取得之日起满10年和3年",教师要在有效期内完成"资格更新讲习",这意味着永久性的教师资格证制度被取消。日本的教师属于公务员,《教育公务员特例法》第11条规定:"公立学校的校长及教师的录用和升职,全部需要通过'选拔'的方式。"各都道府县组织的"幼儿教师候选者选拔考试",合格者即成为后备教师,一年以内没被录用的后备教师需重新参加下一次的录用选拔考试。2002年修改的《特例法》强化了对教学能力低和违规违法教师的人事管理,严格资格证的罚没制度。2007年修订的《特例法》进一步对教育教学"指导能力不足"教师的确认、培训、再评价及免除职务作出规定。

台湾的《教师法》规定幼儿园教师采用检定制获得教师资格。教师资格的检定分初检和复检两个阶段:初检合格者发给实习教师证书,复检合格者发给教师证书。修满教育部规定的教育学分的毕业生凭学历证件向主管教育行政机关申办实习教师资格证书,教育实习一年成绩及格者,可以向教师复检委员会申请获得中央主管机关统一颁发的教师资格证书。除公费生外,其他取得教师证书欲从事教职者,应参加幼儿园举办的教师公开甄选,经由教师代表、学校行政人员代表及家长会代表组成的教师评审委员会审查通过后由校长聘任。

巴西《宪法》第206条则明确规定:教师行业的准入资格必须通过公共招选考试,该考试包括测验、学术报告和(或)专业学历证明。1996年《巴西教育指导方针和基础法》还对包括幼儿教师在内的教师资格与任用考试的公平竞争原则做出明确规定:"应保证专业人员只能凭公开考试竞争和学位就业","任何具有适当学位的公民,都可以要求举行竞职考试和审查学位,以谋求被未竞职上岗教师占据6年以上的公立教育机构中的教师职位"。

(二) 关于幼儿教师的在职培训的法律依据

美国的《不让一个儿童落后法》(NCLB)对学前教育工作者的专业发展做出了明确要求,并对学前教师培训项目承办机构的申请、授权、拨款、职责、活动方案设计等作了详细规定。例如,2002 年,NCLB 项目在提高幼儿园和小学阅读、数学、科学等教师的素质方面的预算为 30 亿美元,2003 年则提高到 40 亿美元。

英国的《教育法》(2005 年)第 75 条为促进幼儿教师队伍建设提供了法律保障,规定教育部学校培训与发展司的职责是促进教师的职业发展,促进所有途径进入教师行业的质量和效率,确保学校开展所有相关课程和项目的新任教师培训。

日本对教师研修进行了巨大投资,文部省对地方研修财政措施以及教师定员措施进行决策并给予国库补助。《教育公务员特例法》明确了在职研修是教师的权利,“教育公务员的任命权者,必须努力为教育公务员的进修提供设施”的规定,鼓励幼儿教师继续进修获得高级别的教师资格证书,第 20 条规定:“教育公务员必须享有进修的机会;教员在不影响教学的前提下,经过所属单位领导同意后,可以离开学校参加进修;教育公务员根据任命权者的规定,可以在职参加进修。”日本幼儿教师的在职研修有经费保障,文部省还逐年增加在职教师的培训预算,专门拨款支付教师在职研修费用。

台湾地区的《教师法》规定教师在职进修享有带职带薪或留职停薪的权利,进修、研究的经费由学校或所属主管教育行政机关承担,并规定教师在职进修的途径。《教师进修研究奖励办法》对包括公私立幼儿园教师在内的教师的全时进修、部分办公时间进修、休假进修、公余进修的薪资待遇、补助、奖励,及进修之后服务义务作了具体规定。《台湾学前教育政策》(2006 年)规定,要通过初级培训和进修及教学计划使得幼儿教师得到尊重,保证幼儿教师在进修中学到特殊教育领域的专业知识,满足学前教育机构中的一般及特殊教育需要。

(三) 关于幼儿教师的待遇保障的法律依据

美国《提前开始法》第 9835 条规定,要增加“提前开始”项目的联邦拨款用于增加“提前开始”项目中幼儿教师的生活补助、与其职责相关的培训和专业教育及购买保险等。2005 年,提请国会审议的《幼儿园及中小学教师激励法案》《国家科学教育激励法案》《专业人员免税法案》等法案中也对幼儿园教师工资待遇与权益做出了规定。

英国《2002 年教育法》对教师的待遇及奖励做出明确规定,设立“学校教师法定工资与待遇检查工作组”并由英国首相指派该工作组主席,教育大臣指派该工作组其他成员,向英国首相和教育部长递交关于教师待遇事宜及检查组建议的检查报告。英国《2002 年教育法》第 131 条还明确规定,要根据幼儿教师表现予以相应方式奖励,作为确定教师工资报酬的依据,类似于“绩效工资”。

日本的公立幼儿园的教师属公务员编制,工资待遇受政府保障,幼儿园教师的收入相对较高(比一般的国家公务员高出20%左右),因此幼儿教师也普遍受到社会尊敬。另外,日本还对志愿任教的学生实行奖励制度。

台湾2005年修订的《教育基本法》第8条规定"教育人员之工作、待遇及进修等权利义务,应以法律定之,教师之专业自主应予尊重",2010年修订的《教师法》又对教师的权利义务作了进一步的明确。2007年出台的《儿童教育及照顾法(草案)》第33条规定,公立园教师"待遇、退休、抚恤、保险、福利及救济事项,准用公立国民小学教师之规定"。

巴西《1988年巴西宪法》中明确规定:要"重视教育事业工作人员,对教职人员进行职业评估,在遵照法律并尊重高校自治的前提下,保障公共教育师资的职级升迁及职务工资的提升",并且还对学前教育阶段教师的提前退休待遇做出规定。

学前教育的质量与教师素质的优劣直接相关,也是促进学前教育事业可持续发展的重要保证,以法律形式规定学前教育从业人员的资质要求、师资培养及待遇保障,也是各国(地区)立法的重点。

五、保障弱势幼儿群体受教育权的法律规定

通过立法保障因经济、文化及残障所造成的各类弱势幼儿群体的学前教育权利,是实现教育起点公平的要求,各国(地区)的法律举措有:

为保障全体美国儿童的受教育权,特别是扶助那些由于身心残疾、经济条件差、家庭环境不利等原因而形成的弱势幼儿群体,美国出台许多重要法律:《2000年目标:美国教育法》把"保障每个美国儿童(包括弱势幼儿群体)都能够获得学前教育"列为全美教育目标之首;《提前开始法》规定政府有责任"通过向低收入儿童及其家庭提供健康、教育、营养、社会和其他特定服务,以增强低收入儿童的社会与认知发展,从而促进其入学准备";《不让一个儿童落后法》(第1001条)规定"应确保所有儿童都拥有获得高质量教育的公正、平等和重要的机会。促进弱势儿童群体的教育与发展,不让一个儿童落后"。

英国的相关法律有:《学校标准与框架法(1998年)》第118条明确规定,地方教育当局应当确保所有学前适龄儿童获得幼儿保教的权利;2006年颁布实施的《儿童保育法》第6、7条规定地方当局必须"使儿童保育对于家长来说是可支付的,并应适合残疾儿童的需要","为有需要的0—5岁儿童和尚未入学的儿童在其辖区内提供日间看护",使之"有机会获得或维持合理的健康或发展水平";

《拨款法》单列扶助弱势儿童的预算，旨在“借助儿童基金，通过帮助弱势儿童与青少年及其家庭，应对儿童贫困和社会排斥现象，以打破机会剥夺与弱势群体之间的恶性循环”。

台湾地区法律第163条规定，“边远及贫瘠地区之教育文化经费”，应由地区政府财政补助，强调台湾地区政府所投入的教育经费应优先用来主办或补助办理弱势地区的教育事业。以非强迫、非义务、渐进免学费的方式对包括原住民幼儿、低收入家庭子女、离岛地区幼儿、特殊境遇家庭子女、外籍配偶的子女、身心障碍幼儿在内的弱势族群儿童教育问题予以保障的法律有：《教育基本法》第4条规定：“对于原住民、身心障碍者及其他弱势族群之教育，应考虑其自主性及特殊性，依法令予以特别保障，并扶助其发展。”第5条规定应优先予以补助包括学前教育在内的偏远及特殊地区的各级各类教育；《教育经费编列与管理法》(2000)第5条规定教育经费向弱势地区、弱势群体倾斜的原则，“对于偏远及特殊地区教育经费之补助，应依据教育基本法之规定优先编列”，第6条规定“为保障原住民、身心障碍者及其他弱势族群之教育，并扶助其发展，各级政府应依据原住民族教育法、特殊教育法及其他相关法令之规定，从宽编列预算”；2005年的《原住民幼儿就读公私立幼儿园学费补助办法》第3条，对满5足岁的原住民幼儿学费进行补助；《“教育部”补助国民中小学及幼儿园弱势学生实施要点》，分别对薄弱园所和弱势家庭进行补助。

日本的《儿童福利法》对残障幼儿的受教育权作出明确规定，规定所有儿童必须得到生活保障。为充分保障儿童的权利，根据《儿童福利法》相关规定，日本还设置儿童福利审议会及其合议机构，对儿童、孕产妇、障碍儿童的福利有关事项进行调查审议。另外，《儿童福利法》还专门规定特定入所障碍儿童设施费、医疗费支付的相关规定。

巴西《宪法》《教育指导方针和基础法》中明确指出，“国家的教育责任是保证实施，给残疾人提供特殊教育，最好是在正规教育体系中进行”，“提供特殊教育服务，作为国家的宪法义务，应开始于0—6岁学前教育阶段”。

六、五国(地区)学前教育立法的共性经验及启示

(一) 应立法明确学前教育的性质与地位

学前教育的价值、性质与地位，是关系学前教育事业发展的前置性与源头性问题，是关系到学前教育事业属性、定位和发展宗旨、方针的根本性问题。上述

五国(地区)在法律中均明确了学前教育对个体终身发展与国民素质提高所具有的不可或缺的重要地位与独特价值,并在相关的学前教育法律中加以体现,为全社会形成关于学前教育性质与地位的统一认识,为学前教育事业的准确定位与健康发展提供了最为重要的法律依据与原则基础。例如,英国将学前教育定性为公益性事业,是社会公共服务体系的重要组成部分之一。

我国学前教育的长期、健康、稳定发展,需要通过立法从以下三方面明确学前教育的性质和地位,为学前教育事业的基本定位、发展方向、目标和方针提供法律依据:

1. 明确学前教育奠基性的独特价值。一方面,要从个体全面发展与终身教育关系的角度予以阐述;另一方面,要从促进经济发展和社会和谐的角度予以阐述。

2. 明确学前教育公益性的性质。由于忽视学前教育的公益性,近年来我国"入园难"、"入园贵"的矛盾非常突出,因此亟须立法统一认识,明确公益性的性质,并赋予其准义务教育的法律属性。

3. 明确学前教育的重要地位。2010 年 11 月 21 日,国务院发布的《关于当前发展学前教育的若干意见》已明确指出"学前教育是终身学习的开端,是国民教育体系的重要组成部分",但至今我国相关法律未对学前教育的地位予以明确阐述,因此学前教育立法应有专门条款对此加以规定。

(二) 应立法明晰学前教育的政府责任

基于对上述五国(地区)学前教育政策法规的研究,发现这些国家(地区)注重在相关法律及政策中明确各级政府的学前教育职责,特别是强化中央政府职责。比如,英国近年来不断强化中央政府的职责,并通过"中央直接拨款公立学校"的方式强化中央政府的职能,形成了"中央政府主导,各相关部门协作,政府举办占绝对主体"的发展模式。巴西各级政府学前教育职责的划分也十分明晰,形成了"中央政府为主导,各级政府职责分明、中央与地方沟通顺畅"的模式。

目前我国学前教育中央及各级政府职责不够明确,学前教育立法应明确各级政府责任的边界、限度、内容以及实现方式,确保政府职责的有效履行,因此要在以下几方面作出规定:

1. 应规定中央政府在学前教育事业发展中承担的责任。例如,制订全国学前教育法律法规、发展规划、基本政策等;依据宪法和教育法规定的份额保证学前教育财政投入;制订全国课程质量标准;组织、协调各地学前教育发展规划;收集和公布学前教育数据、信息等。

2. 明确各级地方政府在学前教育事业发展中承担的责任。例如，制订各地学前教育政策法规和发展规划；学前教育机构的举办、组织管理和评估督导；制订学前教育质量标准与幼儿教师资格要求；保证地方的财政投入、发展公立学前教育机构等职责。

（三）应立法强化政府的财政投入责任

加强学前教育财政投入是政府承担发展学前教育事业职责的最集中体现，上述五国（地区）通过立法保障政府的财政投入，持续增加学前教育财政经费经验和具体的方式包括：

1. 以项目为依托进行财政投入。比如美国《提前开始法》《入学准备法案》都有详细的项目专款规定。

2. 设立学前教育专项拨款并重点扶持弱势群体。我国台湾地区《儿童教育及照顾法》《特殊教育法》及《扶持五岁弱势幼儿及早期教育计划》均设立专款对弱势和特殊群体进行补助。

3. 将学前教育投入纳入国家财政预算并单项列支。英国历年《拨款法》中有多项针对促进教育公平、保障全体儿童权利，发展并提高学前教育与保育质量的专门拨款预算，“确保开端项目”、“弱势儿童基金”，以及“儿童保教标准与质量督导”等均属单独列支的预算科目。

4. 建立学前教育经费分担机制。日本依据《学校教育法》等法律规定实行学前教育经费主要由设立者负担，同时实行学前教育经费由各级政府、机构设立者及家长三方分担的原则。根据日本《儿童福利法》相应规定，日本保育所的经费在家长缴费之外，不足部分由各级政府按照一定比例分担。

当前，我国学前教育经费严重匮乏，缺乏事业发展的基本经费保障。首先，在全国教育经费总量中，学前教育经费所占的比例过小，仅占 1.2%—1.3%，且 10 年徘徊不前，远落后于世界 3.8%的水平。其次，长期以来中央财政没有专项经费用于学前教育，各省、市、县也少有或没有学前教育的专项经费，预算内学前教育经费投入具有较强随意性和不稳定性。为此，建议在学前教育立法中明确如下几点：

第一，应立法明确中央政府对学前教育事业发展的投入总量和每年的增长幅度，确保各级政府教育财政性拨款中学前教育经费的份额及增长幅度。

第二，应立法保证中央财政以及相应的各省、市、县财政中学前教育专项经费的额度。

第三,应确立农村和城市,东、中、西部地区不同的学前教育投入体制;对弱势群体和薄弱地区进行专项扶持。例如,可尝试在城市推行政府投入、社会支持及家长分担教育成本的投入机制,在农村实行以政府投入为主的机制。

第四,应立法明确学前教育财政经费管理和监督制度,保证经费的投入方向,使之有效使用。

(四) 应立法推动教师专业发展

各国(地区)通过不断完善法制使幼儿教师的资质、教师专业发展与培训、职责与权利、法律责任等都有法可依,从而有效地维护了教师的合法权益,保障了教师专业发展,提高了教师队伍的整体水平。

《中华人民共和国教师法》(1993)也明确指出了教师的权利与义务,教师的资格与任用,教师的培养和培训、考核、待遇、奖励等。这些规定虽理应同样适用于幼儿教师,但在我国学前教育改革,特别是在幼儿园改制过程中,因缺乏针对幼儿教师的实施细则,使幼儿教师的资格认定和待遇保障未完全落实,部分教师的编制、医疗、工资待遇等问题也没能及时解决,继续教育愿望无法实现。另外,由于地区经济发展不平衡,导致师资分配不均衡,农村落后地区不合格幼儿教师比例高,且师资流失现象严重。良好、稳定的师资队伍是发展学前教育的关键,教育部原副部长陈小娅在"2010 教育发展战略与教育质量"论坛上明确指出"未来 10 年的教师质量决定着中国教育的成败"。因此,我国亟须通过立法建立和完善一整套幼儿教师资质、资格、权利与义务、专业发展与培训、培养管理福利待遇等的制度。

首先,要通过立法解决因城乡差别和园所属性不同导致的师资水平不均衡和队伍不稳定问题。立法的重点应体现在落实经济不发达地区和包括民办园在内的各种社会力量办园机构幼儿教师的编制、职称、待遇、社会保障等问题。

第二,要依法建立师资准入制度,严把教师入职关。可以借鉴日本的教师资格证分级制度的经验,把教师资格证等级与聘用联系起来,通过资格证更新制度,促使教师终身学习。

第三,通过立法完善幼儿教师的培训机制,并结合一线幼儿教师的实际需要,实施有针对性的、系统的和长期的继续教育长效机制,为学前教育机构提供充分的、高水平的师资保障。

(五) 应立法保障弱势群体权利

各国(地区)的经验表明,要维护教育公平就应通过学前教育立法保障弱势群体的教育权利,明确政府在中应承担的责任。例如,我国台湾地区的《教育基本法》《原住民教育法》《特殊教育法》等多部法律法规都从教育资源和教育经费的分配角度,对弱势群体受教育提供保障,把教育经费应向弱势地区、弱势学校、处境不利的儿童及其家庭倾斜,视为教育经费分配的基本原则。

我国《中长期教育改革和发展规划纲要(2010—2020年)》已把"促进公平"列为"国家基本教育政策",但因缺乏相应的法律约束,政府有限的财政投入过于集中地用于公办园,"扶强不助弱",大量的集体办园、企事业和民办园享受不到应有的支持,致使公办园和其他性质办园产生了不合理、不应有的差距,致使学前教育财政投入在地域之间、幼儿园之间、弱势群体和普通幼儿之间的分配明显不公。对此,需要立法从如下两个方面加以明确:

第一,应立法确定学前教育经费投入使用的原则。例如,在学前教育资源的投向上首先优先扶持农村和欠发达贫困地区,其次是城市、发达地区和优势阶层,以避免城乡之间、发达和欠发达地区之间学前教育发展的两极分化。

第二,应立法保障弱势群体的受教育权。例如,立法明确家庭在保障弱势、特殊儿童受教育权上的义务;为弱势群体设立专门的教育基金,逐步推行免费学前教育。制定保障弱势群体学前教育的"行动计划",逐步推行学前特殊儿童的融合教育及流动人口子女学前教育的同城待遇。

(六) 应与时俱进地完善学前教育法律

及时对法律进行修订调整也是立法的一个组成部分。各国(地区)的学前教育立法都具有一定的针对性,能根据不同时期公众的基本诉求、各种利益群体的利益关系颁布了各种学前教育法令法规,同时又能与时俱进地,为适应和满足不同时期学前教育发展的需要及公众利益关系和诉求的变化,对已颁布的相关法律适时进行修订。例如,日本的《学校教育法》《保育大纲》《幼儿园设置标准》以及《幼儿园教育要领》等都进行了次数不等的修订,删减不利于学前教育发展的法条,增加与时代发展同步的条文,使这些法律条文中融进现代教育理念。

相比之下,我国学前教育立法已严重滞后于事业发展,具体体现在三个方面:

首先,我国与学前教育事业发展相关的部分文件都附设在其他的教育法规体系里,较为零散、不系统,不像其他阶段教育,如义务教育阶段等那样有专门性的立法保障。现行的法律依据主要是1996年颁布的《幼儿园工作规程》和2001年《幼儿园教育指导纲要》等纲领性文件和法规。

第二,相关法规以原则性条款居多,实施细则和配套政策不完善,政府扶持政策不够明晰,从而影响了法律法规的执行效率。值得一提的是,上述五国(地区)的学前教育法律都不仅齐全、详尽,而且还有操作性强的配套实施细则。

第三,法律法规的修订工作滞后。尽管部分条款已与当前事业发展现状不相适应,不能明确界定、规范、约束和解决学前教育发展中出现的新问题,但自颁布后部分条款甚至从未被修订,无法有效保障新时期学前教育事业发展的需要。

第四,学前教育地方立法与国家层面的立法相得益彰,这样有利于形成完善的学前教育法律体系。地方性学前教育法规的针对性强,能有效解决区域性的具体问题,也有利于增强执法的执行性和可操作性,弥补现行立法的不足。

总之,我国学前教育立法应立足于实践的需要,当务之急是要制订学前教育的"母法"——《学前教育法》,以法律的形式明确学前教育事业在国民教育中的性质、地位和作用,明确学前教育机构的审批和管理部门,进一步细化诸如学前教育机构的设立条件和办学标准、责权及制约机制、学前教育质量标准和考核评价机制等与学前教育发展相关的重要问题。在此基础上,再对已有法令文件进行修改、充实和完善,出台相关实施细则及配套法规,形成学前教育法律体系,促进我国学前教育事业健康有序发展。

【参考文献】

1. 韩小雨、庞丽娟、李琳:《从国家发展的战略视角论幼儿教育的价值》,载《学前教育研究》2010年第7期。
2. 牛志奎、若井弥一:《日本教育法制建设的新动向——〈教育基本法〉及相关教育法律的修订》,载《中国教育法制评论》2009年第6辑。
3. 巴西议会,Plano Nacional de Educacao,PNE(2001),http://www.mec.gov.br,(2010年12月)。
4. 杨冬梅、夏靖、张芬:《以公立学前教育为主导促进普及和公平——世界主要国家和地区学前教育办园体制改革的经验》,载《教育发展研究》2010年第24期。
5. 易红郡:《撒切尔主义与"1988年教育改革法"》,载《湘潭大学社会科学学报》

2003 年第 7 期。

6. 英国议会，Childcare Act 2006，http//www. opsi. gov. uk/acts. htm，(2010 年 12 月)。

7. 沙莉：《国际学前教育法律的研究：特点、经验及其启示》，北京师范大学博士论文(2008)》，第 94 页。

8. 美国国会，《早期学习机会法》，20 U. S. C.

9. 美国国会，《儿童保育法案》，http://thomas. loc. gov/cgi-bin/query/ ，(2010 年 12 月)。

10. 《各国立法规范幼儿学前教育》，载《人民法院报》2011 年 5 月 27 日。

11. 英国议会，Childcarev Act 2006，http//www. opsi. gov. uk/acts. htm，(2010 年12 月)。

12. 台湾地区"立法院"，《教育经费编列与管理法》，http://tpctc. tpc. edu. tw/law。

13. 台湾地区教育部门，《教育年报》，2006 年版，http://history. moe. gov. tw/important_list. asp。

14. 巴西议会，《国家教育计划》(2000，第二章第 1. 2 条)，巴西议会，http://www. mec. gov. br，(2010 年 12 月)。

15. 英国议会，Appropriation Act 2005， http//www. opsi. gov. uk/acts. htm。

16. 沙莉：《国际学前教育法律的研究：特点、经验及其启示》，北京师范大学博士论文(2008)，第 99 页。

17. 何京玉：《日本幼儿教师教育制度及其对中国的启示》，载《外国教育研究》2008 年第 12 期。

18. 台湾地区"立法院"，《教师法》，http://edu. law. moe. gov. tw/LawCategoryMain. aspx。

19. 台湾地区"立法院"，《师资培育法》，http://edu. law. moe. gov. tw/LawCategoryMain. aspx。

20. 罗朝猛：《日本打破教师资格终身制》，http://blog. sina. com. cn/s/blog_56ff266b0100cnrb. html。

21. 李中国：《战后日本教师继续教育政策特征述要》，载《继续教育》2009 年第 3 期。

22. 台湾地区"教育部"，《教师进修研究奖励办法》，http://www. tpcta. org. tw/law/board. asp，(2011 年 3 月 20 日)。

23. 童宪明:《美国、日本、韩国幼儿教师任职资格及职后培训》,载《早期教育(教师版)》2008 年第 4 期。

24. 英国议会,Childcare Act 1989,http//www.opsi.gov.uk/acts.htm,(2011 年 3 月 20 日)。

25. 台湾地区"立法院",《教育基本法》,http://tpctc.tpc.edu.tw/law。

26. 台湾地区"立法院",《教育经费编列与管理法》,http://tpctc.tpc.edu.tw/law。

27. 台湾地区"教育部",《"教育部"补助国民中小学及幼儿园弱势学生实施要点》,http://www.tpcta.org.tw/law/board.asp,(2011 年 3 月 20 日)。

28. 巴西议会,《巴西宪法》(1988,第 208 条)。

29. 蔡迎旗:《幼儿教育财政投入与政策》,教育科学出版社,2007 年 6 月第 1 版。

30. 庞丽娟:《关于尽快制定〈学前教育法〉的议案》,2006 年。

31. 牛琳、俱凝搏、教育部副部长陈小娅:《未来十年教师质量决定中国教育成败》,http://www.edu.cn/zong_he_news_465/20101018/t20101018_529972.shtml。

32. 杨晓萍、吕晓:《台湾〈扶幼计划〉述评》,载《学前教育研究》2010 年第 12 期。

33. 蔡国雄:《台湾与大陆的幼教发展比较》,2009 中国幼儿园园长高峰论坛,http://baby.sina.com.cn/news/2009-08-13/143339891.shtml。

美国早期教育机构评价标准的价值取向研究

幼儿教育与特殊教育研究所

尹坚勤

美国的早期教育评估工作以历史悠久、系统完善、标准齐全和操作规范而著称，更有着丰富多样的评估项目。本研究选择了国家层面和地方政府层面的评估标准，而许多学前教育机构同时也接受有关项目的评估工作，故从0—3岁年龄阶段和项目评估的角度选择相应的专项评估标准加以比较，以期更加系统化、多视角地了解其早期教育机构评估标准。三种机构评价为：美国最有代表性的NAEYC机构认证评价体系；印第安纳州的机构认证与评估标准；以及在早期教育有着巨大影响的"早期开端"项目评价标准。

一、国家NAEYC机构认证评价体系的专业引领取向

美国幼儿教育协会（National Association for the Education of Young Children，简称NAEYC）是世界上最大规模的代表幼儿利益的组织，创立于1926年，目前在美国拥有约90 000个个人成员和300多个州市级或地区附属成员，以及逐渐增多的世界各国幼教组织联盟。NAEYC于2002年成立了早期教育机构标准与认证标准委员会，下设9个由专业教育人员、行政管理人员和研究人员组成的技术资源团队参与协助该项工作。委员会根据测试结果的反馈，经常寻求各不同领域专家的见解，不断对于0—5岁儿童教育机构标准及其评价标准进行修订，以期使现行的标准更多地基于证据和纳入有关高质量教育的最新理论和研究发现。其2006年更新版的认证评价系统更加强调通过评价标准的比对和评价论证，对于全国范围内早教机构的专业引领起到了重要的导向作用。

该评价标准有着明确的理论概念和专业指导，评价程序体现为实践工作专业提升的自然过程，早教机构在自我认证的基础上，在接受与配合认证委员会的

现场评价的过程中，在专业工作方面可以充分得到修正与协调。

（一）体现高质量早期教育旨在促进儿童发展的价值观

新标准和新的评价系统旨在促进0—8岁儿童的全面发展；强调关注教育与发展的质量；日益增强组织功能；以及面向全体服务幼儿并代表幼儿需要和儿童权利。即在NAEYC的教育理念指导下制定的一整套具有可以操作定义的评价标准，作为相对统一的高质量机构的期望性参照尺度，以衡量早期儿童教育机构的运作状况。其核心概念“适宜发展的教育”在世界各国具有相当广泛的影响。其评价标准的核心宗旨是保证从出生到幼儿园（小学前一年）的幼儿在机构内的日常经验的质量，力求获取幼儿发展的最佳结果。其标准体系基于四个方面的理论依据：(1)儿童及其学习与发展；(2)教职员工；(3)社区伙伴；(4)行政与领导班子。强调评价系统的最终受益者是幼儿。具体体现为：

(1)儿童期是人一生发展中的独特阶段；(2)机构与儿童的相互作用和相互尊重，以及与家庭的关系，是促进儿童的最佳学习和发展的基本条件；(3)出生至幼儿园（5岁）阶段是激发幼儿智能、语言和社会性情绪发展的不可复得的时机；(4)与家庭、社区的合作是必不可少的；(5)强有力的课程在提供高质量保育教育服务中的显著作用；(6)早期儿童教育不仅是为将来做准备，也要重视儿童当前的生活质量。

（二）体现规范而严格的评估步骤与要求

认证系统要求机构在每个评价步骤过程中，强调质量与接近性原则，以保证评价和认证的可靠性。如经注册的机构将对照NAEYC发布的高质量早期儿童教育机构评价标准进行自我评价并作必要的改进，并根据需要决定自我评价的时间进度，在完成自我评价并自信已基本达到标准之后，只有愿意达成NAEYC制定的10项高质量机构标准，才可以提交认证申请。NAEYC学术委员会机构在认证的现场访问期间，评价委员会将对所有班级进行实地观察，验证执照、文件和证书等的真实性，分析员工及家长调查结果，并与园所负责人会晤面谈。在全面考核的基础上形成评价报告，包括认证决定。现场访问期间，机构必须做到：表现足够的证据以符合NAEYC的所有10条高质量机构标准80%以上。评价将从各机构获取部分标准资料，用于分析高质量机构特征的信度和效度。

(三) 体现专业指导导向的评价标准体系

NAEYC评价标准体系共分10个方面,每个方面含有若干层次的标准细目,对5个年龄阶段分别进行描述。这5个年龄阶段是:U=0—6岁,包括以下4个年龄:I=婴儿阶段,0—12个月;T=学步阶段,12—36个月;P=学前阶段,2.5—5岁;K=幼儿园阶段,5—6岁。以下介绍这10个方面标准的概要与其专业导向,并举例说明相关标准中的部分细目。

1. 注重教师与幼儿的密切关系和与家庭的协调关系

关系是该标准的首要部分,要求能促进机构内所有儿童和成人之间的良好关系,从而鼓励每个幼儿对自身价值的认可和对社区的从属感,并培养个体幼儿为社区作贡献的能力。其中"教师与家庭关系"部分的细目举例包括:建立良好的教师与家庭之间的关系,共同建立并保持持续的定期双向交流;教师获取有关儿童家庭的族裔、宗教、语言、文化和家庭结构的信息;教师经常性地与家庭成员交流有关儿童的个别需要;在刚入学和学年期间适时向家长传达班级规则和常规等;在教师与儿童部分,提出教师通过各种行为让儿童感到温馨,如拥抱、对视、柔和的声调和微笑;关照所有幼儿的身体和情感;建立良好的教师与儿童的关系等。

评估标准对于成人和婴幼儿的师生比例也有明确的规定,根据不同年龄段乃至不同月份均有着不同的要求。其中婴儿阶段(出生至15个月)为1∶3;1∶4;3岁以下为1∶5;1∶6;幼儿园阶段(5—6岁)的幼儿师生比为1∶8;1∶9;5岁以上为1∶10—1∶12。严格的师生比保证了关系的实现。

2. 规范而具有操作定义的教学管理要求

教学管理是评价的核心内容,包括课程、教学与检测儿童的进步三个方面内容。

标准2:课程部分。要求实施与儿童发展目标相一致的课程,促进幼儿社会性、情绪、身体、语言和认知诸方面的学习和发展。其中"课程的基本特征"部分的细目举例如下:机构有书面的课程观描述,并采用一种或多种与之相应的、针对儿童发展主要方面的书面课程框架;在持续连贯而清晰的课程框架指导下设计儿童活动经验,并允许变动和调整,使之适用于每一个儿童;课程的实施反映了相应的儿童家庭的价值观信念、经验与语言;在课程目标指导下制订活动日程表,既有常规性又具灵活性,关注个体儿童的特别需要;日程表含过渡性活动的时间和措施,包括室内和户外活动;在课程目标指导下,教师对儿童的发展进步作持续性检测，并将检测获得的信息纳入课程目标以帮助儿童的个性化学习；还包括为教师发展提供与机构目标一致的教师学习机会。

标准3：教学部分。要求在课程目标的指导下，运用适宜儿童发展的、适宜文化与语言环境的、有效的教学方法，促进每个幼儿的学习和发展。内容十分丰富，其中“创设学习环境”部分的细目包括：创设丰富的学习环境，在任何时候保护儿童健康与安全的环境；教师和机构其他员工共同努力完成日常教学和活动，个体化家庭服务计划，个性化教育计划，个体儿童所需要的计划，通过教室的布置能帮助儿童复习所学过的东西，并扩展其学习，安排场地和选择有关各种发展领域内容的材料，以刺激儿童的探索、试验、发现和概念的学习。通过以下工作避免儿童的扰乱行为：创设环境，制订满足儿童需要与能力的日程，安排有效的过渡活动，参与儿童的活动并支持儿童对身体动作、感官刺激、新鲜空气、休息和营养的需要，保证儿童最近的成果（如图画、手工等在教室的展示中占主要的部分，其中部分在儿童等高位置展出；教师和儿童共同安排布置教室，材料放在一定的地点，儿童知道自己拿取并放回何处）。

检测儿童的进步是教师在幼儿园的重要工作，要求持续性地采用系统的，正式或非正式的检测方式，了解儿童的学习与发展进程。检测在与家庭的相互交流中进行，充分考虑到儿童生活的文化背景。根据检测结果调整关于儿童、教学和机构改进等方面的目标，从而使儿童受益。其中“制订检测计划”部分的细目包括对检测目的、程序和结果的运用方式等进行描述；检测目的具有多种用途：(1)发展性筛选测验，必要时推荐诊断性测查；(2)发现儿童的兴趣与需要；(3)描述儿童的学习和进步；(4)改进课程并使教学与环境相适应；(5)计划改进机构的工作。

3. 关注与家庭和社区的紧密联系

与家庭和社区合作是美国幼儿园的重要特征，也是评价标准的重要内容之一。在家庭背景中看待儿童，在文化与社区背景中看待家庭，机构的领导人和员工均寻求和培育家庭的参与和合作，与家庭建立伙伴关系，保证家庭可获得综合性的服务。同时机构在社区的规划发展中发挥积极的作用。

标准7：家庭部分。要求与每个幼儿的家庭建立并保持一种适宜于家庭结构、语言和文化环境的合作关系，促使幼儿在所有的环境情境中得到发展。所有员工都必须具备有效地与各种类型家庭进行交流的知识，有目的地与家庭建立并保持密切的双向关系；能够积极利用家庭的信息来调整机构环境、课程和教学方法，为家庭服务。机构员工开展活动或参与社区的各种活动，以更好地理解儿童家庭和社区的文化背景,向儿童的法定监护人家庭成员提供支持和信息。无论家庭结构、社会经济地位、种族、宗教、文化、性别能力或语言背景如何,在机构的一切活动方面确保机会均等,并考虑每个家庭的兴趣和技能。

标准8:社区关系部分。要求与儿童所在的社区建立联系,充分运用社会资源来帮助达成机构的目标。机构员工与社区中的有关部门、组织和咨询专家建立合作关系和专业联系,进一步扩展机构满足儿童与家庭需求的能力;机构员工列出当前儿童家庭所在社区所提供的有关服务项目,包括体质、心理健康、口腔卫生、营养、儿童福利、家长培训、早期干预或特殊教育筛选测试,以及住房、保育费报销等基本需求。帮助家长了解这些项目并协助他们利用社区资源来支持儿童与家庭的健康与发展;与其他机构或单位联系,鼓励这些单位提供对儿童的长期服务,以获得相互满意的结果并加强联系。寻求建立与特殊教育咨询人员的联系,以帮助儿童及家庭全面参与机构的活动,包括对残疾、行为问题或有其他特殊需要的儿童提供帮助。

(四)规范的机构领导与管理的基本要求

评价标准对于管理制度与人员提出明确要求。有效地贯彻执行有关政策、程序和系统,支持教职员工的发展,财务支出和机构管理工作的稳步发展,使全体儿童、家庭和员工获得高质量的机构经验。用精心描述的关于质量的使命和信念指导机构的一切工作,包含对儿童与家庭的理想结果的追求。机构负责人具有合格的学历资格并对领导行政和教学工作做出一定的承诺,对于机构教职员工任职资格标准有着明确的要求,包括学历、知识和技能制定标准,并要求机构支持和培养教师,使他们能够胜任职责,促进儿童的学习和发展,并为具有不同需要和兴趣的家庭服务。所有教职员工必须了解并履行职业道德。新教师上任独立带班之前,须经过一个适应程序要求教师必须具备基本的能力。对于环境也有着严格的要求,拥有安全健康的环境、适宜的维护良好的室内和户外设施,包括能促进儿童和教职员工学习和发展的设施、装备和材料等。

二、地方州政府早期儿童教育机构评估的专业质量取向

美国印地安纳州政府于2008年开始实施一项由全州早期教育机构自愿参加的机构质量评估体系,称为“通往高质量之路”(Path to Quality,简称PTQ)。针对包括州内合法运行的各类早期教育机构。PTQ旨在通过向广大家长提供

关于高质量机构的资格标准，指导家庭运用和选择机构，最终达到提高早期教育质量，促进儿童发展的结果。PTQ也向早期教育工作人员提供有关信息资料，以帮助机构提高服务质量。目前美国已有15个州具有类似的评估体系，借此推动早期教育质量的提高。其评价的过程实际为追求质量不断提升的过程。

该评价项目由州政府提供资助，鼓励机构参加，并提供培训和技术上的协助。PTQ质量评价标准的4个层次水平，呈现逐步升级的层次，其中水平1只需要达到最基本的健康和安全要求；水平4必须达到NAEYC的认证标准并获取认证合格证书；通过对水平2与水平3标准和指标的分析，可以发现其评价标准有着显著的全面提高质量的导向作用。

（一）水平2的基本标准例举

1. 总体要求

提供温馨安全的，有利于儿童身体心理健康的环境。提供各种适合所有的年龄、兴趣和能力的学习材料。提供有利于语言、认知和技能发展的环境。向家长提供机构和课程的相关信息。鼓励教师的专业成长与培训。其具体评价指标包括：园长接受评价指导，深入学习理解州标准(0—5岁儿童发展标准)，安排培训并负责培训本园教职工。具有书面的有关儿童观和儿童发展目标陈述。包括园长在内的25%教职工具有儿童发展和幼教专业大专以上文凭，或已完成相当于45小时的相关学分。50%教师每年完成15小时以上有关幼儿教育专业的在职培训。已经建立有效渠道与家庭正常沟通，以及年度家长教师见面会。

2. 教室与环境要求

教室应温馨、安全并有教育意义，有利于与儿童交流，产生交互作用和有益经验。促进身体、社会感性情绪的发展，具体表现为：每个儿童及其家庭在到达和离开时均受到热情的接待。在日常生活中，每个儿童都始终感到安全、被接受、被保护，强化人际沟通，从而使得在情感上、观念上、物质上的感觉相互尊重。每天教师与每个个体儿童之间均有许多一对一的语言交往的时机，通常教师此时应处于与儿童等高的位置上。教室环境能反映所有儿童年龄、能力，以及家庭的文化背景，包括图书、图片、音乐歌曲。每个儿童都有标上自己姓名标签，放个人物品的地方。在教室里，儿童的意见、要求和想象总能得到一个言语或动作的回应，教室里一般可听到忙碌的儿童和投入的成人之间的舒适亲和的交谈声。

3. 对教师的要求

儿童情感表达总能得到一个接受性的、肯定性的言语回答或动作姿态回应。

不使用消极词汇或动作反应，包括大声叫喊、批评指责、威胁恐吓和任何形式的体罚。儿童发生破坏性行为时，教师近距离谈话，指出行为后果，提出正确的做法，并帮助儿童纠正或重新选择行为方式。通过各种方式和孩子们一起解决儿童之间的冲突，如承认双方感受，倾听儿童陈述事件经过，征求解决问题的方式，以及跟进措施。教师有时参与儿童的游戏，扩展儿童的思路并相互交流。

（二）水平3的基本标准例举

1. 总体要求

实施针对儿童发展阶段的有计划的课程。显示超过执照基本要求的园长与教师专业成长。鼓励家庭和员工为机构出谋划策。制定机构的发展计划。有可能争取获取NAEYC认证资格。要求40%教师持有儿童发展或幼儿教育大专以上文凭，或修完60学分以上的学位课程。至少50%教师包括园长，每年完成20小时以上的有关幼儿教育的在职培训。每年完成由家庭和机构员工参与的机构及课程评价工作。

2. 关于机构的管理

制定发展规划，包括年度目标与评价和长期目标与评价。阐明适宜本机构儿童发展的教育宗旨与目标，提供与州标准相符合的儿童身体、认知、语言、社会方面发展的教育。课程目标体现在每天、每周、每月的教育计划之中。并对课程实施状况的测查，要反映儿童的优点，包括收集和建立个人资料夹、对话、轶事纪录、发展性纪录等。通过家长手册、定期通讯、现场观摩、家长会等途径，使家庭了解课程。

3. 关于儿童的学习与发展

支持儿童的身体、认知、语言、数学和创造力发展：设有13条具体的评估项目，包括每天有很多机会相互交往，包括分享信息、阅读图书、理解各种关系、鼓励推理、鼓励想象和创造力等。通过实验、探索、操作有趣的材料以及成人的支持，刺激儿童思维。展示能体现创造力和独特性的儿童美术作品，体验音乐，包括唱歌、创造性动作、欣赏各种音乐、探索各种乐器等。还包括通过读图书、唱歌、木偶戏表演、书画等机会鼓励儿童探索。同时还对于每日活动程序安排体现年龄特征，动静结合，个体活动和分组或集体活动的结合，儿童发起的活动和教师指导的活动之间的结合与平衡等方面做出要求。并且强调全班集体活动的时间总量不能超过一日生活程序中的任何其他活动时间。

每天提供若干次机会让儿童自由选择，户内户外的活动中至少有三分之一的时间是自由活动。教师通过交流了解儿童的情况,以便计划课程与活动,支持儿童的发展;提供其他材料和建议扩展儿童的兴趣和技能,支持儿童的游戏。在日常生活中利用许多自然发生的学习经验,提供学习的机会,提出有利于创造性思维培养的开放性的问题。

4. 关注儿童的特殊需要

制定计划并在环境设置中充分体现有效地满足儿童特殊需要的部分。环境空间的设置能使不同年龄和不同能力的儿童无障碍地拿取材料,互不妨碍地有机会从事游戏和学习活动。材料的提供适合不同年龄、不同能力的儿童,互不妨碍地有机会从事游戏和学习活动。

三、早期开端(Early Head Start)项目评估的专业指导取向

早期开端项目是在美国进行了40多年的国家项目,项目起始就构建了一套优质的、灵活的、量化的对于从怀孕、出生到5岁儿童发展的评估标准。标准包括具体详尽的框架,构建在智慧的、早期儿童发展理论研究与实践基础之上,促进综合性的全面发展:

儿童能力:强化(儿童的成长与发展);改善(亲子关系);稳固(家庭)。

项目服务:提供(针对儿童的个性化服务);发展(亲子关系);联结(儿童,家庭与社区服务)。

管理系统:支持(员工)创造(儿童发展的环境);促进(父母)发展(有力的社区合作方)。

基础对象:员工、儿童、家庭、社区。

该项目在多年研究经验的基础上认为:一个项目有扎实的研究基础和可靠的指导原则,还不足以成为充分有效的方案,早期开端成功的关键因素在于有着明确的项目评估标准。这种灵活而具体的评价标准运用于项目的开始到结束的全过程,标准经过科学设计,保障儿童和家庭优质的、适宜的和初步的服务。评估结论还用于确定方案的总体成效,调整与完善各地执行项目机构的任务。通过持续收集多种来源的数据,利用定性和定量方法进行综合分析,有别于机械化的数据统计和报告,其评估结论可以确定该项目实施的有效性和服务程度,关于改变孩子和家庭发展所做出的新的努力。因此评估的过程就是整合资源、合作研究、指导实践、相互促进与共同发展的过程。具体体现为:

（一）评价的目标基石是促进儿童和家庭的共同发展

对于一种国家范围的项目，遍及东西南北各州，各地有着不同的项目模式，运用多元化的方式提供综合性的服务，适用于各地的孩子与家庭的需要。项目评估的目标基于四个方面：

全体儿童的发展：社会情感方面、身体方面和认知方面，考虑通过活动去促进亲子情感和互动关系的发展。

家庭发展：没有孩子能在隔离封闭的状态下成长，他们的成长需要父母的社会交往和良好的亲子关系，而父母需要社区环境教给他们如何回应孩子的社会化发展需求。社区的建设，则是需要通过提供适合的服务，与社区工作者的密切合作，辅之以文化氛围的保障。

人员的发展：培养个性化发展的专业人员，严格选择并进行相关培训，支持他们的项目化生活。

（二）对于儿童和家庭相互影响的关系的评估

在对早期开端计划项目进行标准化测量时，对 3 001 名儿童所进行的严格的评估表明项目在众多有关于父母与儿童的维度上具有显著而积极的影响，有一些对儿童将来的学业成功具有影响。发现其对儿童的认知与语言显著而积极的影响。早期开端计划可能有助于降低将来儿童的低认知能力、语言和学业成就的风险。项目对于 3 岁儿童在社会情绪发展的更多方面具有积极影响。当儿童 3 岁时，早期开端计划项目仍然对父母具有许多显著积极的影响。参与早期开端计划项目的父母相较于控制组父母给予孩子更多情感上的支持，为孩子提供更多的语言与学习上的支持。他们更多使用更为温和的策略，更少使用惩罚性策略。在评估中还发现项目对父母接受教育或工作培训等活动具有显著积极的影响。

（三）对于不同服务方式及其效果的评估

纵观全国，早期开端计划所服务的人群具有多样性特点。（1）中心为基础（通过提供基于中心的保育以及教育服务、亲子教育，以及每年每个家庭至少两次的家访来服务家庭）；（2）家庭为基础（通过每周家访以及每月每个家庭至少 2 次小组活动来服务家庭）；（3）综合型服务方式（向某些家庭提供中心服务，向其他家庭提供居家服务）。在实施过程中，尝试提供最适合这些家庭需要的服务，不同的时期变化不同的方式。

评估表明中心式项目着力强调儿童的认知和社会情感发展，对养育方式与儿童的生活水平起到积极影响。居家式项目对儿童的社会情绪发展起到了作用，认知和语言发展具有影响，并能减少父母的压力。此外，对那些得到完全执行的居家服务项目进行研究后发现，对其使用混合式项目对其所服务的家庭的影响模式最为有力，持续加强儿童的语言发展以及社会情绪发展，改善许多亲子行为并促使其参与以独立自主为导向的活动。

（四）对于执行项目机构管理工作的评估

国家项目评估委员会两年一次对接受项目的早教机构进行评估，提交给机构完整的评估报告，针对问题提出调整建议，如果达不到指定的标准水平，报告甚至建议从机构取消 EHS 项目。评估项目非常细致，例如，为了保障婴幼儿与成人的亲密关系的建立，必须严格规范合适的工作人员与儿童的数量比例，要求小组的比例为 1∶4，每个班（组）限于 8 人，以保证环境可以促进师幼关系的发展与关注学习活动，父母与义工人数不纳入计算。每个教师分配照料 4 个孩子，但工作时不局限于只照看这 4 个孩子。要求教师跟班，以保持教养工作的持续性和延续性。该标准保障了进入项目的所有孩子和家庭可以得到同等的综合指导。

四、实现机构评价标准专业取向的基本保障

美国早期教育机构评价标准专业取向能够实践于具体的评估工作之中，与评估标准体系的制度化与系统化，与评估操作体系的规范化和程序化，尤其是与所有参与的评估专家与被评估机构人员的认真严格和诚实公正的工作意识是密切相关的，这些方面很好地提供了实施专业化价值取向的基本保障。

（一）明确的导向性：基于早期教育的发展要求进行的科学评价

美国早教机构的评估有着明确的目标，在于检测机构各方面的工作状态和效果，包括机构的教育质量如何，机构的运行是否达到其预计的目标，达到目标的程度如何，是否有继续存在的价值，应当如何进一步调整和改进等等，这些问题借以判定是否达到既定标准或需要加以改进的方面，是保证学前教育机构评价活动科学性的关键。

（二）严格的系统性：遵循地方政府的各项法规

美国的每个州都设立了自己本土的早教纲要以及相应的评估标准，建立在严格遵循地方政府的各项法规和标准基础上，形成了鲜明的地方特色和差异性。每个州的早期教养机构均坚持执行本州的评价标准，同时又形成无形的竞争态势，激发不断更新标准，规范操作，更趋专业化的科学标准评估。

无论是全国幼教协会或者各个州政府的，或者是相关项目的评估，其标准系统严密而规范，有着明确而清晰的评估目标、周密的框架结构与全面的评估项目。

（三）规范的程序性：评估标准系统规范而易于操作

每一项评估项目内容非常具体，具有很强的可操作性，便于机构及其机构人员自我对照实施，也便于工作人员更加明确地理解和了解每个部分的评估目标与内容，在实际工作中执行与改进教师的行为，以适合标准细则。

第三方评估的模式是保证评估品质的重要控制手段。美国设有专门的评估机构，一些大学和研究机构也具备评估职能，为各个行业提供科学而专业的评估工作。参与评估工作的人员必须是专业化的教育专家与评估专家，评估委员会成员均经过特别的训练，以保证评估的可靠性和有效性。评估工作有着严格的现场观察时间与内容要求，也进行大量的文本资料研究，同时对于具体测评标准的选择也有着严格的保密要求，早教机构不得有任何形式的干预。评估结束时提供丰富而具体的评估报告。

（四）诚信的执行性：机构与人员的自觉自律

美国早教机构的管理与实施有着较好的诚信氛围，尊重事实，认同差异和个体需求。机构与人员习惯于自觉对照评估标准，严格管理自我评估工作，自觉把评估标准作为实践工作的执行标准，成为自律的工作行为。同时机构也十分认同评估专家的评估结论，并对评估报告的建议与意见，严格对照，认真学习，及时加以调整与改革，促进机构的持续发展。

目前，我国在学前教育机构评价标准的制定方面尚处起步阶段，也存在一定的问题与困惑，而在实践工作中又有巨大而迫切的需求，因此，学习和借鉴美国现有的早期教育机构评价标准，必然有助于开创性地建构我国科学有效的学前教育机构评价体系，从而为学前教育的发展提供有力的引导、支撑与保障。

【参考文献】

1. www. naeyc. org http://www. isbe. state. il. us/earlychi/pdf/birth_three_standards. pdf FSSA(2008).

2. Early Head Start 2009 Research to Practice.

3. Bambini-The Italian Approach to Infants/Toddler Care (Teachers College Press, Columbia University, New York 2001 ISBN 0-8077-4008-X).

4. Beacon of Hope-The Promise of Early Head Start for America's Youngest Children(Zero to Three Press 2004).

5. Administration for Children and Families, Department of Health and Human Services, US, http://eclkc. ohs. acf. hhs. gov/hslc/Early Head Start.

6. Evaluation Summary (The Educare Center in Omaha) August, 2007 University of Nebraska Medical Center.

7. Belsky, J., Vandell, D., Burchinal, M., Clarke - Stewart, K., McCartney, K., & Owen, M. (2007). Are there long term effects of early child care? *Child Development*, *78*, *2*, 681-701.

8. Burchinal, M., Peisner - Feinberg, E., Bryant, D., & Clifford, R. (2000). Children's social and cognitive development and childcare quality: Testing for differential associations related to poverty, gender, or ethnicity. *Applied Development Science*, *4*, 149-165.

9. Harms, T., Clifford, R, & Cryer, D. (1998). *Early Childhood Environment Rating Scale*, *Revised Edition*. New York, NY: Teachers College Press.

10. Harms, T., Cryer, D., & Clifford, R. (2003). *Infant/Toddler Environment Rating Scale*, *Revised Edition*. New York, NY: Teachers College Press.

11. 王坚红:《幼儿园评估》,人民教育出版社,2010 年 8 月版。

基础教育质量标准国际比较研究

基础教育研究所

王　俊　王一军

基础教育质量标准是基础教育的重要考量工具，它也引领着基础教育的发展方向。然而，什么是质量？什么又是质量标准？对这些问题的回答可以说是众说纷纭。能够达成共识的是，“质量”一词最早源于生产领域，它与消费者有着紧密的联系，因此，从全面质量管理的视角来看，质量是“满足消费者的规定和潜在的需要，它不仅仅指产品和服务，还包括过程、环境和人员”。以此来看，教育的质量不仅包括学生的学业成绩和认知水平，还包括学生从学校教育中获得的作为社会人应具备的其他素质，如工作态度、合作竞争意识、道德修养、心理承受能力等。那么质量标准又是什么呢？英国标准协会(BSI)在为学校申请ISO9000国际标准体系资格认证的指南中，对教育领域中的产品作了规定：“指每一个学生的能力、知识、理解力和个人发展不断地得到提高。”这种不断提高，对于学校来说，就是通过持续的质量追求，以实现产品的增值(value-added)。在美国，除了制订出严格的考试标准外，各学区的评估标准在与州课程标准与评估体系相一致的基础上，还有自己新的标准体系。以马里兰州的蒙哥马利郡为例，该学区过去的成绩反映的是学生在考试、完成作业、课堂表现、个人成果等方面的综合情况，而新的评估标准则包含两个部分：学习成绩和学习技巧。其中学习技巧包括学生的努力程度(参与性、任务/作业完成情况、反馈)和行为(合作性、纪律与规范、团队活动)两个部分。新的标准对学生的作业种类、参与性、努力程度、到课记录等采取不同的评价方法，有的作为学习成绩的依据，有的归入学习技巧类进行评定。基于以上认识，我们认为，基础教育质量标准是指由政府部门通过政策、法规等文件形式提出的对学生学习过程和学习结果的规定，它具有可操作性和实施建议，并有配套的评估措施。

需要指出的是，从时间维度上来看，基础教育质量标准的内涵和外延都在发生着变化，从注重对量的关注转变到注重对质的关注，从注重对输入因素的关注转变到注重对结果因素的关注；从空间维度来看，世界各国在基础教育发展中，不管有没有明确使用“质量标准”这个术语，其在教育改革、课程与教学改革中，都把质量标准作为改革的重要目标和改革内容。当前我国基础教育正在经历着深度变革，这次变革的质量标准到底应该如何建构，我们必须进行积极探索，否则我们的行动就会带有盲目性。从发达国家基础教育发展来看，美国、英国、日本等国建立的质量标准是较为完备的，几国在经济发展及基础教育发展中所取得的成就也与其教育质量标准有着重要关联，从地域分布上看，美国属于北美，英国属于欧洲，日本属于亚洲，都具有一定的代表性。另外，除了国家层面的质量标准外，我们还将选取联合国经济合作与发展组织（OECD）、欧盟委员会等制定的教育质量标准进行研究，尽管它不属于政府部门，但其对教育质量的评价体系值得我们认真研究。

一、基本情况

自1945年以来，由于在世界范围内发生了科学和技术、经济和政治、人口和社会结构等方面的一系列变革，所有国家都经历了极为迅猛的环境变化。这给各国基础教育提出了新的挑战，基础教育质量标准也因此而开始进入人们的视阈。

（一）美国

1957年苏联发射了第一颗人造卫星，美国朝野为之震惊。随后美国国会颁布了《国防教育法》，拉开了美国基础教育阶段学校教育内容的现代化、科学化运动。在这次运动中，美国基础教育质量标准成为人们关注的问题。可以说，在人们对美国基础教育的批评声中，最尖锐的声音就是认为基础教育是一种“软教育”，由于政府没有硬性规定，导致教育的随意化和美国学生的学业质量下降。因此，“科学化”成为基础教育质量标准的关键词，美国各界人士强烈呼吁开发科学的教育内容，采取科学的教育，加强数学和理科教育。

基于科学化为特征的基础教育质量标准，在1957—1967年，美国掀起了一场波及全球的以“教学内容现代化”为中心的课程改革运动。这次课程改革主张采用学科主义课程，强调课程现代化，就是着眼于充分反映现代科学的成就，强调科学的基本概念与掌握科学的方法的课程设计。

然而,从 20 世纪 60 年代末至 70 年代,学校教育的现实受到了严酷的批判。人们对于课程、基础学力、教育评价等“学校教育”的现状产生了疑虑和愤懑。科学化的教育被认为具有强制性、驯服性、分离性,使学生“非人性化”,妨碍了“完整人格”的实现,因而遭到抨击。自 70 年代开始,美国基础教育开始强烈关注个人的价值,注重个人的目的和需要,这成为美国基础教育质量标准转型的依据。标准改变了对学科知识的强调,而是提出,使学生通过学习,不仅具有社会技能,还能获得全面发展(成为有人性的、自我革新的、自由的个人);不仅具有适应社会的能力,而且还能培养起建设更美好社会的能力。因此,教育的作用是为每一个学习者提供令人满意的完全的经验,帮助学习者实现自我,并加以引导,而不是迫使他们按照别人预先设计好的模式去发展。

但以人为中心的美国基础教育,在倡导尊重人的价值的同时,助长了反理智主义,造成儿童学业水准的低落与纪律训练的松弛。在这个背景下,到了 80 年代,学科主义又重新复活,出现新的发展趋势。对教育质量的关注也得到了空前的重视,如果说在 80 年代之前,美国基础教育改革的指导思想依次是实现社会公平(Equity),促进种族融合(Integration),达到优质办学(Excellence),那么 80 年代后,美国为了在激烈的世界经济和科技竞争中继续保持领先地位,更加注重了提高教育质量,所以三者顺序也被颠倒了过来。美国学者巴特尔(A. Buttle)指出:“下一个世纪头 25 年里最大的问题之一就是国家之间的相互学习,这不但是指要学习如何使他们的工业增效,而且还要学习如何使他们整个社会更有效率……在一个有效率的社会,教育面临的是减员增效,提高教育质量。”

1983 年,美国高质量教育委员会(The National Commission on Excellence in Education)发表的著名报告《国家在危险中:教育改革势在必行》(*A Nation at Risk: The Imperative for Educational Reform*),主题是提高所有学生的学术成就。报告举出了教育质量下降的大量事实,并列举了 13 项危险指标,认为美国的教育正在培养一代科学和技术文盲的美国人。根据存在的问题,报告提出了一套改革中小学课程的具体方案,主张加强学术教育,制定“新基础课程”,它们是英语、数学、科学、社会研究和计算机科学,并指出这 5 项新基础课是现代课程的核心。

自 1983 年的改革报告以后,美国科学促进会(American Association for the Advancement to Science)历经 4 年的潜心研究,又于 1989 年推出了另一份较具影响力的改革报告《普及科学——美国 2061 计划》(或译作《全体美国人的科学》,*Science for All Americans*)。该计划试图通过对美国教育改革蓝图的勾画引起人们尤其是国家和地方政府对教育未来发展的充分关注,并希望通过这一计划的实施为美国培养出能够适应21世纪将要发生的科学技术和社会生活巨大变化的人才。为此,科学、数学和技术将成为教育的基础。

从基础教育质量标准进入人们的视野以来,美国在基础教育改革方面出台了一系列文件,自80年代的两份报告以后,90年代制定的《2000年目标:美国教育法》(*Goals 2000: Educate American Act*)以及新世纪颁布的《不让一个儿童落后法》(*No Child Left Behind Act*)等在某种程度上都可以看作是对80年代报告精神的延续,强调学习质量始终在基础教育质量标准中占据着重要地位。这种标准的定位也为美国在竞争的国际社会背景下培养大批人才奠定了基础。

(二) 英国

英国基础教育质量标准与英国的基础教育发展状况有着密切联系。20世纪六七十年代,英国中小学课程始终存在这样几个问题:课程范围较窄,过于专门化;课程具有不平衡性;学校控制课程。而这些问题又与英国缺乏统一的国家层面的质量标准有关。因此,从80年代开始,人们开始关注质量标准问题,在基础教育课程改革的同时,加强对质量标准问题的研究。

在1980年出版的《一种课程观》(*A View of the Curriculum*)中,英国皇家督学建议拓宽学生的学习内容,并据此提出了8个经验领域,其顺序是:审美和创造、伦理、言语、数学、体能、科学、社会与政治、精神。这8种经验构成了英国基础教育质量标准的基本构成领域,并产生了深远的影响。

1985年,英国政府公布《把学校办得更好》(*For Better School*)白皮书,提出基础教育的基本原则:基础教育应是广泛的(broad)、平衡的(balanced)、适切的(relevant)。同时,白皮书还确定了建立学校课程的全国性目标,以保证每个儿童有机会学习这样的课程。到《1988年教育改革法》颁布时,全国统一的课程框架已经建立起来,这为所有儿童打好主要学科的共同基础提供了保证。教育法中明确指出,"倘若公立学校的课程是一种平衡和基础广泛的课程,并且能够促进在校学生和社会在精神、道德、文化、心理和身体方面的发展,以及为这些学生在成人生活的机会、责任感和经验方面作准备",这种课程就符合教育法的要求。

英国为了实现上述目标,规定基础教育阶段学校中开设的课程需要包含核心科目和其他基础科目,其中核心科目包括数学、英语和科学(在威尔士使用威尔士语的学校还应包括威尔士语),其他基础科目包括历史、地理、工艺、音乐、艺术和体育、现代外语等。英国1988年教育法中的这些规定从学习领域和掌握程度等层面为建立基础教育质量标准奠定了基础。

进入90年代以后,英国政府明确表示,它对作为学校生活中心的国家统一课程承担义务,通过评估和测验来监测和提高学校水平。另外,为了保证基础教育质量,20世纪90年代英国还开始把证书考试也纳入了质量标准中,从1994年起,英国普通中等教育证书考试逐步体现国家统一课程的目标,从而构成了英国独具特色的基础教育质量标准。

(三) 日本

日本基础教育质量标准的研制始于上世纪80年代。为了进一步加强对基础教育的研究,1984年中曾根首相成立了临时教育审议会(简称"临教审"),临教审3年中提交了4次咨询报告,确立了基础教育质量标准的基本目标:(1)培养具有丰富心灵和坚强意志的人;(2)培养主动适应社会变化的能力;(3)重视作为国民所必需的基础性和基本性素养,并充实个性化教育;(4)加深国际理解,并培养尊重本国文化和传统的态度。这些目标的用意在于把加强基础与注重个性调和在一起,既关注学生思考力、创造力的培养,又关注知识、技能的掌握,从而让学生在基础教育阶段实现全面发展。

2006年,新修订的日本《教育基本法》对基础教育质量标准又给出了进一步的指导意见,基本法规定基础教育要坚持以下目的:在不断发展每个人所具有的能力的同时,培养其能够自立地生存于社会的基础;培养他们作为国家和社会的建设者所必需的基本素质。日本基础教育质量标准关注基本学力,把对自然人的培养和对社会人的培养有机地统一在了一起,为日本培养现代公民以及日本经济社会的发展提供了强有力的保证。

(四) 联合国经济合作与发展组织

基础教育质量标准不仅是各个国家关注的问题,也是许多跨国组织关注的焦点,而其中又以联合国经济合作与发展组织的基础教育质量标准影响比较广泛。其基础教育质量标准体现在该组织策划的国际学生评价项目PISA(Programme for International Student Assessment)中。

PISA从2000年开始,每3年进行一次测评,测试的内容主要包括学生的阅读能力、数学能力和科学能力，三者组成一个循环体，在每一次评估中，只对其中一个主要领域作深入评估，另外两个作为次要领域。

通过PISA2000、PISA2003、PISA2006、PISA2009世界范围的大规模评价实践，PISA在阅读、数学、科学三个领域逐步建立和完善了学生素养评价量表，评价义务教育结束阶段15岁学生接触、处理、整合和评价信息的能力，想象性思考的能力，假设和发现能力以及有效传达思想和主见的能力。PISA还包含有学生问卷和学校问卷，目的是测量学生和学校分别在社会、文化、经济以及教育方面的特征。因此PISA的分析框架中包含了个体、教学、学校以及教育体制4个分析层面，从个体学习者、教学、学校及教育体制4个层面进行分析，同时从社会、文化、经济以及教育因素等方面考察学生和学校的特征。

PISA目的不是指导教师如何进行教学，而是向公众、政策制定者和教育者提供学生在各个学科方面的能力的描述性信息，并对各参加国的教育质量进行横向比较。PISA2006测试的参与国家和地区有58个，PISA2009有68个国家/地区参与，其影响比较广泛。从PISA的测试内容来看，联合国经济合作与发展组织的基础教育质量标准主要是偏向于学生对知识的实际应用。

二、质量标准的构建

从发达国家基础教育质量标准来看，其体系是极其丰富的，但其基本架构一般都包含质量标准指标体系、核心能力、课程建设、法律保障、管理制度、评价机制等方面。

（一）质量标准指标体系

完备的质量标准必然有一套指标体系，这是教育质量标准的核心要素。我们以美国、欧盟、英国的指标体系为例，来进行比较和分析。

1. 美国绩效优异标准指标体系

美国著名的“绩效优异标准（Criteria for Performance Excellence）”就有自己的一套指标体系。该标准源于“马尔科姆·波多里奇国家质量奖（Malcolm Baldrige National Quality）”，该奖项原本是美国授予企业界的最高奖项，从1999年起正式向教育界开放，美国的任何一个学区或一所中小学，都有权利申请这一美国的最高质量奖。该奖项的评奖标准始订于1988年，其间不断进行修正，1997年将“评奖标准”易名为“绩效优异标准”，原因在于这一标准不再仅仅是用来评奖，而是发展成为一个企业或组织建立质量系统的工具和评价工作业绩的资料来源。教育领域引入了这一标准，称之为绩效优异教育标准，其分类和分值如表1所示。

表1 美国波多里奇国家质量奖2008年教育卓越绩效标准的结构

类目	条 目	要 点
1. 领导	1.1 高层领导(70分)	A. 愿景与价值观 B. 沟通与组织绩效
	1.2 治理与社会责任(50分)	A. 组织治理 B. 守法和伦理行为 C. 对社会共同体的支持
2. 战略计划	2.1 战略制定(40分)	A. 战略制定过程 B. 战略目标
	2.2 战略展开(45分)	A. 行动计划的制定和展开 B. 绩效预测
3. 学生、利益相关者与市场	3.1 对学生、利益相关者与市场的了解(40分)	A. 学生、利益相关者与市场了解
	3.2 学生和利益相关者关系与满意度(45分)	A. 学生和利益相关者关系 B. 学生和利益相关者满意的确定
4. 测量、分析与知识管理	4.1 组织绩效的测量、分析与改进(45分)	A. 绩效测量 B. 绩效分析和评审
	4.2 信息、信息技术与知识的管理(45分)	A. 数据和信息的可用性 B. 组织的知识管理 C. 数据、信息与知识的质量
5. 教职员重心	5.1 教职员参与(45分)	A. 教职员的满意与充实 B. 教职员与领导发展 C. 教职员参与度的评估
	5.2 教职员环境(40分)	A. 教职员能力 B. 教职员氛围
6. 过程管理	6.1 工作体系设计(35分)	A. 核心能力 B. 工作过程设计 C. 紧急事件之准备
	6.2 工作过程管理与改进(50分)	A. 工作过程管理 B. 工作过程改进

续 表

类目	条 目	要 点
7. 结果	7.1 学生学习结果(100分)	A. 学生学习结果
	7.2 学生与利益相关者方面的结果(70分)	A. 学生和利益相关者方面的结果
	7.3 预算、财务与市场结果(70分)	A. 预算、财务与市场结果
	7.4 教职工方面的结果(70分)	A. 教职工方面的结果
	7.5 组织有效性结果(70分)	A. 组织有效性结果
	7.6 领导力方面的结果(70分)	A. 领导和社会责任结果

从指标体系来看,“绩效优异标准”既关注过程,又关注结果;既关注输入因素,又关注输出因素;既关注内部人员,又关注外部人员。标准框架本身的七大要素之间也是互为关联的,它们共同构成了一个完整的系统,如图1所示:

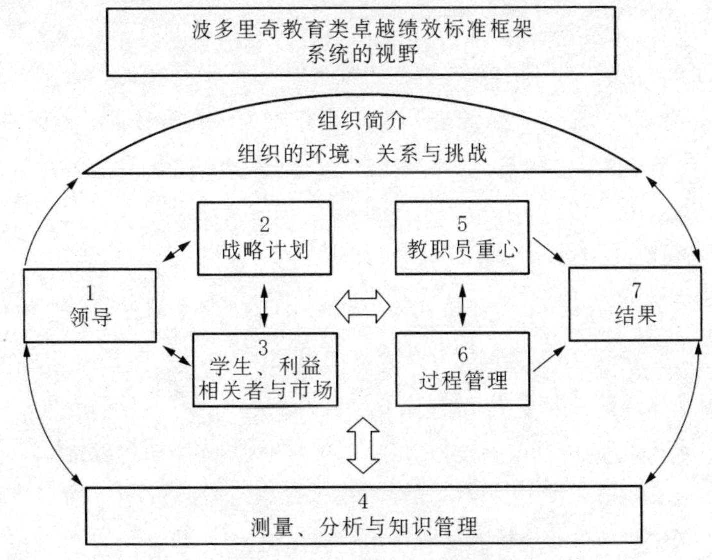

图1 美国波多里奇国家质量奖框架系统

2. 欧盟教育质量标准体系

提高教育质量是欧盟重要的政策目标和取向,从2000年开始,欧盟委员会致力于开发教育质量指标体系,至今已出台了4套指标体系,其中最新的指标体系是2007年出台的《监测里斯本教育与培训目标进展的指标和基准统一框架》,

提出 20 个指标，后经调整，确定了 16 个核心指标，具体见表 2：

表 2　欧盟教育质量指标体系(2007)

A 类指标	1. 学前教育参加率；2. 早期离校生；3. 阅读、数学和科学素质；4. 青年人高中阶段教育完成率；5. 高等教育毕业生；6. 成人参加终身学习；7. 高等教育学生跨国流动；8. 人口教育成就。
B 类指标	9. 特殊需要教育；10. 信息技术能力；11. 教育和培训投入。
C 类指标	12. 公民能力；13. 成人能力；14. 教师和培训教师的专业发展。
D 类指标	15. 语言能力；16. 学会学习的能力。

资料来源：Council conclusions of 25 May 2007 on a coherent framework of indicators and benchmarks for monitoring progress towards the Lisbon objectives in education and training.

在这一指标体系中，A 类指标是内涵界定已非常明确，可以利用现有数据进行监测的指标；B 类指标是基本上可以利用现有数据进行监测，但其边界还需进一步澄清的指标；C 类指标是与 OECD 和国际教育成就评估协会(IEA)等国际组织合作开发、欧盟成员国要参与国际组织的大型测试项目；D 类指标是欧盟自行调查获得数据的项目。

欧盟的这一指标体系，尽管不全是针对基础教育制定的，但其绝大部分指标都是基础教育范畴的。通过观察这些指标可以发现，其背后的理念在于：促进教育公平(指标 2 和指标 9)，提高教育效率(指标 11)，使终身教育成为现实(指标 4 和指标 6)，培养青年人的关键能力(指标 3、10、12、15、16)，实现学校现代化(指标 2 和指标 14)。

3. 英国教育质量标准指标体系

英国的教育质量标准由一系列的子标准组成，具体包括学生学业质量标准、教师专业标准、国家课程质量标准和学校质量标准。

学生学业质量标准非常严格，在学完每一个义务教育阶段的课程后，都必须进行学业成就测评，测评的内容为英语、数学、科技知识三门科目，通过测评来评价学生学业质量的优劣，并对教师的辅导、教授、帮助等直接影响学生学习或教育质量的诸多因素进行分析、总结，得出相关结论。

英国制定了严格的教师专业标准，其标准由两部分组成，一种是校外审查员制度(external examiner system)，请校外专家对学校的学术质量进行监控；另一种是英国教师协会，在英国，只有成为教师协会的会员，才有资格从事教师行当。教师协会作为独立于政府的机构，它既把教师的要求反映给政府，又对教师的行为进行监督。

英国国家课程质量标准由英国教育质量局(QCA)负责，QCA 检查的国家课程标准包括：学段与学科设置；课程标准；考试方式和安排；国家课程的理论基础；国家课程包容性；课程标准的表述规范；向学校和教师提供更充分的说明；用新的课程理念来统整课程；提倡跨学科的学习。

学校质量标准由英国教育标准局（OFSTED）制定和实施，主要包括四大指标，分别为学生学习质量、学校效率、学校总体质量标准、教学质量。具体指标体系见表3：

表3　英国学校质量标准指标体系

学生学业质量	课堂教学；学生行为；作业；学生记录。
学校效率	学校发展规划；制度执行情况；决策。
学校总体质量标准	行为与纪律；出勤；学生的社会和文化发展；学生的精神和道德发展。
教学质量	教学质量；评价、记录和报告；课程质量和范围；管理与规划；组织与行政管理；资源及其管理；对学生的支持和指导；对外联络和与社区的联系。

资料来源：马丽娟：《20世纪90年代以来英国教育督导制度的改革与借鉴》[D]，河北大学硕士学位论文，2004年，第25—30页。

可见，英国基础教育的质量标准不仅关注了学生发展这一核心要素，而且关注了教师的专业发展；不仅对学校层面的教育质量进行监控，而且对国家层面的课程标准进行监控，这是其他国家没有关注到的。

通过对以上三种指标体系的比较，我们可以发现，实际上指标体系可以分为两个水平，一是学生发展水平，二是条件保障水平（见图2）：

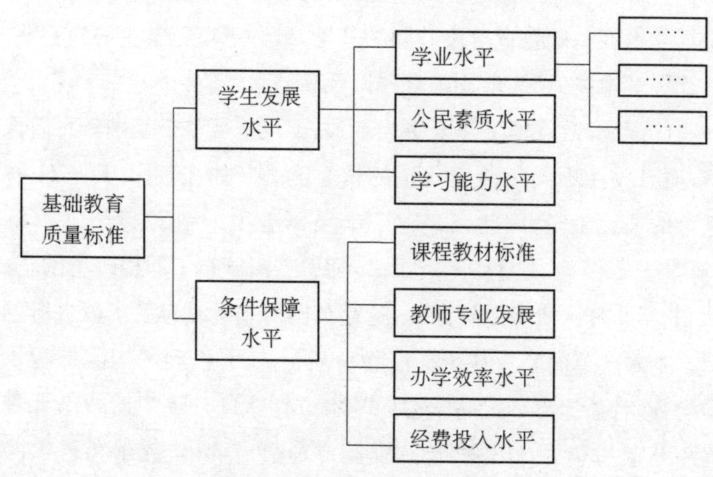

图2　基础教育质量标准图解

其中,学生发展水平应是基础教育质量标准的内核。联合国发布的一份报告——《全民监测报告 2005:提高质量》(*EFA Global Monitoring Report 2005:The Quantity Imperative*)也认为,应将学习结果作为监测教育质量的基本要素之一。但这里的学习结果,不仅包括学业水平,也包括学生所具备的公民素质,在终身学习理念下,学生所获得的学习能力也应看作学习结果的重要考量标准。

从条件保障水平来看,标准又包括了课程教材标准、教师专业发展标准、办学效率标准以及经费投入水平等,这些质量标准的共同特点在于,它们并不是质量标准本身,但却对学生的学习结果有着重要的影响。尽管在学术界,关于质量标准的具体内涵还存在争议,但可以达成共识的是,教育质量不仅应包括学生的学习体验,还应包括外部环境。因此,我们在制定基础教育质量指标体系的过程中,应该有一种更为宽广的视野。

(二) 核心能力

核心能力是基础教育质量标准所追求的终极目标,世界各发达国家的基础教育都根据本国的实际情况、经济社会发展背景等因素界定了核心能力的范畴。

在美国,1997 年 1 月,克林顿总统连任伊始,明确提出新一届政府将把教育置于优先发展的地位。关于如何提高中小学教育质量,他先后几次发表改革建议和主张:要求加强读写算的能力,尤其是阅读能力;12 岁以上的青少年要学会使用互联网,扩大学习的领域,真正实施终身教育;重视对学生的品德教育,加强公民教育。这种核心能力的定位,在历届政府都得到了延续。由此可见,美国政府极其重视学生在基础教育阶段共同的基础,致力于培养学生的核心能力,主要包括读写算等基本能力、信息技术素养以及品德素养。

在另一些国家,政府的工作要更为细致,不仅重视整个基础教育阶段学生能力的培养,而且关注不同年龄段儿童的核心能力。如在英国,11—14 岁被认为是基础教育的关键阶段,因此,2007 年初,英国着手于制定 11—14 岁阶段改革草案,该草案于 2007 年 4 月底制定出来,随后英国颁布了课程改革的正式方案,并拟于 2008 年 9 月开始实施新课程,这是英国对基础教育后半段进行的较大规模的改革。本次改革的宗旨在于提高教育质量。为此,新的国家课程不仅调整了课程结构,而且还提出了提高学力的基本方针。11—14 岁阶段新课程内容的调整从提高儿童基本学力出发,特别强调要加强对英语、数学和科学课程的指导。英语学习中特别重视英语技能的培养。课程与资格局在 11—14 岁阶段课程改革方案中，还列出了英语教学规定读物清单，要求儿童必须阅读包括莎士比亚作品在内的古典作品，加强阅读能力的培养。数学学科增加了有关学科发展历史方面的内容，并强调将“生活技能”引入数学课程，增加了将数学知识应用到实践领域的内容，比如供水系统、工程学和新技术等，同时要求儿童学习“不同文化中的数学”，能够运用网络、报刊、测量等方法掌握资料。科学课程的改革力度更大，崭新的“公民科学”取代了传统老三科——化学、生物和物理，内容中还增加了许多前沿的或热点的科学问题，如克隆、转基因食品等。为了达到全面提高教育质量，全力促进儿童发展的目标，英国课程与资格局对信息与交流技术、历史、地理、音乐、体育、公民等基础课程的内容也进行了较大的调整或改革。如：公民课加强传统价值观教育，还新增了移民和机会均等方面的内容；信息课侧重于为参与世界生活作准备，更加强调让儿童在学习信息和交流技术的过程中，加强对技术与文化、与自身生活的联系，重视文化和历史在信息课程中的重要作用；音体美课程内容基于儿童发展的目标进行了有针对性的增减，音乐和艺术课程中增加了多元文化教育和民族文化认同教育的内容，要求每个儿童必须了解不同国家的文化传统；长期受冷落的地理课程开始得到重视，改革方案要求学校通过地理学科的课程和教学，引导学生将课程的学习与未来的生活及校外的世界联系起来；为了保持世界历史和英国历史在内容上的协调和平衡，历史课程增加了本国史的内容。英国基础教育质量标准所强调的核心能力，主要指向儿童的“生活技能”，要求学校培养出适应知识经济需求的“候选人”。

日本基础教育质量标准的重点始终是基础学力。从上世纪 90 年代初开始，日本教育就开始探讨全面实行“学校五日化”的问题，1995 年 4 月，日本中央教育审议会接受了文部大臣“关于面向 21 世纪我国教育的发展方向”的咨询，并于次年 7 月发表了第一次审议报告，把在“轻松宽裕”中培养孩子们的“生存力”作为今后教育的根本出发点，这是基础学力的根源。

依据这一基本思想，日本面向 21 世纪教育改革的基本目标是，培养学生使之具有丰富的人性，充满生机的健康体魄，具有自己发现问题、自己学习、独立思考、自主判断与行动、妥善处理问题、克己自律、善于与他人协调以及迅速准确地适应社会变化的能力。为此，日本严格精选课程内容，彻底贯彻加强基础知识和基本能力的方针；推进横向的、综合的学习；调整合并现有教育课程，重新构造未来课程体系。这为培养学生的基础学力打下了牢固的基础。

日本基础教育质量标准中所强调的学力，“是指作为学习主体的学生借助学校内外的学习过程所习得的能力的总体”。而其背后的价值隐喻是：不轻视基础知识和技能并自主地去掌握；培养在实际生活中起作用的能力；从提升思考力、判断力、表达力和学习积极性的角度出发，谋求知识、技能与生活的联系，以及知识、技能与思考力、判断力、表达力的相互关联、深化和融合。以此来保持儿童的好奇心并使每一个儿童对社会架构与个人之间的关联加深理解。

联合国经济合作与发展组织对基础教育质量标准的诉求主要通过 PISA 得以表现，而 PISA 关注的核心能力主要是学生的三大素养，即阅读素养、科学素养和数学素养。

其中，阅读素养是指学生为取得个人目标，形成个人知识和潜能及参与社会活动，并以此形成理解、运用和反思书面材料的能力。与其他的阅读评价项目如 PIRLS、IALS 等比较，PISA 主要增加了“反思”这一内容，要求学生思考文章的内容，应用他们已有的知识理解、思考文章的结构或形式。其目的就是为了强调阅读是相互作用的过程，即阅读者必须从材料中提炼出自己个人的观点和体验。PISA 在阅读素养考察中，不使用现在流行的“信息”一词而选择“材料”来表达，这是因为它认为“信息”一词没有充分体现文学内涵。PISA 阅读素养还强调发展个人目标，形成个人知识和潜能，参与社会活动。这主要体现了阅读素养发挥作用的各种情境，从个体到公共的，从学校到工作，从终身学习到公民的权利和义务等。“取得个人目标，形成个人知识和潜能”，指出阅读素养有助于实现个人理想，既包括确定的理想如毕业或找到工作，也包括有利于充实个人生活和终身教育的较不确定、较间接的理想。“参与”则包含着人们为社会做贡献和满足个人的需求，它既包括了社会的、文化的和政治的约束，也包含了一个取得个人成功、解放的关键性含义。“社会”主要指经济、政治生活及社会、文化生活。

科学素养是应用科学的知识来确定问题，得出（或提出）基于证据的结论的能力，以便理解并帮助做出关于自然世界的决定，并且通过人类的活动做出调整。其中，“科学知识”不仅指事实、名称、术语的知识，还包括对重要科学概念的理解以及科学知识的局限和作为人类活动的科学的本质。“问题”是指那些经过科学的探究能够解决的问题，以及特定问题的科学方面。“基于论据得出的结论”是指知道应用选择评价信息、数据的方法，同时需对已有的信息进行有意识的小心的推测，因为需要正确判断是否存在足够的信息来得出正确的结论。“理解并帮助做出决定”包含以理解自然世界本身作为目标，强调科学的理解有助于做出决定，但并不能够直接导致决定。“通过人类的活动做出调整”是指出于人类的目的和结果对于自然世界做出的有计划或无计划的调整。它强调对于人的科学素养的评价，不能简单使用有或无的两分法，而应是多和少的评价。

基于以上的认识不难看出,PISA 不仅强调科学的知识以及这一知识得以发展的过程对于科学素养是至关重要的,而且认为这二者应是合二为一的。

数学素养被认为是一种个人能力,强调学生能确定并理解数学在社会中所起的作用,得出有充分根据的数学判断和能够有效地运用数学。这是作为一个有创新精神、关心他人和有思想的公民,适应当前及未来生活所必需的数学能力。"社会"包括自然、社会、个体生活的文化背景;"从事"并不是指狭义上的身体的或社会的行为,而是包括传递、联系、评价甚至欣赏陶醉于数学知识。"当前及将来的生活"包含有个体的私人生活、职业生活,与朋友、亲友的社会生活,以及作为社区公民的生活。

总之,联合国经济合作与发展组织在基础教育质量标准方面强调的是基本素养,无论学生在完成基础教育以后是继续学习还是工作,这些基本素养即核心能力对他们来说都是有用的和不可缺少的。

(三) 课程建设

基础教育质量标准的实现主要依托课程设计与实施,没有相应的课程建设,基础教育质量就难以得到保证,因此,世界各发达国家都非常注重国家统一课程框架的架构。

以美国为例,1983 年,美国高质量教育委员会(The National Commission on Excellence in Education)发表著名的报告《国家在危险中:教育改革势在必行》(*A Nation at Risk*: *The Imperative for Educational Reform*),主题是提高所有学生的学术成就。报告举出了教育质量下降的大量事实,并列举了 13 项危险指标,认为美国的教育正在培养一代科学和技术文盲的美国人。根据存在的问题,报告提出了一套改革中小学课程的具体方案,主张加强学术教育,制定"新基础课程",它们是英语、数学、科学、社会研究和计算机科学,并指出这 5 项新基础课是现代课程的核心。

20 世纪 90 年代以后,美国学校教育所依赖的社会背景发生了极大的变化,伴随着人类即将迈进 21 世纪的门槛,以高新技术为基础的信息革命浪潮席卷了全球。美国联邦政府看到,各国以经济和科技实力为基础而展开的综合国力竞争日益激烈,新的时代对美国社会所需的人才提出了新的不同要求,个性化、创造性、自我学习能力、团队精神、合作意识、生存能力等成为对人才的基本素质要求。教育如何适应时代的挑战这一问题引起美国的高度重视。美国于 1990 年出台了《国家教育目标》(*National Education Goal*)教育报告。《国家教育目标》

对美国未来教育的发展进行了规划，其中包括要求增加学生在学习时间、地点、方法上的选择性，学生在四年级、八年级和十二年级3个阶段结束时必须在关键的学科如英语、数学、科学、历史和地理中，显示出应有的能力，教学方法和课程都必须具有更大的灵活性，联邦政府认为，美国学生的科学、数学成绩应是世界一流的。

为进一步保证面向新世纪美国教育目标的实现，1991年布什(G. Bush)总统签发了由教育部长亚历山大(L. Alexander)等人起草的题为《2000年的美国——一种教育战略》(*America 2000—An Education Strategy*)的纲领性改革文件。该文件要求将英语、数学、自然科学、历史和地理5门学科确定为核心学科，并确定了考核5门核心学科的“新的国家标准”。

1993年4月21日，新一任美国总统克林顿(W. J. Clinton)宣布了题为《2000年目标：美国教育法》(*Goals 2000：Educate American Act*)的国家性教育改革方案。此次改革继承了布什政府的改革宗旨，它是一份具有一贯性或延续性的改革方案。该方案推出了8项国家教育目标，新推出的国家教育目标新增加了公民和政府、经济、艺术3门课程，使国家界定的核心课程在数量上增至8门，表明国家对于公民素质要求的进一步提高。编订全国性的课程标准是此项改革计划的重中之重。从1993年开始，根据《2000年目标：美国教育法》的规定，美国的诸多学科专业机构或团体迅速组织力量制定相关领域的中小学课程标准。

英国政府为了达到基础教育质量标准的要求，同样非常重视课程建设，英国新国家课程以公立学校的适龄儿童为对象，由英语、数学、科学、设计和技术、信息和交流技术、历史、地理、现代外语、艺术和设计、音乐、体育、公民12门必修学科组成。在12门必修学科以外，学校还有义务对学生进行宗教教育、性教育、升学与就业指导、人格培养、社会性的形成及健康教育，这些作为横跨各门学科的学习主题。此外，社区活动、劳动体验等活动课程也被纳入学校课程体系。统整上述各部分，即构成实际的学校课程，这为基础教育质量标准的达成奠定了牢固的基础。

在日本，与基础学力的培养相配套，经过日本教育课程审议会的审议，日本制定了新的课程标准。文部省于1998年公布了《幼儿园及小学、初中课程标准方案》，1999年4月公布了《高中课程标准方案》。这次课程标准具体修订的内容是：(1)大幅度削减教育内容，削减课时，真正给予学生时间上和精神上的“轻松宽裕”，使他们能充分进行独立思考、自主学习；(2)强调因人而异的教学；

(3)加强综合学习;(4)扩大科目设置和选修的自由度;(5)增加国际化和信息化方面的内容;(6)加强道德教育。

(四) 法律保障

基础教育质量标准还有赖于法律的保障,发达国家都通过立法的形式来对基础教育给予支持。

在美国,2002年布什总统签署了《不让一个儿童落后法》(*No Child Left Behind Act*),从而发动了一场涉及全美每一所中小学在内声势浩大的教育改革。该法是1965年以来美国最重要的中小学改革法,其内容包括:(1)建立中小学教育责任制;(2)给地方和学校更大的自主权;(3)给孩子父母更多的选择;(4)保证每一个孩子都能阅读;(5)提高教师质量;(6)检查各州学生的课程学习成绩;(7)提高移民儿童的英语水平。《不让一个儿童落后法》实施以来,绝大部分就读于美国公立学校的学生学习成绩正在逐步提高,不合格学校的数量也在减少。2005年,在全美9.2万多所公立学校中,有78%达到法案的要求,比上一年同期增加了13%。2008年1月28日,在国情咨文中,布什总统的总结是,《不让一个儿童落后法》的成果无可否认。2007年,"四年级和八年级学生的数学分数达到最高纪录。阅读成绩正在提高。非洲裔和拉丁裔学生的成绩达到历史最高水平"。布什提出:"现在我们必须共同努力,加强问责制,给予州和地区更大的灵活性,减少高中辍学率,为面临困难的学校提供更多帮助。""关于教育,我们必须相信,学生只要有机会就会学习;必须让父母有权利要求学校展示教学效果。全国各地社区都有满怀理想的学生——良好的教育是他们实现理想的惟一希望。"

《不让一个儿童落后法》无疑为美国基础教育质量标准的执行提供了重要的法律保障,无论政府如何换届,都必须按照法律规定来执行标准的要求,事实证明这种做法也确实起到了良好的效果。

除了美国,英国和日本也极其重视教育立法的作用。英国基础教育质量标准的执行在法律上主要依靠《1988年教育改革法》。1988年教育改革法规定,不管是核心科目,还是其他基础科目,都要在以下三个方面作出基本规定:(1)不同能力和不同成熟程度的学生在每一个主要阶段结束时应掌握的知识、技能和理解力(也即"成绩目标");(2)不同能力和不同成熟程度的学生在每一个主要阶段需要接受的事实、技能和活动(也即"教学大纲");(3)为了解学生在各主要阶段的成绩目标方面所要达到的成绩而在每一个主要阶段结束时或临近结束时对他们的评定安排。在日本，基础教育质量标准的有效执行则主要依靠2006年新修订的日本《教育基本法》，该法案对基础教育质量标准给出了纲领性的指导意见，基本法中明确提出要培养学生的基础学力：在不断发展每个人所具有的能力的同时，培养其能够自立地生存于社会的基础；培养他们作为国家和社会的建设者所必需的基本素质。

(五) 管理制度

基础教育质量标准的执行，不仅需要有法律的保障，还需要有配套的管理制度、管理机构。如在英国，上世纪90年代以后，政府就明确表示，它对作为学校生活中心的国家统一课程承担义务，通过评估和测验来监测和提高学校水平。为此，英国在90年代设立了一个全新的机构——学校课程和评估局(School Curriculum and Assessment Authority)，该机构和英国的督学处一起，成为英国国家层面保证基础教育质量的两大支柱机构。除了行政机构，英国政府还成立了专业的咨询机构，主要包括国家课程委员会(NCC)和学校考试与评价委员会(AEAC)，1993年，政府任命迪林爵士(Sir Ron Dearing)为国家课程委员会主席和学校考试与评价委员会主席，委托他对国家课程和评价制度中出现的问题进行全面调查，并提出改进的具体建议。同年8月，在广泛听取各方面对国家课程反映的基础上，迪林以两个委员会的名字发表国家课程评价报告，指出了国家课程及评价存在的一些主要问题：(1)学科课程总体分量重，要求的内容多；(2)具体内容解说得过细，不利于教学；(3)评定成绩的要求过于复杂。12月，他又向政府提交了长达80页的终结报告，提出了具体的改进意见。英国政府据此对国家课程进行修订，并从1994年9月起实施新的中小学课程改革方案。其基本内容包括：(1)加强基础知识教育；(2)裁减国家课程内容，增加多样性和灵活性的选择；(3)简化评价的范围和方法；(4)建立统一的课程管理和协调机构。这个统一的课程管理和协调机构就是英国课程与资格局，其对质量标准的执行起到了重要作用。1997年5月2日，英国大选揭晓，工党领袖布莱尔(T. Blair)出任首相。新政府对教育给予了极大的关注，1998年3月，教育大臣布伦基特(D. Blunkett)给课程与资格局 (QCA)写了一封信，题为《通过国家课程实现卓越》(*Achieving Excellence Through the National Curriculum*)，该信分析了改革的背景，解释了改革的原因，更为重要的是提出了对21世纪国家课程的见解。为迎接21世纪的挑战，为提高全体学生的教育成就水平，为使学生的道德、文化、智力和体质得到全面发展，为把学生培养成健康、有活力、有探究力的新一代，布伦基特要求课程与资格局就国家课程的改革进行广泛的咨询。受教育大臣委托，课程与资格局与1 000多家学校和机构的广泛合作，研究中小学全国教育的改革，并向社会全面咨询，约向全国派发了55 105份咨询报告和问卷。同年8月，课程与资格局完成了关于咨询结果的报告。次月，开始拟定关于国家课程改革所期望的学习结果，开发有关的辅助材料的计划。12月，课程与资格局终于完成上述各项计划草案。1999年1月，国家课程改革计划草案进一步向社会展开咨询。3月，修正后的草案提交教育大臣。7月，国家课程改革方案终于出台。为使各学校对实施新的国家课程有充分的准备，2个月以后，有关的材料就全部分发到了学校。

在日本，1984年中曾根首相成立了临时教育审议会（简称"临教审"），临教审在日本基础教育质量标准的制定和执行方面也是非常重要的。

可见，专业的管理机构和管理制度对于基础教育课程质量标准的拟订和执行都是不可缺少的。

（六）评价机制

基础教育质量标准执行得怎样？效果如何？这些都依赖于评价机制。无论是发达国家，还是联合国经济合作与发展组织在这方面都有着优秀的经验。

1991年美国总统布什（G. Bush）签发了由教育部长亚历山大（L. Alexander）等人起草的题为《2000年的美国——一种教育战略》（*America 2000—An Education Strategy*）的纲领性改革文件。该文件要求将英语、数学、自然科学、历史和地理5门学科确定为核心学科的同时，确定以此为标准对四、八和十二年级的学生进行全国统一考试。

英国为监测基础教育质量标准的达成情况，组织对国家统一课程进行评估，评估方式是把学校考试和评估委员会委托编制的全国性测验和教师本人对课堂作业的评判结合起来，测量学生在7岁、11岁、14岁和16岁年龄阶段达到全国性目标的进展情况，用10个水平等级进行测验，以便测验结果在全国学校进行比较。

为了确保质量标准的执行，日本也很注重对基础教育进行评价。以义务教育为例，其质量评价体系包含自我评价、外部评价和第三方评价三种方式。自我评价是指在校长领导下，学校全体教职员参加，对预设的目标和具体计划进行的评估。来自学生、家长和当地居民的信息也被看作是必要的适当的搜集资料进行自我评估的一部分。外部评价由外部评价委员会负责实施，委员会成员一般包括学生监护者、区域居民等学校相关者，有的还包括区域内其他学校和高校专门人员。除此之外，地方各级教育委员会实施的评价也属于外部评价。第三方评价主要是指由文部科学省委托民间机构负责实施的全国统一的学力测试（2007 年，在中止了 43 年后，日本全国统一学力测试重新恢复），每年举行一次，测试对象为九年义务教育阶段小学六年级和初中三年级的全体学生，"考查其语文和算术（初中为数学）的基础知识（A 卷）和活用能力（B 卷），同时进行针对学生和学校的问卷调查，内容主要包括学生的学习和生活习惯、学校的基本情况和教学措施等"。

学力测试在日本同样备受重视。2006 年 4 月，文部科学省为学力考试而特设的专家研讨会提交了《全国学力调查的具体实施方法等》的报告，报告就学力考试涉及的"活用"能力的具体内容提出了指导意见，其中"国语科的'活用'部分主要包括：在日常生活和社会生活中会遇到的诸如读书、鉴赏、创作等活动当中的对语言的活用；阅读文章之后对作者的观点及表现手法等的评价；对自己想法的整理和表达；利用文字、数据或图表等多种载体从多种角度对课题进行的探究。算术/数学的'活用'部分主要包括：根据数量、图表等对事物进行的观察和准确把握；对信息的分类整理及对所需内容的适当选取；符合逻辑的思维过程；对事物的数学式的理解和表达等"。据此，学力考试试题往往会设定实际生活中的场景，给出某些间接条件，学生需要经过一番思考、推理或较为复杂的换算过程才能得出答案，这需要学生具有较强的思维能力、提炼概述和文字表达能力，要求各种能力的综合，这种考试必然促使地方教育委员会和学校更加重视对学生知识应用能力的培养，引导教学内容和方式的变革，适应 21 世纪的挑战。日本学力测试注重"活用"是受到了 PISA 的启发，它与 PISA 在基本精神上是一致的，因此在这里不再赘述 PISA。

三、建议

我国《国家中长期教育发展规划纲要（2010—2020）》《江苏省中长期教育改革和发展规划纲要（2010—2020）》等都对基础教育给予了高度重视，这对于建立我省乃至我国基础教育质量标准体系都提出了迫切的要求。美、英、日等国及联合国经济合作与发展组织、欧盟在基础教育质量标准构建过程中，有许多优秀的经验值得我们总结和借鉴。我们对进行相关教育决策提出如下建议：

（一）准确定位质量标准

对质量标准的定位非常重要，它决定着质量标准体系的构建方向。在20世纪80年代以前，人们关注的是生产效率问题，80年代以后，质量成为人们开始关注的领域，到90年代达到了前所未有的高度。受到"工具理性"的支配，人们在考察质量时忘记了质量的最终目的以及作为主体的人的地位，这是值得反思的。随着工具理性的日渐衰微，人们开始重新思考质量的问题，努力摆脱唯质量论。质量标准的制定离不开价值立场，做不到真正的价值中立，因此，从相关利益人的不同视角去关注基础教育质量，教师、家长、学生等都应在质量标准中有自己的声音。如果把我国当前教育行政部门颁布的各类教育方针、政策、规划等看作是质量标准的话，那么它的一个主要问题在于难以操作和实施，也缺乏相配套的评估措施，不能够成为体系，这就造成在实际的教育质量评价中多以"量化标准"为主，"共性"有余而"个性"不足。因此，在对质量标准进行定位的时候，应全面把握，并摆脱唯质量论，把质量标准不仅看作是一个硬性的标准，更把它看作是引领基础教育发展的航标。

（二）基于核心能力的培养进行课程建设

发达国家在质量标准中都对要培养的学生核心能力或基本素养进行了界定。美国、英国注重基础能力，日本注重基础学力，联合国经济合作与发展组织注重阅读素养、科学素养和数学素养，这些都对我们有很多启示。这里强调的"基础"与"双基时代"所强调的"基础"相比，其内涵有了很大变化，它不仅指读、写、算，而且包括信息技术、解决问题的技能以及现代化科学技术的各种素养。这些核心能力或基本素养是适应当代社会变化、解决实际问题及知识综合化的必然要求。一方面要重视基础知识、理论、方法和技能，另一方面又不忽视社会的需求和个人的兴趣爱好，努力形成一种使人性、理智和社会互相协调的能力框架。

其次，各国看到，课程是培养能力的主要手段，因此，为了培养这些核心能力，各国都加强了国家层面的课程建设，规定了某些核心课程，如现代外语、数学、自然科学、历史和地理、公民道德素养、艺术等，当然，对核心能力界定的不同，也会导致其基础教育阶段核心课程建构的不同，它们之间是一种共存关系。

(三) 建立完善的质量保障机制

质量保障机制是质量标准得以执行的重要保证,没有完善的质量保障,标准就难以付诸实践。从发达国家的经验来看,保障机制至少要包括如下三个方面:

一是要有法律保障。无论在美国、英国,还是在日本,都通过立法来确保质量标准的执行。美国颁布的《不让一个儿童落后法》、英国1988年的《教育改革法》和日本2006年新修订的《教育基本法》都将基础教育质量标准问题写入了其中,从而让质量标准有法可依,而不是以个体的主观意志为转移。因此,我国在制定基础教育质量标准的同时,也应有各级人大讨论通过并由政府颁布的相关法律条文作为保障。

二是要有管理部门。质量标准的制定、执行、评估等工作的开展,都需要有专门的管理部门介入,结合我国当前的实际情况,管理部门应由行政领导牵头,以便协调各方关系,同时还应做到权责明确,既赋予其一定的权利,也要承担相应的责任。需要提及的是,美国的经验告诉我们,质量标准的数量不能太多,有研究指出,标准的数量过多是实现标准的最大障碍。因此,对于管理部门而言,应严格控制质量标准的数量。

三是要有专业机构。质量标准的拟订工作,需要基于大量实地调研,开展广泛深入的研究,而调研的设计、数据的收集与分析、基于结论的建议的提出等等工作,都需要由教育科研单位、高校等专业机构来完成。因此,在质量标准体系建设的过程中,教科研单位和高校提供的专业支持是必不可少的。

(四) 开展质量监测工作

质量监测是判断质量标准达成情况的重要手段。美国、英国、日本等国为监测本国基础教育质量标准的达成情况,都有全国性的统一考试,即便是联合国经济合作与发展组织,也通过组织PISA来测定学生的三大素养,这些考试的具体特点包括:第一,他们组织的统一考试只是部分年段而不是全部年段的学生都要参加。第二,从考试内容来看,注重知识的"活用"和对现实问题的解决,而不是考察死记硬背的知识。第三,考试的目的不在于选拔,而在于判断课程与教学质量并基于此而提出改进建议;不在于对个人进行评价,而在于对区域的教育状况进行评价。

以上特点对我们进行区域层面的教育质量监测,改变传统考试模式具有重要参考意义。

不容忽视的是，质量监测工作的开展需要以质量标准为基础进行评分，但这种做法存在一些缺陷，如需要较大的工作量，成绩报告单过于复杂以致家长难以理解，对学生的发展度缺乏关注等。这些问题都是我们在进行质量监测过程中，需要避免的。

【参考文献】

1. 郑旺全:《美国加强基础教育质量的改革——尝试提高学术标准，改善评估体系》，载《课程·教材·教法》2006 年第 1 期。
2. 汪霞:《课程改革与发展的比较研究》，江苏教育出版社，2000 年版，第 172—174 页。
3. 邬志辉:《教育全球化——中国的视点与问题》，华东师范大学出版社，2004 年版，第 90 页。
4. 吕达、周满生主编:《当代外国教育改革著名文献》(英国卷第二册)，人民教育出版社，2004 年版，第 171 页。
5. 吕达、周满生主编:《当代外国教育改革著名文献》(英国卷第一册)，人民教育出版社，2004 年，第 150—151 页。
6. 汪霞主编:《国外中小学课程演进》，山东教育出版社，2000 年版，第 779 页。
7. 日本《教育基本法》(全文)，载《外国教育研究》2009 年第 3 期。
8. Council conclusions of 25 May 2007 on a coherent framework of indicators and benchmarks for monitoring progress towards the Lisbon objectives in education and training.
9. 马丽娟:《20 世纪 90 年代以来英国教育督导制度的改革与借鉴》[D]，河北大学硕士学位论文，2004 年，第 25—30 页。
10. The EFA Global Monitoring Report Team. EFA Global Monitoring Report 2005：The Quantity Imperative[R]. 2004. p. 35 - 36.
11. Organisation for Economic Co-Operation and Development. (1972). Interdisciplinarity：Problems of research and teaching in university. Paris：Organization for Economic Co-Operation and Development.
12. The World Bank. Priorities and strategies for education：A World Bank for Reconstruction and Development. 1995. p46.
13. 严开胜、李松林:《英国中学课程改革迈入新阶段》，载《中国教育报》2007 年

4 月 30 日第 8 版。

14. 钟启泉:《从日本的“学力”概念看我国学力研究的课题》,载《教育发展研究》2009 年第 15—16 期。

15. 王晞、黄慧娟、许明:《PISA:阅读素养的界定与测评》,载《上海教育科研》2003 年第 9 期。

16. 王晞、黄慧娟、许明:《PISA:科学素养的界定与测评》,载《上海教育科研》2004 年第 4 期。

17. 黄慧娟、王晞:《PISA:数学素养的界定与测评》,载《上海教育科研》2003 年第 12 期。

18.《不让一个儿童落后法》,http://www.bledu.net.cn/file/2005-1-24/2005124131727.htm。

19.《2008 年布什总统国情咨文》,http://www.sjysdq.cn/show/786。

20. *Achieving Excellence Through the National Curriculum*. (1998). http://www.qca.org.uk /ncr/.

21. 李协京:《日本如何监测义务教育质量》,中国教育新闻网,http://www.jyb.cn/cm/jycm/beijing/zgjyb/4b/t20081125_208284.htm, 2010-10-08。

22. 李协京:《从日本全国学力考试看其中小学教育质量监测》,载《外国教育研究》2008 年第 10 期。

23. Marge Scherer. How and why standards can improve student achievement. Educational Leadership, 2001(September).

24. Gandal Matthew & Jennifer Vranek. Standards: Here Today, Here Tomorrow. Educational Leadership, 2001(September).

普通高中办学模式的国际比较研究

——以英国、美国、瑞典等国家为例

基础教育研究所

喻小琴　王一军

一、各国普通高中办学模式的基本情况呈现

基于英国、美国和瑞典等国家普通高中教育模式发展呈现出来的差异，很难用统一的标准或者说同一方式来对它们进行描述，因此，本报告主要是从各国普通高中教育模式发展的不同现状，以突出各国普通高中教育模式主要内容为重点进行描述的。

（一）以公学为代表的英国高中教育模式多样化发展

二战前，英国高中教育以培养社会精英为其价值目标，学校类型单一，大多为公学和文法学校的第六学级。二战后，英国高中办学模式经历了从单一向多样化的转变过程，并呈现出明显的多样性、选择性、实用性和协调性等特点。如，《1944 年教育法》把中学分为文法中学、技术中学和现代中学三类，文法中学主要培养高等学校学生，技术中学和现代中学以职业技术教育为主。1965 年，三轨制合并成“综合中学或双边中学”，1976 年，《综合中学设置促进法》使兼顾升学和就业教育的综合中学得到了发展。1982 年以后，就学于综合中学的学生比例一直保持在 90%。具体而言，英国的综合中学主要有两种形式，一是“一贯制”综合中学，即整个中等教育一贯制；二是“两段制”综合中学，即所有学生 11 岁进初级综合中学，13 岁时全部转入高级综合中学，或部分进入高级综合中学而其余留在初中。

目前，英国高中的学校类型主要由公学和文法学校的第六学级、综合中学的第六学级、第六学级学院、第三级学院的第六学级、继续教育学院的第六学级以及一些提供全日制教育的职业教育机构。按照培养目标和课程设置等方面的具

体情况，英国高中可以划分为学术型、综合型和职业型三种办学模式。

1. 学术型高中。学术型高中以培养社会精英为目标，在课程设置上，一般分为文、理两组，且具有专业性强、设置面窄、强调精深治学等特点。学校为学生开设了大量的课程以供学生选择，一般来说，学生必须选修至少3门高级水平科目和4门高级补充水平科目，学习专而深。

公学的第六级是英国典型的学术型高中，以公学为例，可以看出英国学术型高中的基本特点。公学(Public School)是英国一种私立的中等学校，自14世纪以来，逐渐形成了独特的发展模式，并在管理、培养目标、教学及办学宗旨等方面都形成了自身的特色。第一，公学形成了自主管理模式，并有独立的经费来源。独立自主是英国公学的最主要特点，他们有自己独立的组织机构和管理团体，其领导机构是各学校为了共同利益而自发组成的非官方团体，如HMC、GBA、GSA、ISIS等。在有些公学，特别是那些著名的公学，为了确保自身不受政府部门的管辖，它们一般会拒绝政府的资助，而主要通过学校创建者的捐赠、公学毕业生的捐助和高昂的学费等保障学校有充足的经费来源。第二，公学以促进学生全面发展、培养精英人才为目标。公学与公立教育体系相分离，形成鲜明的双轨，在培养目标上是绝不相同的，就公学而言，主要是培养学生在知识、修养、礼仪风度和体能健康等方面都获得发展。公学特别注重学生的体能训练，体育占据了学生的大部分时间，成为没有列入课表的必修课。第三，公学生源和师资素质高，教学条件优异。从学生生源看，公学学生主要由预备学校学生、接受过良好家庭教育的子弟和公立学校的优秀转学生等组成。预备学校也是私立性质，教学设备优良，生活条件优越，班级规模较小，教学质量高。从教师素质看，公学教师不仅学历高，且从牛津、剑桥等名校毕业的教师占教师总数比例高，另外，曾就读于公学的教师也占很大比例。教学条件优异主要表现为：较高的师生比，1984年，HMC学校的师生比为1∶12；班级规模小，一个班不超过20人；教学设施优良，趋于现代化；设立奖助学金等。第四，采取寄宿制，实施人性化管理。House制是公学实施寄宿制的主要方式，由阿诺生发明，一所学校通常由10所左右的House组成，每一House包括1名舍监、2—3名助理教员、1名保姆和50名左右学生。House间是互相独立的实体，各具特色。其内部实行级长制，是通过选举学生干部，达到学生管理学生的目的，一般由高年级学生负责管理低年级学生。①

2. 综合型高中。综合型高中的培养目标是多元的，英国综合型高中既担负

① 梁淑红：《英国公学的发展模式对我国创建优质高中的启示》，载《当代教育论坛》2003年第4期。

着为大学输送新生的神圣使命，同时又为社会培养各种中等技术人才做出了积极的贡献。1965年，英国中等教育综合化改组之后建立起来的综合中学已成为当前英国主要的中等教育机构，综合型高中的学校主要包括综合中学的第六学级、独立的第六学级学院、第三级学院的第六学级等，其中第三级学院是英国最为典型的综合型高中的代表。综合型高中课程设置兼具学术型和职业性特征，根据学校条件的不同，在具体开设的课程侧重点方面也存在着很大差异。进入这类学校的学生既可以选修学术性课程，参加普通教育证书高级水平的考试，也可以参加高级职业教育和"国家普通职业教育资格证书"的考试，也即是学生既可以为升学做准备，也可以为就业做准备。

3. 职业型高中。职业型高中以培养应用型的中等技术人才为主要目标，城市技术学院的第六学级是英国当前最为典型的职业高中。职业型高中课程设置在兼顾基础性学科的基础上，偏重于职业性课程。

(二) 美国普通高中的多种类模式及其课程设置

1. 以综合中学为主的多种办学模式

美国虽然有综合中学、普通中学、选择性中学和职业或技术中学之分，但是集普通教育、学术教育、职业教育各种职能于一身的综合高中一直占据绝对主流地位。第一，综合中学。20世纪初，美国就出现了综合中学，1983年，全美综合中学已占公学的80%。当前，综合中学共有25 000所，1999—2000学年度，98%的学生就读于综合中学。综合中学兼施普通教育和职业教育，在综合中学内部一般分为3个方向：一是学术科，占学生数的43%，目标是为大学培养合格新生；二是普通科，占学生数的33%，目标是让学生掌握必备的文明素养，做社会良好的公民；三是职业科，占学生数的24%，目标是培养学生就业所需的知识与技能。[①] 第二，普通中学。普通中学也被称为学术性中学，主要为学生升入大学做准备。第三，选择性中学。选择性中学是为弥补公立中学办学质量不足，于20世纪六七十年代以来出现的，如，"校中校""磁石学校""全年学校""特许学校"以及"新型美国学校"等。从培养目标看，这类学校往往比较复杂，各有侧重，有的偏重于学术，有的偏重于职业准备，有的侧重于技能技巧，也有的追求情操陶冶，以培养高雅的时代文明人为宗旨。第四，职业或技术中学。美国的职业或技术高中很少，主要由私人企业创办，如，工业高中、农业高中、商业高中、机械高

---

① 胡庆芳：《当今美国高中教育解读(一)》，载《北京教育》2002年第6期。

中、园艺高中等。

为重建美国高中综合办学问题，学者们相继提出了许多建议，如，取消高中分轨制，因为现代生活要求所有学生既要有高水平的学术知识，也要有高水平的技术技能；向所有学生提出更高、更严格的要求，所有学生都要学习扎实的学术核心科目，每个学生都必须掌握可终身受益的就业和学习技能；需要有使学生积极主动参与学习的教学方式方法，学生应有机会扩充与应用他们所学的知识，而不仅仅是记住课本中的内容；需要学生去了解各种职业的状况，使他们实事求是地设置未来的职业目标和制定达到目标的计划；将高中教育与社区学院教育连接起来等。①

2. 美国普通高中种类繁多的课程设置

种类繁多，是美国普通高中课程设置的一个显著特点，每所学校都可以开设几十甚至上百门课程。除了一般基础文化课程，如英文、数学、自然科学、社会科学外，还为有志于升学的学生开设学术性课程，为不打算升学的学生开设各类职业训练课程。此外，还为既不打算升学也不打算接受职业训练的学生开设满足他们兴趣和需要的课程。课程设置多元化的特点主要是由综合中学的性质决定的，其课程设置立足于满足所有学生的多样化需要。但是，这种课程设置由于主次不分、过分强调实用，使大量非学术性课程冲淡了基础文化课程，并带来学生为了拿满学分尽量选择容易拿到学分的课程，降低了学生毕业标准。为防止教育质量和培养人才水平的下降，于是提出了核心课程。1983 年，以著名学者加德纳为首的全国高质量教育委员会提出，每个中学生都要学习 4 年英语、3 年数学、3 年自然科学、3 年社会科学和半年计算机科学。1987 年，美国联邦教育部确立了联邦普通教育的标准，并指出“课程标准虽然只有一个，但教学方法却应是多种多样、因人而异的”，并补充了 2 年外语、2 年体育和半年艺术为必修课。这样，中学必修的核心课程增加到 8 门。因此，总的来说，美国中学课程形成了多元课程与核心课程并存的局面，在增强学生课程选择性，赋予学生课程选择权，满足所有学生所有需要基础上，实现了国家的课程意志。

（三）不同时期瑞典普通高中教育模式进行的多种改革

1. 20 世纪 60 年代以前，瑞典中等教育的结构由高级中学系统和职业学校系统组成，高级中学系统包括学术性高中、工业高中和商业高中三种类型。学术

① 史成明：《当前西方高中教育改革及对中国的启示》，载《外国中小学教育》2005 年第 12 期。

性高中设有古典、近代和普通3科，各科在高年级进行分化。工业高中学制一般为3年，设有机械、通信、电器、建筑和化学等19个科目，此外，还设有二年制的特殊专业班。商业高中学制为3年，在三年级分设语言、会计、管理和流通4个科目。职业高中系统包括农业技术学校、林业技术学校和家政职业学校等。以上两类学校系统各自为界，互不联系，课程的设置为封闭的单向型，即便在同一类高中，也各自独立，学制、水平、课程等有着较大差异。在普通高中系统里面，学术性高中的毕业生可以升学却难以就业，而商业性和工业性高中的毕业生却只能就业不能升学。学校体制和课程设置的封闭性、单向性不仅违背了教育公平的理念，也不适应于学生的发展变化。

2. 20世纪60年代—80年代，高中教育进行了改革，形成统合高中的教育模式。

1966年，瑞典建立课程制高级中学和课程制补习学校，其中课程制高级中学设置社会科学、人文科学、经济科学、理科和工业科等5科，课程制补习学校设置社会科、经济科和工业科等3科。即瑞典高中教育是朝着课程制方向发展，其结构由高级中学、补习学校和职业学校三类学校组成。

1968年，瑞典一项改革法案中，决定把高级中学、继续学校和职业学校合并成单一类型的高级中学——统合高中(也被称为“多边”学校)。统合高中必须承担双重培养任务，既向学生实施系统的科学文化基础教育，为普通高等学校输送合格的新生，又向学生实施系统的职业技术教育，为国民经济各部门培养合格的劳动大军。目前，全国90%的学生直接升入统合高中，没有入学考试，而且毕业升学考也已废除，升入高校时只需要学过两年高中的瑞典语、两年英语和另一门所报专业的基础课。10%学生初中后开始就业。统合高中具有以下特征：第一，在同一所学校可以提供不同种类的科目；第二，每一类科目有共同的计划，既有公共必修的理论课，也有特别的、实践性和职业性的活动；第三，从社会角度说，统合高中找到了一条把不同出路的学生结合在一起的良好途径；第四，所有学习，都是为培养完善人格和为日后的生活作准备；第五，学生可以较为自由地转换学习领域。[①] 从课程设置看，统合高中包括人文与社会、经济、理工三大系列课程，人文系列包括二或三年制的7门课程，经济系列包括二或三年制的3门课程，理工系列包括二或三或四年制的13门课程，总计23门课程。

3. 20世纪80年代，统合高中成为瑞典唯一的高中类型，呈现出统合化、专

① 盛天和：《西方国家综合中学办学模式简述》，载《上海教育科研》1998年第10期。

业化特征，并形成了自己的发展特色。第一，统合化。统合化包括两层意思，一方面指瑞典高中阶段教育现在只有一种，不存在职业高中、普通高中或其他级别高中的区别；另一方面是指高中的现行专业设置和学业要求都已由国家统一规定，每所高中都必须遵照执行。第二，专业化。专业化主要指瑞典高中教育必须根据国家的要求分门别类地按专业进行教学。第三，发展特色。统合高中在发展过程中逐渐形成了以下特色，一是就业教育与升学教育相结合；二是普通教育与职业教育相结合；三是规范性和灵活性相结合。规范性是指瑞典统合高中的教育内容、专业或课程设置、学业要求都有国家严格的统一规定。20 世纪 80 年代后半期来，统合高中课程设置中逐渐形成了 30 个分支专业，分属 6 个学科领域：语言、社会科学、艺术（2—3 年）；护理、社会服务和消费教育（2 年）；经济、商业和办公工作类（2—3 年）；工业和手工艺（2—3 年）；技术和自然科学（2—3—4 年）；农业、林业和兽医学（2 年）。灵活性是指瑞典统合高中的教学管理制度富于弹性，充分尊重学生的学习自主权。

4. 20 世纪 90 年代以后，瑞典高中改革的目的是为了追求一种更加民主、更加统一的办学结构，并把平等思想深入到体制结构和课程内容的改革中去。瑞典政府在 1989 年提出："16—19 岁年龄组的学生应得到一种在今后能使他们做出各种选择的教育。"同年 3 月，国家教育委员会提交了 90 年代瑞典高中新的改革计划，提出"对质量的要求要高"，包括理论课和职业课的教学内容、方法、工作环境等。1994 年，瑞典新的《高中国家课程指南》中规定要给予每所学校更大的自主决策权力，也就是文中提出的"地方自由"，第一，根据国家课程目标和教学大纲规定的目标，每所学校可以自行决定实现目标的途径和方法。第二，每所学校可以自行决定教学的具体形式和具体内容。1995 年，瑞典高中逐步走向"统一化"和"专业化"的道路，形成了独具瑞典特色的"统专型"高中教育体制，体现了更高层次的教育平等和教育灵活性。

二、各国普通高中办学模式相似性特征的分析

尽管各国普通高中办学模式在发展过程中呈现出不同的状态，但是从其相似性上看，它们之间还存在着一些类似的特征：

第一，各国普通高中办学模式具有包融性，形成了多种办学类型并存的局面。从英国、美国、瑞典等国家办学模式看，它们都包含了至少 3 种类型的办学样态，如，英国普通高中办学模式包括学术型高中、综合型高中和职业型高中等

3类，美国普通高中办学模式有综合中学、普通中学、选择性中学和职业或技术中学，瑞典普通高中办学模式由高级中学系统和职业学校系统组成，具体包括学术性高中、工业高中、商业高中和农业技术学校、林业技术学校和家政职业学校等。多类型普通高中办学模式的存在，满足了各国高中教育从精英阶段走向大众阶段、普及阶段所提出的办学要求，体现了社会进步、教育发展和人们对教育需求提高的真实状况。当就读高中成为绝大部分人的正常需求时，单一的学术性高中无法满足所有人的需要，必须通过设置包括学术性高中在内的其他多种类型高中才能完成这一目标。该局面的形成为所有学生的升学和就业提供了条件，使所有学生都能接受高中教育，从而提高高中阶段教育的普及水平。因此，多种办学类型的存在是各国社会发展到一定时期的必然产物，是普通高中教育发展内在机制对其教育模式的一种整体建构和调节，它们之间是一种相互补充、共同发展的存在，各种办学类型有各自的办学目标、定位、宗旨和不同的办学行为，因此，它们之间少了些竞争、冲突，更多的是一种和谐相处。另外，各国高中教育兼具升学、就业和全人的教育功能定位也体现出普通高中教育模式所具有的包融性特征。

第二，各国普通高中办学模式中虽然兼顾学术性、职业性或普通性等多重办学特性，但是学术性占有最重要的地位。就英国情况看，以公学为代表的学术型高中在英国高中教育发展中的地位是任何其他高中都无法比拟的，无论从发展历史、办学特色还是学术水平自身而言都成为了一种公认的事实；在美国综合中学、普通中学、选择性中学和职业或技术中学等各种类型中，综合中学占有了绝对的主流地位，尽管综合中学内部包括学术科、普通科和职业科，但是以培养大学合格新生的学术科的学生占学生总数的43%。同时，美国高中的普通中学也是学术性中学，具有很强的学术性，而其他诸如选择性中学、职业或技术类中学都是对学术性中学的一种补充；瑞典的统合高中虽然形成了就业教育与升学教育、普通教育与职业教育相结合等特点，但是它所具有的专业化为其增添了学术的特性。也就是说，各国虽然形成了多类型并存的高中办学模式，但是不可能放弃对学术性高中的特别关照，而是在重点办好学术性高中的同时，兼顾到其他的高中类型。普通高中学术性重要地位的存在意味着各国普通高中依旧把升学看成了普通高中最重要的办学任务，确保了大多数学生可以进入大学继续学习，更好地满足了国家对高层人才需求的同时，提高了国民的素质水平。普通高中学术性的绝对地位并没有否定其他诸如职业性、技术性等高中存在的价值，而是表明仅有高中的学术性是不完善或者说是缺失的，而应该在确保高中学术性重要地位的同时兼顾到其他特性。

第三，各国普通高中办学模式在突出优质、特色的同时，体现了教育的公平性。优质、特色是各国普通高中一贯的追求，也是高中精英教育阶段的最重要特征，不管是在优质，还是在特色方面，英国的公学都作出了很好的示范作用，首先，英国公学是以优质著称的，从人才培养上看，它们以促进学生全面发展、培养精英人才为培养目标；从教育质量上看，不仅有优质的教育生源为基础，也有高素质的师资队伍，而且教学条件非常优异，因此公学的教育质量是相当高的。其次，从办学特色上看，英国公学不仅有独立的自主管理模式，而且形成了一系列诸如 House 制的公学管理行为。优质、特色的高中办学模式并没有排除教育所蕴含的公平性，各国为了满足学生就业或个性发展需要而设置的职业高中、技术高中和选择性高中等办学类型也就是这一理念的深刻表达，使所有学生都拥有了平等的上学机会，获得了最公平的对待。另外，英国、美国等国家还直接提出了让每一个儿童成功和不让一个高中生落后的教育理念和追求，如，在 2000 年，英国教育与就业部国务大臣大卫·布伦基在其《建基于成功》的著名演说中指出，改变撒切尔主义者的学校优胜劣汰倾向，主张让每一所学校成功；改变教育中的精英化的趋势，主张让每一个儿童成功。美国高中有影响力的组织“伍德·威尔逊全国联谊基金会”提出，“放远我们的目光，绝对不让一个高中生落后”的口号，并把 2001 年确定为“高中学生年”等等。

第四，各国高中办学模式在为学生提供相对自由空间的同时，坚持了一定程度的规范性。如，英国的学术高中要求设置文理两组课程，且要体现出专业性强、精深治学的特点。在英国公学中，学校在确定教育目标，筹措教育经费，选择生源、师资等方面都形成了一些规范性做法，且不会轻易被改变；美国核心课程的提出也体现了高中办学模式中的规范性，规定每一个高中学生都要学习相关年限的英语、数学、自然科学、社会科学、计算机科学以及体育、艺术科学等方面课程；瑞典学生虽然可以不需要考试就能够升入统合高中，但是也必须完成相关的瑞典语、英语及专业基础课的学习。统合高中形成了规范性与灵活性相结合的学校办学特色，其规范性主要体现为国家对统合高中的教育内容、专业或课程设置、学业要求都有严格的统一规定等等。可以看出，各国主要是在课程设置上提出了一些规范性要求，这一方面意味着高中办学过程中要有规范的课程作为基础，否则就会因为缺少规范性而带来高中办学的随意行为；另一方面也意味着课程是可以被规范的，即使是分权制国家，国家意志也是必须要遵循的，只有这样才能使普通高中在宽松的发展环境中确立一种相对稳定性和统一性。同时，课程的规范化设置也体现出课程的设置对学校教育质量的提高、学校办学行为的规范等方面起到了重要作用,也即是通过规范课程的方式可以促进学校办学行为的改善和提高。

第五,各国高中办学模式照顾到了所有学生的所有需求,集中体现了普通高中发展过程中的选择性特征。各国普通高中办学模式的选择性特征主要体现在两大方面。一是体现在不同学校和学生之间存在着选择性,如,英、美国和瑞典等国家多类型的高中办学为学生选择适合的学校提供了条件和可能,所有学生根据自己的实际情况有针对性地选择学术性高中、职业性高中或综合性高中,从而为自己的升学、就业和个人发展铺平道路。当然,不同类型的学校也对学生提出了要求,从而也就出现了不同类型的学校在招生对象的选择上有了一定的规定或要求。二是体现在多元课程设置与学生自由选择课程上,各国高中在课程设置上有一个很大的特点是种类繁多,每所学校都开设了几十甚至上百门课程,学生可以根据自己的兴趣、爱好和特长选择自己喜欢的课程。多种类课程的存在为学生选择课程提供了广阔的空间,使学生拥有课程选择权的同时,提升了学生的课程选择能力。高中办学模式选择性特征的存在不仅真正实现了因材施教的教育理念,使“促进每个学生都成功”的办学理念得以体现,而且赋予了每个学生的自我选择权,尊重了每个学生的需要,使学生成为了自己学习中的主人。只有这样,才能使每一个学生的潜能得以充分发挥,每一个学生都不会因为选择错误导致落后于其他人。

三、国外普通高中办学模式发展趋势和未来走向的预测

对各国普通高中办学模式发展趋势和未来走向的预测是基于各国普通高中办学模式发展的客观现状而做出的理性分析,体现了以事实为基础的逻辑判断的超越性。

第一,从发展任务看,各国普通高中将以提高高中阶段教育的普及水平作为重要任务之一。高中阶段教育是学生个性形成、自主发展的关键时期,对提高国民素质和培养创新人才具有特殊意义。因此,各国都在努力加快普及高中阶段教育的速度,提高高中教育阶段的普及水平,据《世界发展指标(2007 年)》的数据显示,全球高收入国家高中教育的平均普及水平达到 110%。亚洲开发银行报告称,全球发达国家多数实行了超过九年的义务教育,也就是高中阶段被纳入了义务教育阶段,如,英国实行的是 11 年义务教育,英国《1944 年教育法》的颁

布，使得高中取消了严格考试限制，实施开放入学政策，到20世纪90年代，英国高中教育阶段在校生占适龄青少年的百分比超过了70%；美国早在1990年就普及了高中教育，现有4个州在实行12年义务教育，多数州都实行的是9—11年的义务教育，到2003年，美国高中净入学率为96.4%。20世纪80年代末90年代初，瑞典议会就已经决定，从1992年7月1日起，各级政府要使所有20岁以下的青年在完成义务教育以后，都继续接受某种形式的高中教育；现在更是明确提出人人需要接受高中教育，认为接受高中教育是每一个合格公民最基本素质的体现。也就是说，各国都把全面普及高中教育、不断提高高中教育普及水平当作重要任务来完成。当然，高中教育的普及不仅包括数量上的全面覆盖，而且包括教育质量的提高，这不仅需要通过完善高中办学模式的系统与结构，而且还需要通过提高高中教育质量等方式才能使高中教育数量与质量的普及任务得以实现。

第二，从学校功能上看，各国普通高中将在促进学生升学、就业与促进学生综合素质提高等三维功能上发挥作用。高中教育的普及必然带来高中学校功能的转变，要在满足大部分学生升学的同时，还要兼顾高中学生的就业和学生综合素质的提高，如，1997年，美国联邦教育部在《1998—2002年教育发展战略》中指出，中学教育要让所有学生都达到富有一定挑战的学业标准，为他们将来成为有责任感的公民、继续学习和富有产出性的就业做好准备。此外，美国综合高中为了实现"为所有学生提供普通教育"、"为大多数学生提供中等职业技术教育"、"为有志攻读大学的学生作升学准备"的功能，而分别设置"学术科"（为升入大学做准备）、"职业科"（为就业做准备）和"普通科"（为学习普通知识服务），以满足不同学生按照其性向、能力和出路定向选择课程的需要。[①] 瑞典的统合高中就是通过在一所学校内设置不同类型的课程，将普通教育、学术教育和职业技术教育置于平等地位，从而促进学生升学、就业和素质提升等功能的实现。瑞典教育署还提出："在今天的社会，……除了基本的知识和技能外，还有在职业、社会、个人生活中都需要的责任感、灵活性、待人处事的交际技能。""高中的任务不仅是为学业深造和职业生涯奠定基础，而且要提供坚实的全面发展的教育，使学生深刻理解我们的文化遗产和民主价值观念，年轻人都应该在个人发展中得到帮助，并养成面对未来的本领。"普通高中三维功能的观点在大多数国家都很具有普遍性，它已成为各国高中教育功能发挥的代表性观点，并引领着各国高中教育的未来走向。

第三，从培养目标上看，各国普通高中都将"促进每一个高中学生获得全面而

① 徐英杰主编：《综合高中办学模式探索》，山东教育出版社，2001年版，第26页。

充分发展”来进行定位。“促进每一个高中学生获得全面而充分发展”不仅指出高中教育要照顾到每一个学生的发展，而且提出要把学生的全面而充分发展作为普遍追求。从确保每一个学生都发展来看，前面提到英国和美国都直接提出让每一个儿童成功和决不让一个高中生落后等理念和口号，这是教育公平观在高中培养目标上的体现，也是世界各国高中教育改革的共同趋势。促进每一个高中生都获得发展不仅使他们有均等的教育机会，而且使他们受到了公平的对待，他们的个性特长、发展需要都得到尊重，从而为每一个学生的成功发展奠定了基础。自20世纪80、90年代以来，各国都逐步确立了人在整个教育过程中的首要位置，就高中而言，使每个学生全面而充分发展成为了高中教育改革发展的要求，如，美国的“七项原则”中，保持身心健康、养成就业技能、胜任公民职责等，反映了对学生素质的要求和培养目标的定位；英国在《传递结果：到2006年的战略》中指出，“使所有年轻人能够发展并拥有生活与工作所需要的技能、知识和个人素养”。关注每一个学生与促进每一个学生获得全面而充分发展的培养目标中不仅照顾到了每个学生的个性差异，而且使所有学生都得到了应有的发展，较好地处理了学生个性发展与全面发展的关系。以美国为例，在培养目标上，美国高中一直在促进学生个性化发展上做得很好，但是在一定程度上忽略了学生的全面发展，为此，近年来，美国在州一级范围内特别注重加强基础教育，提高了对高中学生的全面要求，使得州一级相对集中统一和加强基础教育成为美国教育改革的一种趋势。

第四，从学校存在类型看，各国普通高中将持续维持综合化或多样化并存的学校发展局面。要实现高中教育的普及、促进教育三维功能的发挥以及达成每一个学生获得全面发展的培养目标等，需要高中教育以综合或多类型学校发展局面的存在。既可以以瑞典统合高中，英、美等国综合高中等单一形式而存在，也可以保持学术性高中、职业高中或普通高中等多类型共存的局面。综合高中最早是美国出于确立和维护民主制度的考虑而提出和设立的，就是“将所有课程包括在一个统一的组织之中”，是美国中等学校的标准类型。二战后，在教育民主化浪潮的推动下，英国较早设立了综合高中，1988年，英国综合高中学生人数在英格兰地区公立学校达85.7%，在威尔士地区占98.3%。学校综合化是贯穿20世纪后半期至现在，甚至是未来很长一段时间内，许多国家高中办学模式改革的一场运动。在这场改革中，由于各国人文环境、社会背景、教育现实和中等教育本身的复杂性等因素不同，每个国家综合化模式和程度也就有所不同，如，除了美国、英国等少数国家是一体化综合高中之外，其他大多数国家实行的依然是形式上的综合，而实质上是分科的拼盘式综合高中，主要通过在综合高中内部分设不同类型的学科或课程，学生根据甄别考试等形式被分配到不同学科或课程学习。从英国、美国和瑞典等国家情况看，综合高中较之多类型高中并存现象更为普遍，主要是通过设置综合高中，把中等教育中普通教育、学术教育、职业教育等各种职能集于一体，在同一所学校开设不同课程，从而满足所有学生的需要，使机会均衡和让全体学生都接受高质量教育的理想和思想落到实处。

第五，从提高教育质量看，各国普通高中依旧会依赖通过确定规范性课程、增加选择性课程等课程改革方式来加以实现。进入新世纪以来，各国普通高中教育的课程设置进行了大范围的调整和改革，以全面提高高中教育质量为主要宗旨。通过设置多样化的课程结构来满足所有学生的所有需要，从而为适应学生不同的兴趣、态度和出路以及社会发展对多种人才的需要，改变传统高中为升学或就业做准备的单一课程的局限性，形成了灵活多样的课程结构，开设了门类众多的课程。各国在改革高中课程过程中呈现出以下基本思路和发展趋势：一是在保证共同基础的前提下，使学生在课程方面享有尽可能多的选择机会。提供多样化的必修课程与选修课程，要求学生通过课程选择形成自己的学习计划。二是将学习学术课程与学生经验、社会生活有机结合起来。普通高中教育既要精选“超越时代而不变的有价值的东西”供学生学习，又要“培养学生在实际生活中运用知识的能力，让他们掌握先进而实用的技术，引导他们把今天的学习和明天的工作密切地联系起来，为今后独立的生活做准备”（美国）；“将学生的学术课程学习与职业课程学习有机结合起来”、“注重发展学生的关键技能”、“使学生能够参与数量众多、内容丰富的活动”等（英国）。三是将知识技能的学习与多方面能力的发展融合起来，通过精选的、具有时代特点的知识和技能的学习，发展学生的独立思考能力、终身学习能力、独立工作能力和创新能力等。

四、国外普通高中办学模式对我国普通高中办学的启示

《国家中长期教育改革和发展规划纲要（2010—2020 年）》中提出，要加快普及高中教育，全面提高高中学生综合素质，推动普通高中多样化发展。为使这些任务得以顺利完成，基于对国外普通高中办学模式发展进行的思考，可以从以下方面启发我们对我国普通高中办学做进一步的探索和追问。

第一，办好一批学术性高中，充分发挥学术性高中在普通高中阶段办学的引领示范作用。关于什么是学术性高中，或学术性高中是什么等问题，很少有研究者进行过深入研究，也很少有研究者提出过一些被大家认可的代表性观点，只有

个别研究者认为，学术性高中是以培养创新型人才为目标，学生以进入名牌大学为主的学校。缺乏对学术性高中进行研究的原因之一可能是学术性高中在我国还没形成气候。目前，我国只有少部分学校对学术性高中进行了初步的探索和尝试，如，深圳中学正在为把学校创建成为中国特色的“学术性高中”而努力。当然，学术性高中存在的缺失并不表明我国没有学术性高中的存在，应该说，在我国还是有一大批诸如优质高中、星级高中或一流高中等存在的。因此，我们应该在加强对学术性高中进行研究的同时，在全国创办好一批学术性高中，从而使这些高中在培养高质量创新性人才，满足国家对高素质人才需求的同时，发挥它们对其他高中办学的引领和示范作用。

第二，彻底改变普职分离的现状，积极探索我国普通高中教育阶段的综合高中发展模式。从某方面说，综合高中办学的问题主要可以转换成学校发展任务的问题。在我国，关于中学办学任务的争论主要集中在升学与就业双重任务上，早在 20 世纪 50 年代初，我国就明确提出普通中学要兼顾升学和职业预备的双重任务，到 80 年代，双重任务的提法都没有改变，如，1983 年，教育部颁布《关于全日制普通中学全面贯彻党的教育方针，纠正片面追求升学率倾向的十项规定（试行草案）》中提出，中学教育“既要为高一级学校输送合格的新生，还要着重注意培养大批优良的劳动后备力量”。1989 年，出现了普通高中教育的双重任务论、单一任务论、主次任务论、基础任务论、根本任务论等五种典型的观点。[①] 1995 年 5 月 10 日，时任国家教委主任朱开轩在全国高中教育工作会议报告中提出，在“双重任务”的基础上增加“两个侧重”的观点，即“有侧重地对学生实施升学预备教育或就业预备教育”。但是，这种“双重任务论”并没有落实到高中办学实践中去，具体而言，双重任务变成了以升学为主的单一任务，就业任务被架空了。要改变这种不合理现象，必须彻底改变高中阶段普职分离状态，大力发展综合高中办学模式，即在同一所学校实施普通教育的同时，向学生提供一般性的职业技术教育，满足所有学生的不同需要，提升学生的社会适应和生存能力。

第三，改变单一的课程设置，做好普通高中课程规划，增强普通高中课程设置的多样性。尽管我国课程设置多样化有很长的历史，如，国家教委于 1996 年颁发了新中国成立以来的第一个普通高中课程计划，它从课程管理的角度加强了课程设置的多样化，为各地课程设置多样化的实现创造了条件。2001 年 6 月，国务院批准教育部颁发的《基础教育课程改革纲要（试行）》中指出，在高中阶

---

① 杨汉清：《试论普通高中教育的任务》，载《课程・教材・教法》1989 年第 10 期。

段，在开设必修课的同时，需设置丰富多样的选修课程，开设技术类课程。2010年《纲要》继续提出，要深入推进课程改革，全面落实课程方案，保证学生在全面完成国家规定的文理等各门课程学习的同时，创设条件开设丰富多彩的选修课程，为学生提供更多的选择，促进学生全面而有个性的发展。但长期以来，我国高中课程设置是单一的，全国同类学校，在同一个时期里都按照统一的课程设置进行教学，并且所设置的课程都是单一的学科课程，甚至各学科的教学内容和教学要求对于所有的学生都是相同的，这种单一的课程设置不仅不能满足社会对学生提出的要求，也严重阻碍了学生的发展。要改变课程设置单一现象，加强对高中课程进行规划，做到课程设置的多样性。课程设置多样性不仅包括课程种类、科目多样化，而且包括课程形态多样化。为此，我们要学习借鉴国外经验，在高中课程设置上，努力做到一个课程系列一份课程表，甚至每个学生一张课程表，同时以学分制和弹性学年制保障多样性的有效运行。

第四，鼓励普通高中办出不同特色，为学生提供选择合适学校的机会。在我国，自《中国教育改革和发展纲要(1993 年)》提出“中小学要由应试教育转向全面提高国民素质的轨道，学校要办出各自的特色”之后，研究者就开始了对学校特色进行广泛的研究。此后，《国家中长期教育改革和发展规划纲要(2010—2020 年)》中再次提出：“要树立以提高质量为核心的教育发展观，注重教育内涵发展，鼓励学校办出特色，办出水平，出名师，育英才。并明确提出要推动普通高中多样化发展，鼓励普通高中办出特色。”可以看出，在我国，学校特色发展已成为包括高中在内的中小学教育改革的共有话题和必然趋势。办出学校特色，一方面可以鼓励每所学校通过富有特色的课程、教师队伍、教育教学和学生指导等方面形成不同的理念和特色做法，形成学校自身独特的文化和发展特色，也即是创建学校特色；另一方面也要鼓励各地创办特色高中，如，人文高中、数理高中、科技高中、体育高中、艺术高中等不同种类的普通高中。只有这样，才能为所有学生提供选择合适学校的机会，使他们根据自己的实际情况有针对性地选择自己所喜欢的学校。

第五，促进每一个高中学生都获得成功，在普通高中阶段促进教育公平理念的实现。进入新世纪以来，教育公平成为世界各国基础教育改革的共同趋势，其内涵不断丰富和拓展，即从保障人人获得均等的教育机会，到实现有质量的公平，使每一个学生的个性特长都得到关注和尊重，使每一个学生都获得成功。我国各地在履行教育公平理念，促进每个学生都获得成功等方面也做了很多努力，如控制学校规模、班级规模，逐步实现小班化教学；关注弱势群体学生等。但是要使教育公平得到真正贯彻落实，确保每一个学生真正获得成功，我们还需要进行不断探索和努力，需要从高中办学理念、人才培养目标、办学模式、课程设置、教育教学方法等所有方面进行完善和变革。

【参考文献】

1. 梁淑红:《英国公学的发展模式对我国创建优质高中的启示》，载《当代教育论坛》2003 年第 4 期。
2. 胡庆芳:《当今美国高中教育解读(一)》，载《北京教育》2002 年第 6 期。
3. 史成明:《当前西方高中教育改革及对中国的启示》，载《外国中小学教育》2005 年第 12 期。
4. 盛天和:《西方国家综合中学办学模式简述》，载《上海教育科研》1998 年第 10 期。
5. 汪凌:《法国普通高中的课程研究》，载《全球教育展望》2002 年第 3 期。
6. 杨汉清:《试论普通高中教育的任务》，载《课程·教材·教法》1989 年第 10 期。
7. 张德伟等:《国际后期中等教育的比较研究》，人民教育出版社，2001 年版。
8. 徐英杰主编:《综合高中办学模式探索》，山东教育出版社，2001 年版。
9. 中华人民共和国教育部网站，http//www.moe.edu.cn/publicfiles/business/htmlfiles/moe/s4959/201012/113470.html。
10. The Woodrow Wilson, National Fellowship Foundation, National Commission on High School Senior, Oct. 2001.
11. The State Education Board of Florida, Pupil Progression Plan 2001 - 2002, Jun. 2000.
12. Bush, G. W., No Child Left Behind, Jan. 23, 2001.
13. The Southern Regional Education Board, High School That Work program, 2000.
14. Alan Johnson, Foreword by the Secretary of State, School Admission Code. Jan. 8, 2007. 5.
15. The U. S. Department of Education, the National Center for Education Statistics, 2001.

英国、美国基础教育阶段精英人才培养研究

基础教育研究所①

在今天的知识经济时代,国家之间的竞争在很大程度上已经转变成了科技的竞争、文化的竞争,而支撑这一竞争的重要基础,就是尖端人才的竞争。在英美等发达国家,培养精英型的尖端人才,已经成为重要的国家发展战略,并从政策、理念、措施等方面得以清晰、明确地贯彻和落实。借鉴发达国家精英人才培养的基本经验,对于我国更好地落实"科教兴国"战略,提升基础教育的品质与内涵,大力培养拔尖创新人才,早日建成"创新型国家",都具有十分重要的理论价值与实践意义。本报告将从精英人才培养的意义、英国精英人才培养研究、美国精英人才培养研究、英美精英人才培养对我国的启示等几个方面进行深入的探讨,以期为我国教育理论界与实践界在此领域进行更多的研究和尝试提供一个基本的参照与起点。

一、基础教育中实施精英人才培养的意义

1. 精英教育概念与内涵之辨析

《现代汉语词典》将精英定义为出类拔萃的人。《百度百科》上关于精英的解释是,"泛指在一项或多项领域上的优秀人才和领导者(如:科学家、政治家、学者、军事家等)"。英国学者大卫·博耶得(David Boyd)在1973年的著作《精英及其教育》(*Elites and their education*)中认为精英群应该具有以下几个特征:高职业地位,占极少的比例;与他人有别的生活方式;具有群体意识和集体凝聚力;排外但却开放;乐于负责,勇于负责;具备道德责任感;拥有各种程度的权力。大

① 吕林海、王一军执笔。

卫·博耶得(David Boyd)指出精英占据了社会的主导地位,并认为其精英的社会地位不应由其财富和其继承的财富及地位为标准。同时,大卫·博耶得(David Boyd)也认为社会精英是对社会做出杰出贡献者、在国家政治生活中举足轻重者和享有独特地位者。

精英教育又叫英才教育、资优教育或者超才教育。一些学者从不同的角度对“精英教育”有不同的理解。比如从教育发展历史角度来看,国内学者雷晓云认为精英的特征更多地体现为一种精英意识与精英精神,它本身便蕴含着人类对自身理想特征的一种向往及对人世完美性的一种追求。而精英教育,更多地体现为一种渗透性的教育思想,一种超越性的价值追求。精英教育更多强调的是以培养精英为目的的教育,而大众教育则更关注教育的普及性,是以多数人为对象的基础性教育。这种解释也是我们现代人理解的精英教育。传统精英教育对象主要针对社会上层人物、贵族官僚阶层,一般被认为是“贵族教育”或者“特权教育”。还有的学者从受教育者的天赋才能出发,认为早期的教育成为“天才教育”,即指对智力超常或者某方面有特殊才能的儿童的教育。

综合以上学者的研究,我们认为,所谓现代的精英教育就是培养少数社会杰出人才的教育。这些精英人才对经济、社会的发展具有非常重要的作用。无论是经济、科技、教育、军事、外交和文化等社会各个领域,还是政府、行业等不同的管理部门,精英人才都起着引领社会发展潮流,推动社会进步的中流砥柱的作用。然而,精英的产生离不开激烈的竞争和艰苦的历练。成为精英的路是崎岖的,准精英要付出常人无法想象的努力。早在1960年,美国社会学家特纳(Ralph·H. Turner)在其著作中就总结出了两种精英培养模式:一种是美国式的,即,将选择过程尽可能地推迟,所有人都可参加公开竞争,最后产生少数精英,谓之“竞争流动模式”;另一种以英国20世纪50年代的教育为参照,即在文法学校实施早期淘汰机制,胜出者接受专门的精英教育,称为“庇护流动模式”。

越来越多的实践已经开始证明,人人都有创新的潜能,因此精英教育已不是少数天才学生的专利。美国全国天才教育研究中心主任、康乃尔大学天才教育计划负责人任汝理(J. S. Renzulli)博士并不持“智商突出的精英人才论”,他认为IQ只要达到中等就有成为精英的可能性。(原)世界天才学会主席吴武典教授说:“资优教育(精英教育)的发展经历了下列的演变:从讲求平等到追求公正与卓越,从栽培少数精英到兼顾全民才能发展。”“资优教育不仅是对资优儿童的教育,同时也是对全体学生开发潜能的教育。”目前关于精英教育因创新教育的倍受关注而开始向普及化、大众化的方向发展。但另一方面,西方学者越来越多地达成如下的共识，即精英人才的确不完全是智力、智商等方面的杰出者，其实每个人都有成为精英的可能，但精英人才的最终形成需要的是家庭、学校、文化等诸多复杂因素的共同作用，英美的精英学校的确在塑造精英人才成长的环境，最终促进精英人才得以出现上，起到了极大的、关键性的作用。因此，本研究报告所指的精英教育就是优秀中学(英美的精英学校)以培养杰出精英人才为目的的教育。

2. 中国当前实施精英教育的必要性

目前在我国关于基础教育中的精英教育研究并不多，一提到精英教育，大家首先想到的还是高等教育，以及马丁·特罗关于高等教育三个阶段的划分。尤其是一代大师钱学森逝世后，给教育界留下了难解的“钱学森之问”，即为什么我们的学校总是培养不出杰出人才？一时间很多专家学者在研究我们的大学要怎么才能培养出精英人才。笔者认为，相对于高等教育来说，基础教育处在学生世界观和价值观形成的关键时期，它是人们接受正规教育的起步阶段。学生要想成为精英人才必须在中学求学阶段就打下良好的基础。所以研究基础教育中的精英教育在我们国家追求创新人才培养的今天就具有更为重要的意义。

我国义务教育已经取得了巨大成就，有条件适当发展精英教育。当前，我国义务教育进入全面普及巩固的新阶段，基础教育水平全面提升。从1986年颁布《义务教育法》起，经过十多年奋斗，2000年我国实现了基本普及九年义务教育、基本扫除青壮年文盲(简称“两基”)的目标，“两基”人口覆盖率超过85%，2007年进一步扩大到99%。我国已跻身于免费义务教育水平较高国家行列，数以亿计初中毕业的劳动力为国民经济持续快速增长提供了关键支撑。同时，在基础教育其他领域，普通高中、学前教育和特殊教育发展也很迅速。2007年，普通高中在校生2 522.4万人，幼儿园(含学前班)在园2 349万人，特殊教育学校在校生41.3万人，均处于历史最高水平。在保证义务教育均衡发展的同时，党的十七大报告提出“优先发展教育，建设人力资源强国”的战略部署。培养创新型人才，建设创新型国家，是国家振兴的基石。而在高水平创新型人才的培养中，英才教育起着至关重要的作用。

精英教育和义务教育在内在的深层理念指向上并非是冲突的，相反是相辅相成、互相促进的。一个国家的教育需要全面平衡的发展，一个水桶有了任何一块短板都装不满水。义务教育是精英教育的基础，在保障了更多的人受到良好的义务教育之后，才会有更多机会培养出更多精英；而精英教育是义务教育的延伸与重要导向。最初提出“高等教育大众化”的马丁·特罗也曾指出“从精英向大众、普及转变，并不意味着前一个阶段的形式和模式必然消失或得到转变”。

无论是理论教育还是社会实践活动都需要精英,需要精英教育。精英教育可以使人才变得对社会更有用,使教育经费的效用最大化,在创造出更多的社会价值之后,也能使整个国家的教育经费总额增加,使义务教育也从中受益。

国际经验也告诉我们,精英教育是国家创新型人才培养的支柱。以美国为例,我国教育界普遍认为其中小学教育教得不深、学得容易;事实上,不少美国人也承认其教育除了研究生教育外都是失败的。为什么如此低下的中小学教育水平能够支撑如此强大的国家?通过以下对其教育的全面了解,我们会看到真正保证其国家成功的教育基石是其几十年坚持不懈的英才教育。也正是基于基础教育已经取得的一定成就及国际经验,今年全国政协十一届三次会议上,郭晋云提出了"探索建立有中国特色的中小学英才教育体系"的建议。可见,在基础教育中实施英才教育也已引起了党和国家领导人的重视。

我国的经济发展十分迅速,在国际上的影响日益提高,但是也面临经济转型的巨大压力。因此,我国对创新型人才培养的要求十分迫切。建立中小学英才教育体系对于我们培养创新型人才,提高国家竞争力,建设人力资源强国具有战略性的意义。而我国现在的中小学教育中普遍存在重学科知识传授和技能训练价值、轻学生个体生命多方面发展价值的弊病,因此借鉴国外精英教育办学模式,对我国从基础教育阶段就培养创新人才具有重要意义。

二、英国基础教育中精英人才培养的研究

英国作为一个传统的强国、老牌的工业化国家,在世界政治、经济新格局下,特别是"全球化"浪潮的冲击下,也表现出一种强烈的危机感。英国的历任首相,都非常重视教育的改革和教育质量的提升,特别重视拔尖创新人才的培养。比如,布莱尔执政以来,就把教育和培训作为一个突破口,锐意进取,积极推动各个层面的教育改革,以教育推动经济发展,保障创新型人才的培养,取得了巨大成就。在迎接全球化挑战、制定教育改革规划的当下背景下,英国培养精英人才的经验是非常值得思考和借鉴的。

1. 英国基础教育中精英人才培养的战略思考及相关政策

众所周知,在世界发达国家的行列中,英国是一个偏向于保守的老牌强国。给人的感觉是,英国偏于"绅士传统"有余,"锐意进取"的开放性格不足。的确,这种传统与保守的国家风格和传统在一定程度上确实制约了英国的发展。但英国在其教育发展的历史过程中,最值得称道的就是其对于精英型的拔尖创新型

人才的培养，这从最具英国教育特色的英国公学传统中就可见一斑。

而如果从英国政府最近 20 多年的相关战略及政策措施来看，英国教育界乃至整个政界其实都是试图继续贯彻“精英强国”的政策倾向，大力发展精英教育，发扬乃至深化公学的优良传统，塑造英国的优质教育体系。

(1) 政府对精英人才的核心素质的明确定位

从布莱尔政府开始，英国政府及教育部就非常强调，精英型人才是 21 世纪的国家的最重要的竞争力。精英人才是具有创新精神与创新能力的领导性人才。英国教育部在上个世纪 90 年代提出，英国将要面向 21 世纪培养具有创新精神的领袖型人才，并强调如下的核心素质是精英人才必须具备的，即：数学素养、科学素养、人文素养、国际理解能力、现代信息技术能力、创造能力、勤奋而坚韧的毅力和能力等。

根据英国政府所制定的精英人才的核心素质结构，我们可以看出，精英人才不是建立在一种空中楼阁上的偶然性产物，而是需要建立在一系列基本素质和基本能力的养成基础之上的。英国政府所制定的上述核心素质结构，其实也清楚地表明，精英人才所需要的素质结构是完整的、完备的，而不是单一的、有缺陷的。

(2) 相关政策文本对于精英教育的强调

英国政府除了强调精英人才所应具备的核心素质结构之外，还出台了一系列的政策文本来推动本国精英人才的培养。特别是英国政府的政策制订者们都开始强调英国的所有中小学(不仅仅是传统意义上的公学)都需要把对学生的创造力的培养作为教育的一个极其重要的目标。1999 年，英国国家创造和文化教育咨询会(NACCCE)发表了题为《我们的未来：创造力、文化和教育》的报告，2001 年 9 月英国公布学校白皮书《学校：获得成功》(*School: Achieving Success*)，这些报告和白皮书都强调所有的儿童和年轻人都能从开发他们的创造力中获益；要把培养学生的创造力作为教育的一般功能，提供一系列的创造性活动机会和丰富的课程来提升创造力在学校中的地位。

多年来，英国在基础教育阶段推进学生的创造力培养以塑造更多的精英人才的目标得以很好的贯彻落实，并积累了丰富的经验，概括起来，英国政府主要在如下方面进行了相关措施与手段的推进工作：①对基础教育阶段的学生的创造力培养给予高度重视；②为学生建构全面、扎实的知识基础，特别是数学、科学、国际化、信息技术等；③让学生学会发现问题，学会科学合理地解决问题；④培养创新型教师；⑤改革课堂教学；⑥训练思维方式；⑦改革学生评价方式。

(3) 英国培养精英人才的体系化设计

除了大量的政策、报告及目标的设定之外，我们考察英国精英人才培养，还可从培养体系的视角入手，分析英国通过什么样的教育体系设计来进行精英型创新人才的培养。经过分析和归纳，我们认为，英国培养精英人才是通过一种连贯性的、完整性的、多元化的教育体系的设计来加以体现的。首先，从纵向的结构来看，英国不仅在基础教育阶段就强调精英人才的培养，而且在高等教育阶段也强调精英人才的素质养成。特别是，越是顶尖的学府越强调入学者在基础教育阶段所形成的拔尖创新能力及品质。如牛津和剑桥这两所高校，非常看重基础教育阶段中的公学毕业生，因为英国公学一直以来就享有“精英人才培养的摇篮”这一美誉。同时，包括牛津和剑桥在内的英国各种类型的大学，都非常强调创新能力的培养，以塑造各个阶层、各个行业中的精英型人才。其次，从横向的结构来看，在基础教育阶段，不仅英国的公学非常强调精英人才的培养，其他的普通中小学其实也努力地贯彻精英型拔尖创新人才培养的基本理念，这与英国从上个世纪 90 年代开始所倡导的“创造力培养的公平化运动”有着紧密的联系。也就是说，拔尖创新人才的培养不能仅仅是传统的英国公学的职责所在，而且其他各种类型的普通学校也需要把拔尖创新人才的培养作为自己的重要使命之一。英国教育的最新理念是，“创造力并非只有少数人才具备的特殊才能，而是绝大多数人都拥有的潜能，通过教育为人才的创造力培养奠定基础不仅是重要的，而且是可能的”。这一理念引领了英国在精英人才培养方面的更加公平化、更具战略化的实践举措。

2. 英国基础教育中精英人才培养的重要途径——英国公学

(1) 英国公学的基本状况

在英国中学教育体系中，最引人注目和地位最为显赫的是公学——英国独立学校体系的骄傲。公学是英国教育体系中一种极为独特、声誉极高的私立贵族学校，以培养精英人才而闻名，被誉为英帝国高级人才的摇篮。公学在英国近代社会和教育发展史上扮演了一个极为重要的角色。对英国公学的研究，有助于推动我国基础教育的发展。在中国文化传统中，似乎不大习惯讲精英，而在西方国家却十分崇尚精英。西方近现代教育通行的原则是“才能至上”。至少在 19 世纪初，英国就形成了从公学至牛津剑桥的精英教育体系。英国公学是英国特有的一种教育现象，或曰特有的一种中等学校。其不同于公立学校，是一种私立学校；不同于接受政府资助的学校，一般不接受政府资助，因而不受政府制约，享有很高的办学自主权；不同于地方性文法学校，而是面向全国招生；也不同于营利性私立学校，不以营利为目的。

(2) 英国公学发展的历史透视

从第一所公学温切斯特公学(Winchester College)1382 年建立和随后的伊顿公学(Eton College)1440 年建立以来，英国公学经历了 600 年的历史，除办学之初是以培养圣职人员为目的外，始终坚持以培养英国社会的精英为己任，堪称英国精英的摇篮。又因为其主要生源来自贵族和富人家庭，又被称为英国的贵族学校。它为英国社会培养了一批又一批各行各业的领袖人物，他们具有很高的领导、指挥、组织和管理能力，深受家长、学生乃至英国全社会的普遍赞誉。

公学从早期的“九大公学”，发展到 20 世纪初近 100 所，再到 20 世纪 60 年代的 270 余所，虽然为数不多，且其学生人数亦仅占英国中学生总人数的 6%左右，但它在英国社会中所享有的重要地位和声望却是英国其他类别的中等学校所不可企及的。

公学历史上经历了 3 次重大危机。第一次发生在 16 世纪的宗教改革运动期间，众多英国修道院和小教堂的关闭导致作为其附属机构的多数捐办文法学校(公学由早期的捐办文法发展而来)被迫停办。后来在英国王室的资助和支持下，大部分停办或毁掉的学校得以恢复。并建立了一些新的学校。第二次危机发生在 19 世纪初，当时的公学暴露出课程陈旧落后、校风堕落、鞭打学生成风等种种弊端，这种状况不能为当时新兴的中产阶级家庭所接受。许多家长纷纷将学生转入到其他类型的学校，公学面临着生源不足，被迫关闭的危险。这次危机也导致了英国教育史上有名的“拉格比公学改革”。时任拉格比公学(Rugby School)校长的托马斯·阿诺德(Thomas Arnold)注重宗教教育，并在课程中注入新人文主义精神，培养学生热爱真理的情感和探索真理的理性，同时重视体育锻炼。第三次危机发生在 20 世纪 60 年代。战后工业和科学技术的迅速发展使固守古典和宗教教育的公学越来越不能与社会的现实需要相适应。公学日益成为英国社会各界的众矢之的。为了生存和发展，公学不得不实行全面的改革，称为“公学革命”。这次改革的重点是建立社会关系和转变办学理念。至 20 世纪 80 年代，公学又重新焕发出其生命力，依然保持着自己的独特和“高傲的”社会地位。

在本报告中，我们将对英国的两所著名的公学(即伊顿公学和哈罗公学)进行案例剖析，以期从学校生活、课程教学、教育目标等各个方面深入剖析其在精英型人才培养方面所具有的特色和基本状况，以为我国吸取相关经验提供参照。

3. 英国公学精英教育培养特点的案例研究之一——以伊顿公学为例

(1) 寄宿制

英国公学大多数都实行严格的寄宿制,公学普遍认为寄宿制对学校里的学生能做到真正的一视同仁,可以减少外界不良思想对学生的影响。另外,长期的集体生活,也有利于培养学生的团队精神和领导组织能力,长期远离家庭独自生活,有利于培养学生的独立性、社会适应能力和责任感。而作为公学重要教育的课外活动,即下午、晚间和周末的文体和其他活动,要求学生必须参加,所以公学普遍采取寄宿制。

当学生进入伊顿的时候就会进入一个有 50 个人的寝室。这些寝室里的人年龄都处在 13—18 岁。寝室是学生在伊顿未来 5 年生活的中心。每个寝室都有一名舍监,负责照顾支持他们,必要的时候也监督他们的行为。另外,舍监还是学校和家长进行联系的关键人物。舍监下面有助理工作人员和专职的保姆。保姆就负责照顾学生的饮食起居。宿舍与宿舍之间是相互独立的实体。学生在各自舍监的领导下开展各项活动。舍监可以按照自己的办学理念管理学生。

有一些年长的学生可以参与寝室管理工作,他们中的一人可以竞选当舍长。舍长要尽自己的努力保证寝室的每一个人在寝室过得愉快,并积极参与各种各样的活动。他的职责就是协助舍监处理学生事务和维持纪律。舍长甚至拥有处罚学生的权力,包括增加作业量、轻度体罚等。伊顿的每个学生都拥有自己的书房,那是完全属于他们自己的私人空间。在那里他们可以按自己的意愿装饰房子,并招待自己的朋友。

总之,学校的宿舍是学生们的新家,每座宿舍楼就是一个集体,从一年级到五年级的 50 人,除了上课之外,起居、餐厅、体育、娱乐活动都以宿舍楼为单位。伊顿学生几乎每天下午都有体育运动。其中,伊顿划船赛的礼仪优雅浪漫,“伊顿五人”、墙赛、田野游戏赛等伊顿的特有运动勇猛粗鲁,伊顿试图通过各种各样的活动来培养未来领袖的全面气质和对生活的领悟。在游戏般的体育运动里,学生们不仅锻炼体魄,而且能形成同学之间的互相尊重、团结、合作、集体责任感和荣誉感。同时,高年级同学的言谈举止也是低年级同学的榜样,伊顿的良好校风、礼仪,就这样代代相传。

(2) 教学特色

a. 课程设置的多元性与均衡性

伊顿课程设置不仅具有基础性、先进性,而且具有多元性、均衡性,传统性和现代性在此得到完美的结合。目前,伊顿公学学制 5 年,从 F(九年级)到 B(十三年级)有5个年级。在F、E两个年级学习非专业课程,为参加中等教育普通证书考试而准备。这两个年级必修的课程有英语、数学、生物、化学、物理、法语、拉丁语、神学、历史。在E年级还必修地理学。具有实践性和创造性的一系列训练课程(设计和技术、信息技术、艺术、戏剧、音乐),在F年级是全部必修,到E年级可选修其中之一。希腊语在F年级即可选修。D年级是过渡时期,大多数人在E学年获得GCSE,其余人在D年级继续主攻GCSE。上述所有的学科在D年级将继续开设。所不同的是生物、化学、物理可选修其一专门研究,此外还学习德语、西班牙语、俄语和日语的入门课程。C、B两个年级是第六学级,选修专业课程,为参加教育普通证书的高级水平考试而准备。

为了保证课程教学质量,伊顿公学在教学组织形式、教学方法、教学条件等多方面进行革新。教学时间安排从2008年起重新要求每周必修35课时,同时留给学生自修时间。几乎每个学生都还要上阅读课。分组教学一般在非专业教育阶段展开,每组约有20名能力相近的学生;在专业教育阶段,每个小组包含10到12个能力相近的学生。每学年定期组织一次校外学习活动,分组开展。小组负责教师事先布置校外学习内容,以此鼓励学生高效合理地安排自己的课余时间;学生还需定期向舍监和导师汇报学业进展状况。非专业教育小组负责教师是每隔几个星期呈交载有例行任务的卡片,专业教育小组则令其学生在每半学年作一次期中报告。伊顿公学还实行学业考试制度,每学年定期举行校内考试和校际联考,考试内容涉及所学主要科目。另外,学校还设有学习中心,为学习方面有困难的学生提供帮助。比如阅读和运动方面有特殊困难的学生可以得到额外帮助。所有的学生在每年的上半年都要经过筛选,表现不理想的学生会得到老师额外的帮助。

b. 教材的统一性和选择性

伊顿也用为中学统考编写的教材,但他们只用一半时间就教完了。余下的一半时间,由系主任自己选择增添其他教材。每年9月开学时,各系主任已制定好独特而细致的教学计划,发给每个老师和学生,学生还可以在计划之外再选学更多的知识。因此,伊顿学生除了参加统考外,还多一项"伊顿考核",每年12月进行。它比中学统考要难得多。伊顿学生几乎都能通过统考,却不能保证都通过伊顿考核。如果不幸几次没有通过伊顿考核,孩子就必须转学了。

c. 分班教学法的个性化和人本化

伊顿实行"分班制"教学法。考入伊顿的学生基本都是尖子,但不等于每个学生的天分、特长、爱好都一样。"分班制"就是为了避免成群教育的粗略对待。

学校从每个学生考入伊顿的第一个成绩起，在英语、数学、法文等每一学科下分别分出等级(班)，一般 14 级，较小的学科相应减少。它与笼统的快慢班不同，一个学生不是被笼统地归在快或慢的班里，而是每一科在不同的班级里。如进入第一班的学生，即证明他在该科目上已经有了超强的天分和能力，教师要给学生充分的自我学习机会。而 14 班则相反，证明学生在该项目上天赋和能力较弱，缺乏自学能力，老师就要加倍细致、耐心，有时要一对一地个别辅导。对学生而言，不会因为被划入“低班”而自暴自弃。因为一个学生这科在 14 班，另一科可能在 1 班，其间的差异，显示出自己的优势，同时产生的是“向自己看齐”，让自己“全面优秀”的动力。同学之间也会注意到每个人各有千秋，你是“数学天才”，我是“文学博士”，增进互相尊重和友谊。每年通过伊顿考核，前几名会升入更高班。每次“提升”班级，学生都得到更上一层楼式的鼓励，增强了学生的自信心。

(3) 教育的严酷性

公学教育是一种严酷的教育。在公学内部，师生之间的关系显得十分正统。校长和教师的威信主要靠高压手段来维持。自 16 世纪以来，伊顿公学校长无一例外地都诉诸体罚，有些校长甚至成了有名的打手(floggers)。公学对学生规定了许多强制性活动和限制性活动。它们包括每周两次的礼拜、清晨洗冷水浴、强制性体育项目、严格的军训、统一的着装、封闭式的校园生活、不准喝酒抽烟、不准随便回家等。虽然这些规定从 20 世纪 60 年代起变得较为宽松，但依然是必须遵守的。例如，当今仍然保持着每周至少一次的祷告、每天早晨的冷水浴、每日的运动项目、经常性的军训、学生统一着装等。伊顿公学从创始以来，一直通过级长制和使役制(高年级学生任意使唤低年级学生)来维持纪律。公学中的寄宿制管理之所以行之有效，在一定程度上是因为其中制定了严格的等级制度，高年级学生享有管治和处罚低年级学生的权力和责任。之所以如此强调严格的纪律，在于伊顿公学一直秉持的信条，那就是，“只有经受过良好纪律束缚的人，才会在走上社会之后谨慎地行事，为社会、为他人、为自己负责，成为一个有道德感、有信念的公民”。

此外，伊顿公学中的军训活动也是严酷教育的一部分，其中最为引人注目的便是学生联合军训队(Combined Cadet Forces)。学生联合军训队的训练安排，要求低年级学生每周抽出一个下午参加非军事化的但却具挑战性的野外活动，如划小筏子、越野识途比赛或攀爬等。他们还可能学习查看地图和急救法，并可能不得不经历丛林冒险的训练。第一学年或第二学年结束后，学生们可以加入陆军或空军学生联合军训队。这里的训练更具准军事部队的性质，学生往往必须参加一年一度的夏令营活动。学生联合军训队在公学中保持着牢固的地位，而且显得更加重要，因为它还可以为一些学术能力较差的学生提供一种合适的职业。

由上述的教育严酷性特征可以看出，精英教育是严酷教育，决不是现代追求的“快乐教育”，也不是我们通常所理解的那样，即，伊顿公学是一种贵族子弟所享受的享受性教育。恰恰相反，英国的贵族教育其实是一种“吃苦教育”，一种“磨练人的教育”。进入公学事实上是进入一所管理严格、纪律严酷的宿舍，从此学生就与宿舍结成一体。由这种宿舍共同生活所培养的高度认同感、自豪感、荣誉感以及由此而来的道义感和责任感，就是公学追求的最高目标。因此，进入公学绝不是进入天堂，而要经受严酷生活的磨练。这种教育的出发点，与中国的“天将降大任于斯人也，必先苦其心志，劳其筋骨，饿其体肤，空乏其身”相似。这给我国当代教育提出一个值得思考的问题，那种“小皇帝”式的教育究竟能不能培养出品格高尚、吃苦坚韧、才华横溢的英才？当然，也不必将这种严酷教育推而广之，可以借鉴英国的办法，一般中学进行义务教育，学生轻松，当然培养的目标也仅限于普通社会成员；而公学进行精英教育，学生要经受严酷磨练，目标自然是培养社会中坚、高端领袖。

（4）教育的全面性

以造就绅士为己任的英国伊顿公学十分注重学生的个性全面发展。其毕业生不仅有健康的体魄、敏捷的思维和高贵儒雅的举止，而且具备吃苦耐劳、团结协作的精神和战胜困难的自信心，同时在学术方面又是英国中学生中的佼佼者，真正达到了身心两方面的健康发展。伊顿公学培养精英的内在结构具体表现在以下几个方面。

a. 体能训练

英国绅士一向以勇士自居，承中世纪骑士精神之余绪，英勇尚武是一名绅士应具备的首要品质。在国家危难之际，挺身而出保家卫国自然是绅士和贵族义不容辞的责任。所以，提倡运动、增进体质对绅士的培养必不可少。作为培养未来绅士的伊顿公学，自然十分重视学生体能的训练。学生拥有健全的体魄，得益于他们在运动场上的艰苦训练。英国人素来热衷于体育，伊顿公学以尊重民族传统而著称，体育运动遂成为公学的一个最为重要的传统。公学校园中的体育运动各种各样，蔚然成风。体育作为一项主要运动，占去学生大部分课余时间，成为“没有列入课表的必修课”。另外，学生联合军训队（Combined Cadet Forces）是训练和考验公学学生体质和生存技能的另一种形式。它是由学生组成的军事化体能训练团。学生从事极具挑战性的户外活动，由此可以培养他们吃苦耐劳、勇敢坚强的品格。实际上，伊顿公学学生在两次世界大战中的英勇表现和当今公学学生考入军事院校而后成为著名将领的较高比例都充分证明了伊顿公学“体育健身”的必要性和有效性。

b. 礼仪风度的养成

可以体现在其举手投足之间。在英国，一个人的修养、人品和气质几乎成为决定一个人社会地位的关键因素。英国的上流社会总是以举止大方、谈吐得体、交际圆滑而与下层社会相区别，这也是绅士阶层体现其优越性的一个方面。伊顿公学在育人的过程中是以品德优良为先的。它所设置的古典课程、宗教课程、课外活动等都着意于此。英国社会对古典人文学科和宗教学科塑造性格的价值深信不疑，这些学科成为包括公学在内的所有文法学校的主要教学内容。它们涉及宗教信仰、道德教育、文法训练、历史警喻等方面，对于一个人的宗教虔敬、道德熏陶和文学修养等方面的作用是不可否认的。文学家弥尔顿、哲学家洛克、浪漫主义诗人雪莱等都是极好的例证。尽管从 19 世纪下半叶开始，古典人文学科和宗教学科终因不能适应日益进步的机器时代而遭到社会的冷遇，但它们所具有的人文价值对培养一名绅士却是不可或缺的。

伊顿公学的礼仪风度的培养主要是通过社团活动进行的。它包含多个社团和俱乐部，例如有辩论社、摄影俱乐部、自然历史和自然保护社、爵士音乐俱乐部、戏剧俱乐部、桥牌俱乐部、围棋俱乐部、垂钓俱乐部、论文俱乐部等。以辩论社为例，辩论是英国人喜爱的一种教育活动。英国议会乃是近代民主政治的摇篮，英国议员在议会发言，不但辩才无碍，吐辞雅驯，而且神态从容，风度翩翩，少有人身攻击、粗言秽语或火爆场面出现。议会议员固然如此，一般受过良好教育的英国人，亦莫不口齿便捷，言谈得体。这些都是教育的结果；而他们的教育又多半来自公学（特别是伊顿公学）和“牛桥”两所旧大学。伊顿公学学生经常选择一些有争议的题目，举行团体（以宿舍为单位）或个人辩论会，由校长及教师担任评委。这种辩论一方面可以训练参加者的口才，更重要的是整个辩论的过程，需要参加者运用其思维、想象、机智、组织等多种能力，以求驳倒对方，而同时又要表现出从容、忍耐、含蓄与礼貌的风度，这一切均非书本所能提供。所以在公学看来，参加辩论乃是一种最佳教育。

c. 性格陶冶

塑造性格是伊顿公学的主要目的。这里的“性格”包括坚强的意志、优秀的品格和十足的自信，这是“伊顿公学人”特有的气质。伊顿公学的一切教学活动安排归根结底都是为培养学生性格的目的服务的。吃苦耐劳意志、公平竞争意识和集体合作精神都是学生性格的组成部分，其中的核心因素则是学生们所特有的优越感和自信心。这种气质的形成源于伊顿公学极其严格的纪律和生活规范。

学校时刻鼓励学生去做在他们看来无法胜任的事情，鼓励知难而进，挑战极限。当学生终于达到本以为不可能达到的目标时，自信心便得到了培养。正如伊顿公学的毕业生迈克尔·福克斯(M. Fox)所说："学校总是督促你去做你认为不可能做到的事情。假如你害怕登高，他们就鼓励你爬山；如果你板球打得不好，就让你投球给击球员；倘若你在古典文学方面有天才，就让你学科学。在你本以为不可能办到而第一次获得成功的时候，你就为一生的自信打下了基础。"

由此可见，性格陶冶是公学管理的精华所在。当一批批公学的绅士们走出校门，步入社会，在社会的各个领域叱咤风云时，人们对公学的褒扬也随之而至。正如英国教育作家奥尔德里奇所说："英国人最自负的是公学让他们获得了这样一些品质：管理别人和控制自己的能力；把自由和秩序结合起来的能力；热心公益的精神；充满活力和男子气概的性格；坚定而不盲从舆论的主见；爱好娱乐和注重健身的意识……公学在培养英国绅士性格方面承担了最主要的责任。"

d. 学术培养

在20世纪这样一个自然科学的时代，公学曾因顽固坚持以古典学科和宗教学科为主的课程设置而受到社会各界的抨击，工党政府也因公学与教育民主化运动的抵牾而多次扬言要将之废除，并采取了一些不利于公学的实际行动。与此同时，牛津和剑桥大学也开始淡化与公学的亲密关系，而更加注重生源的学术质量。在强大的政治压力和社会压力之下，公学不得不开始重视科学教育和学术能力的培养，提高自然科学在课程中的比例和分量。公学学生不得不在过去根本不屑一顾的普通教育证书O级和A级水平考试中竞争，他们"在低分上混日子"已是非常困难的了，只有具备真才实学，有一定专业特长的绅士才可以为公众所认可。

包括伊顿公学在内的所有公学都对其课程进行了大幅度调整，学术氛围日益浓厚，对学生的学术要求亦随之提高，在入学程序上更加严格把关，再加上公学优越的办学条件和良好的教学环境，其学生在普通教育证书O级和A级水平考试中的合格率和升入"牛桥"等著名大学的比率仍然是一般公立学校可望不可即的。公学，特别是伊顿公学，到今天为止仍是英国最优秀的中等教育机构。公学培养精英的教育目标未变,其"贵族学校"的身份未变,唯一的变化是拓宽了培养目标的内涵,即从培养基督教绅士拓展为培养学者型绅士。这一培养目标是适合当代英国社会实际需要的,因而得到了英国民众的广泛赞誉。

4. 英国公学精英教育培养特点的案例研究之二——以哈罗公学为例

(1) 哈罗公学的基本状况

哈罗公学位于大伦敦西北部商业中心的哈罗自治市内,毗临著名的哈罗山。该校于1572年由伊丽莎白女王向当地一名地方农场主约翰·里恩(John Lyon)颁发皇家特许证而得以创建。目前最古老的校舍是在1615年竣工的。据记载,最初学校只有一名正式的学生。在后来的发展过程中,哈罗公学不断地走向成功,尤其是两位著名的校长——查尔斯·沃恩(Charles Vanghan,著名的公学改革家、教育家托马斯·阿诺德的门生)和赫·姆·巴特勒(H. M. Butler)使学校的教育在维多利亚时期得以向纵深发展。到19世纪初,约有四分之一的英国首相是该校的毕业生。"哈罗"的校名是1868年在《公学法案》中被正式确认的,并成为著名的九大公学之一。

哈罗的校园给人一种恬静淡雅、古意盎然之感。散布在各处的校舍,高低错落,形式各异,透出一股古典庄严的美。古堡式的建筑,尖塔式的屋顶,褐红色的外墙,古朴庄严,具有浓郁的英国传统建筑风格。尤其引人注目的是以著名校长查尔斯·沃恩的名字命名的沃恩图书馆(Vanghan Library),外形颇具哥特式教堂风格,给人以挺拔庄严的美感。建筑往往是一本立体的史书,它们不仅见证了哈罗公学的风雨历程,而且诉说着这所老校悠久的历史和保守怀旧的情节。除此之外,小树林、高尔夫球场、农场、公园湖(Park Lake)均构成校园的美丽景观。随处可见的是青青的草地和郁郁葱葱的树木,芳草如茵的农场更是增添了一派英国乡村原野的风光。行进在校园的林荫小道上,不时可以看见那些头戴平顶礼帽,身穿深蓝色校服,腋下夹着书本的年轻学生来去匆匆。这种富有人文传统和自然气息的校园规划与建筑,凝聚着丰富的精神财富,凝结着历代师生的价值观,而具有浓重历史文化底蕴的校园物质文化又进一步构成一种独特的校园精神文化,使学生在这古朴而典雅的"隐性课程"中产生作为哈罗人(Harrovian)的荣誉感和自豪感,十分有利于形成良好的治学环境和校园风气。

(2) 哈罗公学的全面而灵活的课程设置

与其他公学一样,哈罗公学早期的课程设置偏重文科,而且特别强调对古典学科的学习。然而,今天的哈罗对其课程设置已做了大幅度的调整。其中《1988年教育改革法》在很大程度上对其课程改革起到推动和指导的作用,使之在保留自己课程特色的同时，也符合国家课程和“普通中等教育证书”(GCSE)考试的科目要求。在哈罗，学生13岁入校学习。第一年的课程设置是为将来学术发展打基础的，因此包括众多课目，如：英语、法语、数学、生物、化学、物理、历史、地理、拉丁语和古典教育、宗教、美术、音乐、设计技术、信息技术和体育。有语言天赋的学生还可以学习希腊语、德语和西班牙语。第二三学年的课程是根据“普通中等教育证书”考试要求来设置的，大多与第一学年所开设的基础科目相同并设有学法指导课。许多科目要求学习两年，按“普通中等教育证书”的要求，宗教课学习一年。部分天资较高的学生在第二学年末开始学习法语和数学。在第三学年末，学生将修完英语、英国文学、法语、数学、宗教和科学这些核心课程，除此之外，还可以选修其他“普通中等教育证书”考试范围内的课程，例如：历史、地理、拉丁语、古典教育、希腊语、德语、西班牙语、意大利语、生物、化学、物理、音乐、美术、设计技术等。一般来说，哈罗的学生在16岁时都能自动地升入第六学级，但这些学生都必须通过5门以上“普通中等教育证书”科目考试，达到A*、A或B的成绩。此外，学校也为其他学校学生保留一些学额，招收那些学习成绩突出、能热衷于学术性学习的学生。进入第六学级后，学生必须选修4门高级补充水平科目(AS Level)和至少3门高级水平科目(A Level)。学生可以选择的范围十分广泛，包括拉丁语、希腊语、经济学、商务学、古典教育、物理、化学、生物、音乐、美术等20余个科目。

不难看出，哈罗公学的课程设置十分全面，而且，2000年新的国家课程中的所有科目均已被纳入其课程体系之中。虽然从法律的角度来讲，《1988年教育改革法》对作为独立学校体系的公学不产生任何约束力，而且公学一直具有自治传统，没有执行教育法的义务，但是哈罗公学的课程设置重心已明显转移，积极向国家课程体系靠拢：古典学科失去其显要地位，科学、数学和经济倍受重视，这足以说明一直具有封闭性传统的哈罗已主动积极地迎合社会发展的趋势和需要。为了更好地发展与适应社会需求，哈罗公学改革后的课程体系已与过去历史上任何一个时期都不相同，体现出现代性和时代性。不过，从整体上看，哈罗的课程体系依旧反映出它的保守性和传统性，课程设置仍重视学术性，古典学科仍占据一席之地。尽管如此，课程设置已充分显示了灵活性，特别是六年级学生可以根据自己的兴趣、专长选择为今后继续深造打基础的科目，而且可选择的范围很广泛，有利于学生的深入学习及施展所长。

(3) 哈罗公学浪漫而富有朝气的校园生活

虽然哈罗公学偏重于学术性教学，而且对学生的学业要求十分严格，但它历来重视学生的艺术和体育活动。艺术活动旨在培养学生的健康情感，增强对美的追求；体育活动是要培养学生"公平竞争"的意识和坚韧顽强的精神。这些都是培养具有良好素质的"哈罗人"必不可少的。每年许多家长把孩子送到哈罗学习的重要原因之一便是哈罗的"音乐部"实力雄厚，学校不仅为有音乐天赋的孩子提供成功的机会，也能满足一般学生对音乐的兴趣。在校期间，每个学生都有机会学习钢琴、管风琴、吉他、风笛或学习声乐。学校组建了管弦乐队、合唱团、摇滚乐队，由专业人员进行培训和指导，经常在学校瑞恩剧院(Ryan Theatre)进行演出，而且每年至少一次聘请国际著名指挥担任学校交响音乐会客席指挥。这些文艺组织也有机会走出校门，在国内和国外巡回演出。此外，哈罗有一本著名的歌本，其中收录了历代哈罗人颂唱的50多首"哈罗校歌"(Harrow Songs)，如今每年的期末汇报演出都要演唱这些歌。正如哈罗向公众宣传的那样："我们的目标是让有音乐专长的学生施展才华，朝音乐家的方向前进，同时让每个学生自由、快乐地加入到音乐活动中。"哈罗公学的戏剧表演也很出色。入学后的第一个学期，学生就有机会在戏剧舞台上表演20分钟，所有的学生都可以发挥其在戏剧方面的特长，如表演、布景设计与制作、舞台管理、灯光、音响、编剧或导演。每一学年都要上演各类剧目(约14场)，其中有音乐剧、时事讽刺剧、舞台剧、歌剧、哑剧等。学校还专门为崭露头角的学生"剧作家"颁发一年一度的泰洛斯·拉蒂根奖(Terence Rattigan Price)。在美术方面，学生也可选择学习雕塑、陶艺等技能，届时学校还举办各种作品展示会。哈罗的体育活动丰富多彩。几乎每天下午，公学都为学生安排充分的体育活动时间，并提供各种体育器械和设施，供学生进行体育活动。可供选择的体育活动内容广泛，有篮球、羽毛球、足球、橄榄球、网球、回力网球、手球等球类活动以及划船、帆船、游泳、射击、剑术、马术、柔道、空手道、体操、田径、围棋等。学校不仅为有体育专长的学生提供高质量的训练，增强其竞争实力，同时也为大多数学生提供各类体育活动。崇尚体育的目的是培养学生公平竞争的进取心，培养团队协作的精神和坚韧不拔的毅力，在对学生性格进行陶冶的同时，达到体育强身的目的。因此，哈罗的体育不强制学生学习特定的体育项目，也没有统一的达标规定，而是由学生根据自己的爱好和能力自由地选择项目，充分发挥学生参加体育运动的积极性。哈罗公学的板球队、网球队、击剑队等都聘请专业教练训练，在校内外各类比赛中屡屡获奖，甚至走出国门，前往瑞士、爱尔兰、葡萄牙、南非、日本、美国等参加比赛。

除了上述由学校提供并指导的体育和艺术活动外，还有名目繁多的学生社团和俱乐部，如辩论社、摄影俱乐部、自然保护社、爵士乐俱乐部、桥牌俱乐部、围棋俱乐部、散文俱乐部，等等。学校还拥有一个农场，学生在那里体验农场生活，学着牧牛、挤奶、接生小牛、维护农场建筑设施。校内最重要的杂志《哈罗人》也由学生自己编辑，每周一期，至今已有100多年历史。这些社团和俱乐部把志趣相投的学生聚集起来，相互学习，共同活动，不仅有助于学生根据自己的兴趣发展相关技能，更有利于发展他们的交际、合作、组织、管理能力和礼貌、勇敢、宽容、互助的精神。丰富的校园生活是学校教育的重要组成部分，它通过各种活动让学生在轻松愉快的氛围中增长知识、陶冶情操、锻炼能力、提高修养，使学生在潜移默化中得到成长。校园生活的多样化表明了以往与世隔绝、死气沉沉、单调乏味的单纯追求绅士风度的哈罗生活已一去不复返，哈罗生活的现代化向人们展示了全新的教育理念。

(4) 哈罗公学优越的师资条件和教学环境

和所有公学一样，哈罗的校内管理均由校董事会来进行。董事会一般由10—20人组成，除4—6名成员由董事会任命外，其他分别由牛津大学、剑桥大学、伦敦大学、首席大法官、皇家学会、当地郡长等推举任命，在历史上，哈罗的董事会中还曾有著名的大主教、郡长本人参加。董事会对校领导、教师有很高的要求。历届公学校长中有不少人受过公学及牛津或剑桥的良好教育并经过非常严格的选拔，大都工作勤勤恳恳，为教书育人呕心沥血，他们的精神和品质深深影响着每一位公学人。哈罗公学的教师主要来自英国的著名学府，其中不少拥有硕士和博士学位，学校也为教师提供较高的工资待遇和生活条件，从而吸引了许多人才加入公学的教师行列。哈罗公学的教职员工队伍庞大，经验丰富，分工协作，具体工作细致入微，有充分的精力照顾好每一个学生。目前，学校由90名学术教师承担各科教学，由30名教师教授乐器，还有200多位工作人员。教师不仅学术水平高，而且为人师表，热爱学生。因为哈罗是寄宿制学校，每一幢宿舍楼有一名宿监，负责学生的生活、学业、个性发展，同时，他们也是联结家长与学校的重要信息纽带。每一个学生都配有专门的学术导师来监督他们的学习情况，对学生进行学法指导、选课指导、职业指导，等等。学校对教师进行广泛的在职培训，对教师工作有一套完整高效的评价体系。

哈罗公学的教学资源十分丰富。例如，新建的沃恩图书馆拥有2.6万册参考图书（其中一些是古老的和罕见的）以及大量的杂志和期刊，有舒适的阅览室，有丰富的视听资料，馆内计算机也与互联网相连接。在某些科目的教学中，已全面使用信息通讯技术并为教师配备电脑。各专业都拥有独立的专业图书室，生物、历史、古典专业图书室配备的计算机与学校计算机数据中心相联接，更有利于资源共享。校园里还有设备齐全的艺术中心和体育中心，如瑞恩剧院、各类报告厅以及用于竞舟比赛的公园湖和用于室内各体育项目的活动场馆。学生宿舍楼刚整修完毕，生活条件良好，配备阅览室、诊疗室，每幢宿舍楼都自成特色，有着不同的传统和氛围。宿舍把学校分成一个个小的单元，使学生得到更好的照料。宿舍楼间经常进行一些文娱、体育竞赛活动，使全校宿舍的气氛既快乐又富有新意。这些优越的师资条件和教学环境与英国一般公立中学的师资不足、设备简陋形成鲜明对比，它们也成为保证哈罗教育高质量的重要因素。

(5) 哈罗公学教育目标——培养全面发展的“哈罗人”

华丽的外表、先进的设备并不代表学校的特色。“全校(指一般公学)师生不仅是建设学校特色的动力，而且是学校特色的重要载体。所要形成的学校特色，最终将体现在师生的精神风貌，特别是学生的素质特征上。”公学的最大魅力莫过于其学生优良而全面的素质。公学毕业生成绩优异是不容争辩的事实。很久以来，尽管公学学生人数不多，但它们与牛津和剑桥大学建立了一种牢固的特殊关系，从而使得牛津和剑桥大学的教育成了公学教育的自然延伸。虽然今天这种“牢固的特殊关系”已不复存在，但是公学毕业生在“普通中等教育证书”考试、“普通教育证书”高级水平考试(A Level GCE)及名牌大学的入学考试中所取得的成绩是公立学校或其他独立学校望尘莫及的，其中，哈罗公学与和它齐名的伊顿公学又始终列居著名公学之首。2000 年哈罗公学的 154 名获高级水平“普通教育证书”的毕业生中，进入剑桥大学 6 名，牛津大学 13 名，伦敦大学各学院 34 名，爱丁堡大学 15 名，其他英国大学 78 名，艺术类学院 4 名，哈佛大学 2 名，耶鲁大学 1 名，斯坦福大学 1 名，其余美国著名大学 13 名，还有澳大利亚、加拿大、德国、瑞士、新加坡大学各 1 名。其中涉及的专业方向及人数为：艺术类 44 名，理科 29 名，工科 7 名，社会科学 45 名，专业技术类 18 名，综合类 11 名。这些数字充分显示出其雄厚的学术竞争力和上乘的教学质量。

值得一提的是，尽管哈罗公学升入高校的学生比率十分高，但升学显然不是它的唯一追求。哈罗始终十分注重学生的个性发展，充分尊重学生的兴趣和专长。在哈罗公学有一句人人皆知的名言：“没有典型的哈罗人(NoTypical Harrovian)。”哈罗的著名校歌也展示着为学生留下的广阔发展空间，它这样写道：“哈罗同样欢迎诗人和政治家……”历史上，哈罗曾造就过许多著名的政治家，如皮尔(Peel)、帕默斯顿勋爵(Palmerston)、丘吉尔(Churchill)；许多著名诗人和作家，如拜伦(Byron)、谢里丹(Sheridan)、特罗洛普(Trollope)、多恩福得·耶茨(Dornford Yates)；还有物理学家及诺贝尔奖获得者罗德·瑞雷(Lord Rayleigh)、照片的发明者泰尔博特(Fox-Talbot)、考古学家阿瑟·伊文思

(Arthur Evans)、探险家布鲁斯(Bruce)、哲学之父威廉·琼斯(William Jones)、海军上将罗德内(Rodney)等等。

的确,哈罗公学最为吸引公众的一点是,在力求确保学生学业成绩的同时,能较好地发展其综合素质;既保证较好的综合素质,又不抹煞个性,培养各有所长的“公学人”。从哈罗公学的这一办学理念中可反映出今天的公学与过去只偏重学术,甚至被人们称为考试工厂的公学已大相径庭。随着时代的进步与社会的发展,培养全面发展、充满活力的“公学人”已逐渐成为今日公学教育的重要目标。公学通过调整课程重心,设置全面而灵活的课程来打好学生的学术基础,并有选择地发挥所长。与此同时,大幅度地增加各类文化活动。在丰富多彩的校园活动中有意识地提高学生领导才能、实践能力,增强学生的自信心、进取心,培养学生的团队精神、集体荣誉感,形成友善、互助的师生与生生关系。

(6) 哈罗公学挥之不去的“保守性”

公学扎根于英国社会近 7 个世纪,加上英国人固有的保守性,使它不可避免地被打上历史的烙印,这种历史烙印不会轻易地消失或改变。经过多次的改革和公学革命,公学的方方面面都发生了巨大的变化,但当人们再次全面审视公学时仍发现它与过去的传统有着千丝万缕的联系,处处表现出保守性和改革的不彻底性。在这方面,哈罗公学的表现尤显突出。

公学具有鲜明的阶级性和等级性,这一事实似乎成为社会批评的焦点。迄今为止,公学一直没有改变为社会中上层阶级服务的特性,能够接受著名公学教育的绝大多数仍是有钱人的子女。具有公学代表性的哈罗公学,几乎永远是贫民子弟难以高攀和不可企及的。几百年来,哈罗公学高昂的学费是一般家庭很难承受的。1984 年,九大公学平均学费高达4 000 英镑,到 1991 年,公学寄宿生的学费上升到 1—1.2 万英镑。10 年后的今天,公学的学费依然有增无减,2001 至 2002 学年,著名公学的年学费平均约达 1.5 万英镑,而哈罗公学的年学费竟高达 17 955 英镑。有些科目还要增收额外的费用,尤其是音乐课的学费更是高得惊人:音乐理论课每学期学费 32 英镑,管弦乐器初学者第一学期学费 85 英镑,之后按课时计算学费,每节课 40 分钟学费为 17.20 英镑,一学期约 10 个课时。昔日公学目标是培养社会精英,造就社会领袖人才,而今,这样的教育目标仍没有多大改变。公学的教育目标是培养全面发展的公学人,更确切地说,是培养全面发展的社会精英。显然,公学这一性质与社会呼吁的“教育机会均等”是格格不入的,多次改革都无法动摇这个传统。

公学的保守性还表现在许多方面。哈罗公学目前仍是为数不多的坚持单一性别制和寄宿制的学校。单一性别的学校在今天已不多见，二战后，随着教育民主化浪潮的推进，单一性别制不仅有性别歧视之嫌，而且也被认为有可能造成同性恋现象。上个世纪 60 年代后，大多数公学都实行了男女同校，但哈罗至今仍然坚持“原则”，在步入 21 世纪的今天，还是一所男子学校，显得与时代格格不入。虽然当今的公学中仍有不少还采取寄宿制，但在学生回家的问题上早已开禁，允许学生每周回家一次，甚至不作硬性规定，并同时招收走读生。但哈罗公学却仍是单纯的寄宿制学校，对学生回家的管理依然十分严格，规定前三学年的学生在学期间不得回家，只允许第六学级的学生定期回家。

在课程设置上，哈罗公学的古典人文课程仍占据着十分重要的地位，因为学校仍保持着传统公学的思想，始终坚持“寓道德感化于古典人文课程之中，寓道德感化于宗教氛围之中”，相信“美德寓于古典之中，学古典可反省历史与人生”。

在哈罗公学的林荫道上，看到的是一座座古老高大的教堂式建筑，身着统一校服、统一帽子和统一鞋子的学生，听到的是风格一致的校园规定语言。如果没有正在参与各种文艺体育活动的朝气蓬勃的学生，中世纪的古老建筑也许会让人感到阴森和沉闷。然而，不可否认，今天的哈罗公学既是英国社会宝贵的文化遗产，也是体现英国新老文化交融的场所。

5. 小结

在现代的英国教育体系之中，以创新型的精英人才培养为目标，已经成为各种类型的学校所追求的目标。英国政府已经出台了诸多的政策文本和报告，并创设了各种措施来更好地推进精英型人才的培养，在此方面，英国的经验无疑是颇为值得借鉴的。

在各个方面中，英国的公学体系因其带有英国传统的独特性、历史性和文化性，而备受世人关注。本报告选取了英国两所著名的公学——伊顿公学和哈罗公学，来进行案例性深入剖析。通过案例的剖析，我们认为，英国公学最值得世人反思和借鉴的是其对学生综合素质的关注和重视，是其对学生品格和完善人格的塑造。这一点对于当前普遍热衷于考试、升学的我国国人来说，无疑是值得警醒的。恰如伊顿公学现任校长 Tony Little 所说，“伊顿公学的主要目的是鼓励每一位伊顿人成为自信、有探索精神、宽容并积极向上的年轻人；成为在各方面受到良好教育有独特个性并尊重他人差异的人。当他们离开伊顿的时候，希望每个人都认识到了自己的价值以便支撑他们将来伟大的人生目标，并通过实现这些为社会做贡献”。

由此可见，塑造一个真正的关心他人，帮助他人，有着良好心态和综合素养的自信、向上的人，是包括伊顿在内的英国公学的重要教育目标。公学是英国绅士教育的核心，在公学严格的管理背后，是对学生坚韧性格的培养；在体育活动的背后，是竞争和团队精神的培养；在社交活动上，是组织领导能力的培养。在对学生品格的培养上，公学几百年的辉煌历史无疑表明其科学性。严格的组织管理教学，所培养学生的坚强和严谨是公学的鲜明特色，也是公学成功的首要保证。公学毕业生的自制、严谨、富有责任感等品质受到社会的广泛称赞。在我国当前的基础教育中，鉴于基础教育对学生品格塑造的巨大导向作用，在推进教育民主化的同时，严谨和严格的传统不可丢弃，以此培养学生严格的自我控制和强烈的责任意识将是其取得成功的必要保证。总而言之，英国公学的英才教育是成功的，为英国社会培养了一批又一批的精英人才，这些精英经过牛津和剑桥等著名大学的进一步深造，成为英国社会各界的领袖人物。公学因此被誉为英国精英的摇篮和英国中等教育的楷模。事实证明，公学的办学模式是值得借鉴的。在我国也曾出现过近似公学的学校，如由著名爱国教育家严修、张伯苓于 1904 年创办的天津南开中学，就曾培养出以共和国两位总理（周恩来和温家宝）、一位副总理（邹家华）和无数著名大师为代表的国家栋梁和各界英才。对于中国早期具有公学特点的一些学校类型及其办学模式的分析，无疑是今后值得展开的一项重要工作。

三、美国基础教育中精英人才培养的研究

仅有 200 多年历史的美国，今天已经发展成为军事、经济、科技等方面实力都相当强大的国家，其强大实力的背后是强大的教育实力及人才实力。人们普遍认为，在雄厚的教育实力基础上，美国的强大国力主要得益于其卓有成效的创新型的卓越精英人才发展战略的制定和实施。本报告将对美国基础教育中精英人才培养的战略指向、政策措施、培养体系、学校案例等进行较为深入的剖析，以窥视美国在此方面所具有的可资借鉴之经验。

1. 精英型人才培养，确保国家的教育优势——美国国家发展的主战略

不断地塑造和培养创新型的精英人才，是美国长期坚持的国家发展主战略。对于美国而言，在高水平创新型人才的培养中，精英教育起着至关重要的作用。有人指出："美国除了 5%左右英才之外的中小学教育是'失败'的。但是，这成功的 5%支撑了美国经济 50 年长盛不衰。"这是值得我们国家进行战略决策，特别是教育战略决策时加以研究和思考的。

2005 年，一项旨在确保美国维持其在创新、研究和开发，以及科学家和工程师培养方面的世界领导地位，名为《2005 年国家创新法》的议案引起了朝野的震

动。美国国家科学院成立了由20人组成的“繁荣21世纪全球经济委员会”，它向国会递交了名为《迎击风暴》的咨询报告。报告指出，美国目前的最高目标是：通过发展源于精英型科学家和工程师的新产业，为美国公民创造全新的、高质量的工作机会，并提出了改革建议及相应的行动措施。

《迎击风暴》直接促使美国总统布什于2007年8月9日签署了《美国创造机会增强技术、教育和科学优势法》，旨在确保美国继续在精英人才和创造力上引领世界，提升美国竞争力。该法案的出台，是21世纪以来美国政府和社会各界普遍对“创新”、“精英人才”、“竞争力”等话题高度关注的必然结果。

布什总统随后又签署了《美国竞争力计划：在创新中领导世界》，将《迎击风暴》提出的建议和设想转化为联邦计划。其中强调，为保持美国的竞争力，必须继续在精英人才的培养和创造力的提升上引领世界。

综观《美国创造机会增强技术、教育和科学优势法》的相关条款，可以看出美国国会、总统对精英人才培养和创造力培养的高度重视，对美国国家的整体竞争力的高度关注。总之，美国已经把精英型人才的培养，大力提升美国整个国家的竞争力和创新力等，作为美国国家发展的主战略。

2. 美国对本国精英型人才培养的具体观念和战略

精英型人才培养是美国人才战略的最主要方面。美国自20世纪50年代末就视教育为国家发展的基础和人才培养的关键，并把发展教育作为国家的战略重点。从20世纪60年代开始，美国就开始关注创新理念的研究，以实现精英人才全面培养的主要目标。20世纪80年代中期以来，随着高科技的迅猛发展，美国在感受到人才危机的同时大力实施人才战略，在人才培养、吸引、使用等诸多环节采取了一系列强有力的措施，取得了明显的成效。比如，美国从上个世纪50年代开始就出台的法案及战略规划有《国防教育法》《美国2000年教育战略》《为21世纪而教育美国人》《美国为21世纪而准备教师》等。这些法案都体现了美国政府对精英人才培养的重视程度。

值得一提的是，美国1989年发表的题为《普及科学——美国2061计划》，就是一份以培养和造就创新型的精英人才为目标的教育战略宣言。在这份宣言中，美国教育部强调：“培养学生对学术领域问题和现实生活问题的批判性思考能力和创造性能力，不仅是教育的重要目标，这对在当前复杂多变的世界，培养会思考的公民和精英型的劳动者，进而坚固地维护民主社会都意义深远。”

3. 美国对本国精英型人才进行选拔的政策措施

美国在精英型人才的选拔上体现出不拘一格的政策形态，不仅为高校进一步培养精英型创新人才奠定了基础，也为基础教育带来了良性的导向，从而使得整个教育体制按照良性轨道运行，共同培育出精英型拔尖创新人才。具体而言，表现出三个方面。

第一，美国高校，特别是以精英人才培养为基本取向的顶尖高校，更加强调一个学生的综合性能力，而不是单凭"高考"成绩一锤定音。学生的课外活动、社会活动和个人特长等都是学校看重的重要指标。美国的入学考试 SAT(学术型测试)和 ACT(美国高等学校测验)既考察学生的知识，又注重学生的潜力，且可多次考试、多次选择。

第二，在基础教育中，美国的中小学除了将创新能力的培养贯穿在整个教学活动之中，使所有学生都有机会提高其创新能力外，还设立专门的天才班级和天才学校。根据美国教育部的统计，2000—2001 年，美国全国的在校生共 4 700 万人，各个学校都在努力地培养创新人才，打造儿童的精英型品质。比如，各个学校开设多样化的课程，培养和发展学生全面的智能；对学生的成绩进行多元化评价；高度重视研究型学习，等等。

第三，在美国当前的学校类型中，一批精英型的私立中学担负起了精英培养的主要重任。与公立中学强调教育的普及性不同，这些私立中学是以个性化、多样性、精英化为主要的教育目标，强调把学生塑造成各个行业、各个专业领域中的顶尖人才。这些学生通过这些精英化私立中学的培养，最终都以进入顶级高校作为自己的主要目标。

接下来，我们将通过对精英化私立中学的考察，来进一步分析美国在精英人才培养方面所具有的经验和相关的重要举措。

4. 美国精英化私立中学的概况

(1) 美国私立中学的基本状况。美国的中学分为公立(Public School)及私立(Private School)两种，公立中学占美国中学的 85%，由政府资助，供当地学生就读，不需支付费用。私立中学约占美国中学的 15%，一般分为初中 Middle School(五—八年级)和高中 Upper School(九—十二年级)。私立中学，隶属于私人机构或宗教团体，由民间出资，供当地或外籍学生就读。在美国有近 2 000 所获得认证的私立中学，其中著名的私立中学有几百所，就是这几百所著名私立中学，通常被称作"精英化私立中学"，它们承担着和英国公学颇为相似的任务。私立中学中又分为寄宿制私立中学(Boarding School)和走读制私立中学(Day School)。现在 NAIS(National Association of Independent Schools)注册的私立中学中，比较出色的私立寄宿学校大约有 200 所，每年大学有 7 万名学生，通过严格的考试、考核才能进入这些寄宿制学校学习。

(2) 美国精英化私立中学的精英人才培养的基本特点。美国的私立中学，尤其是精英化私立中学，以其高质量而闻名。这种高质量的特点又可进一步划分为两种具体的特点。

一是强调学术性。突出表现在强调学术性课程、加深基础课程、广泛开设选修课等方面。美国私立学校研究专家考里曼和哈弗尔的研究报告《公立学校、天主教学校和私立学校：高中学业成绩比较研究》指出，公私立学校的一个重要区别指针在于课程的分轨程度。在私立学校，选修学术性课程的占 70%，选修普通课程的学生为 21%，选修职业课程的占 9%；而在公立学校，相应的比率则为 34%、39%、27%。此外，私立学校高年级学生选修学术性高级课程的比率也明显高于公立学校(见下表 1)，而且在私立学校被列为必修课的学科，在公立学校则作为选修课。这显示出私立学校办学宗旨的学术性倾向。以学术为指向，私立学校学生无论就个人抱负还是就认知成绩而言，都要远高于公立学校的学生，这也就意味着它所培养的学生是真正的学生。考里曼和哈弗尔的研究表明，约有 35.6%的公立学校学生期望进入少于四年制的学院，而在同级水平上，仅有 27.3%的天主教学校学生和 22.1%的其他私立学校学生、0.6%的高水平私立学校学生期望如此。在期望进入四年制学院或接受更高层次的教育上，情况正好相反(见下表 2)。作为学校学术性质量的重要指针，据统计，1980 年度，约有男女分别为 52%、51%的天主教学校学生和 60%、51%的其他私立学校学生进入四年制大学就读，而公立学校学生相应比率则分别为 28%、31%。

表 1　美国各类学校学生选修高级课程的比例(%)

课程	公立学校	天主教学校	私立学校
外语	6	14	20
几何	53	84	77
代数	42	70	66
三角	22	44	42
微积分	6	11	10
化学	37	53	51
物理	18	22	28

表2 公私立学校十二年级学生升学期望水平(%)

期望水平	公立	天主教	其他私立	高水平学校	
				公立	私立
低于四年制学院	35.6	27.3	22.1	16.1	0.6
四年制学院	24.4	36.2	30.7	3	22.8
硕士、博士或以上程度教育	18.8	28.2	38.3		75.6

私立学校高质量的教学水平成为家长选择私立学校的一个重要因素，美国私立学校研究专家艾瑞克进调查发现，学校高质量的教学水平的因素占家长选择私立学校因素的27%。

二是私立学校强调纪律的严明性。私立学校(特别是精英性的私立学校)都强调，学校的任务不仅仅是在于促进学生智力的良好发展，更重要的，还在于培养一个良好的公民。然而，随着六七十年代以来的青年运动的到来及其学生对个人权利的要求，公立学校陷入吸毒、旷课、迟到、早退、斗殴的泥坑之中，随之它被称为“暴力学校”，它的纪律问题也被视为美国教育中最严重的问题。每年一度的盖洛普民意测验多次重申了这一点，在1991年的测验中，公众认为，学校纪律严明(没有吸毒和暴力)是2000年六大目标的第一大目标，学校纪律是他们选择学校的第二大依据。与公立学校的纪律松弛、校风恶化相对照，私立学校却以纪律严谨而著称，“私立学校的一大特色就是纪律和秩序的自动重建”。在私立学校，无论教师还是学生，都认定他们所在的学校无论纪律的严格性还是公平程度，效用都要优于公立学校。这成为家长选择学校的又一重要因素，其因素比为25%，这也显示出私立学校育人目标的完整性，即它不仅重视智力育才，而且也重视道德育人，这一点尤其深受民众称道。

总体而言，美国的这些私立中学(特别是著名的私立中学)，在学生课程设置和培养上所表现出的明显特点就是，强调课程、学习与教学的高质量，强调让每个学生都能获得潜力的最大开掘，培养出更多的美国本土精英。我们认为，沿着这条分析路线，继续对这些教育特点展开更加深入的剖析，是非常有价值的。接下来，我们将从整体与个案两个视角对美国精英化私立中学的课程设置等进行详细的考察。

5. 美国精英化私立中学的课程设置考察

美国著名私立中学非常重视对学生上大学的辅导准备工作，重视学生的全面发展，通常采用小班授课的形式，教学质量很高，毕业生进入美国名校的比例要远远大于公立中学。据统计，在过去几年里，美国的私立中学毕业生成功进入哈佛、耶鲁、普林斯顿三所常春藤顶尖大学的比例远远高于来自美国公立中学的学生，有些著名私立中学的毕业生进入常青藤名校的比例是公立中学学生的数十倍。

(1) 年度教学安排。根据各学校安排，课程最早可能在8月中旬开始，最晚可能在9月中旬开始。课程最早在5月中旬结束，最晚可在6月中旬结束。有些私立学校采用两学期制(秋季学期为9月到12月；春季学期为1月到6月)，12月/1月假期最多有3到4周时间。其他学校采用三学期制(秋季学期为8月到11月；冬季学期为11月到3月；春季学期为3月到6月)。一般学校有一到两周的12月/1月假期。如果有较长的假期，通常安排在各学期间，为期一周。

(2) 每周教学安排。美国私立中学多数安排每周5天或6天教学，逢周三和周六进行半天课堂教学和半天体育运动。课程大约从早上8点开始，直到下午3点，每堂课大约有45分钟，有课间休息。

(3) 私立中学课程设置。美国私立中学开设的每种课程依据其深度、难度分为基础、一般、荣誉、高级等若干等级，分别编号，注明选课年级，供不同年级、不同程度的学生选择。低水平课程为基本要求，修满学分即满足毕业条件，高水平课程与大学衔接，学分为大学所承认。这样既保证了毕业生质量，又为学有潜力、立志成才的优秀学生提供充分在校深造的机会。学校要求学生在高中期间完成规定学分，随年级升高，每学期学分数(即选课数)增加。一般每学期至少选6至7门课，完成上一年级学分，方可进入下一年级。如学生提前修满学分，可提前毕业，申请进入大学或在校选修大学课程。美国私立高中采取学分制，一般修读18—23个学分就可以获得美国高中毕业证书。在学分构成中，选修课比例较高，约占学分总数的1/4至2/5。各私立中学的学科要求不相同。一般来说，九到十二年级学生的主修课程如下：

① 必修课程。美国私立高中课程比较广泛，基础必修课程主要有：

表3

课　程	详 细 情 况
英语	写作、英语文学、美国文学
社会科学	世界历史、美国历史、欧洲历史、经济学、心理学
自然科学	生物、化学、物理或地理、环境科学、辩论
数学	几何、代数、三角函数
音乐/艺术	各学校要求不同
理工	3门(地球/环境科学、生物、化学)

② 选修课程。美国私立高中的选修课程特别多，一般美国私立高中均要求学生选修一定的学分。常见的选修课程有：

表 4

课　程	详 细 情 况
视觉艺术	绘画、雕刻、摄影等
行为艺术	合唱、戏剧、舞蹈、电影、乐队、管弦乐等
职业课程	木工、金属加工、汽车修理等
计算机/商科课程	文字处理、编程、图像设计、网页设计等
新闻/出版	校报、年历、电视制作等
外语	法语、德语、西班牙语等
家庭/消费者科学、健康	家庭经济学、营养学、幼儿发展等
体育	美式足球、棒球、篮球、网球、田径、游泳、水球等

通过对课程设置的考察，我们可以发现，美国精英化私立高中的课程既体现出了基础性，又体现出全面性；既反映了一般性，也反映个性化；既强调为精英人才的培养提供系统化的知识，也强调精英人才各不相同的特长品质。

(4) AP 课程。AP(Advanced Placement)课程是大学先修课，即在高中修读大学一年级课程。AP 考试是由大学理事会主办的全国统一考试，在全美 2 万多所高中有 60%的学校提供 AP 课程。美国的精英化私立高中几乎绝大部分都修读 AP 课程。有天赋或水平相当高的高中学生可以选择高级水平(AP)课程和荣誉课程。其中相当一部分课程和考核成绩得到大学认可。目前，包括哈佛、耶鲁等著名大学在内，已有 22 个国家3 000多所大学承认 AP 课程。学生在入读这些大学时，可以将通过考试的 AP 课程折抵大学学分，免修相关大学课程，从而达到缩短学时、节省学费等目的。入读美国的私立高中，学生有机会修读 AP 课程，比其他很多公立中学的高中生进一步抢占先机。目前 AP 课程涉及 19 个专业 34 门课程，如计算机、经济学、英语、英美文学、美国政府与政治、物理、历史等科目。AP 课程采取的是 5 分制，从 1 分到 5 分，3 分以上的成绩为大多数的大学所接受，可以在以后上大学时折抵学分；少数顶尖大学要求 4 分或 5 分才能折抵大学学分。

(5) ESL 课程。ESL 全称是 English as a Second Language，中文直译为英语作为第二语言，亦称为学术英语准备课程。此课程是专门针对非英语人士提高英语能力的学习课程，分初级、中级和高级。在英语系国家的正规教育机构中都开设有ESL课程。参加ESL课程学习的学生如果达到一定水平也可以免试托福(TOEFL)等英语水平考试,直接攻读专业课程。ESL课程是学习英语的系统化课程,开设了从一般日常生活交流到学术水平交流的课程,在听、说、读、写方面全面提高学生的英语交流能力,学习ESL课程后可以为顺利进入专业课程的学习做好准备。

6. 美国精英化私立中学的精英教育特点——以史蒂文森中学为例

史蒂文森中学(Stevenson School),创立于1952年,位于美国西部的黄金地带加州,是一所男女合校的寄宿中学。经过半个多世纪的发展,史蒂文森中学(Stevenson School)高中部现拥有520多名男女学生,分别来自全美20个州、16个国家与地区。

现任校长Joseph E. Wandke先生对于每一个学生都有这样的话语:"史蒂文森中学(Stevenson School)以学生为本,它的学生有三个主要的任务:

(1) 你来史蒂文森中学(Stevenson School)是为大学生活做准备的。因此需要积极发展思维,扩展课业知识,扩大知识面。

(2) 与此同时,请记住你不是学习的机器。学校希望你热爱学习,热爱成就,但学校也希望你热爱艺术,热爱自然,热爱娱乐,热爱朋友,热爱你自己看待世界的眼光。

(3) 尊重你自己,并且尊重任何一个你生命中的人。学校坚信,如果你可以满足这三个条件,在史蒂文森中学(Stevenson School)这个美丽的环境中,在周边这么多优秀的学生中,你的高中生涯会比你曾经期待过的一切都要更加充实而有意义!"

以上目标的实现还要靠课程设置来完成。下面是史蒂文森中学(Stevenson School)的课程要求:

表5

<table>
<tr><th>年级</th><th>英语</th><th>历史</th><th>外语</th><th>数学</th><th>自然科学</th><th>艺术</th></tr>
<tr><td>九</td><td>英语1</td><td>世界历史1-古代史</td><td rowspan="2">西班牙语
法语
拉丁语
日语
意大利语(一学期)</td><td>代数学1
代数/几何优秀课程</td><td>地理和环境科学
生物学</td><td rowspan="2">初级课程
交际和读写能力课程(自我介绍技巧)
艺术学入门:电影、数字</td></tr>
<tr><td>十</td><td>英语2
英语2优秀课程</td><td>世界历史2-现代史
世界历史AP课程</td><td>几何学A
几何
代数2/几何2优秀课程</td><td>生物学
化学
化学优秀课程</td></tr>
</table>

续 表

年级	英语	历史	外语	数学	自然科学	艺术
十一	英语 3 英语 3 优秀课程	美国历史 美国历史 AP 课程	西班牙语、法语、日语和拉丁语都有 2、3、4、5 不同等级的优秀课程	大学代数/三角几何/中级代数 微积分优秀课程	化学 化学优秀课程 物理学 物理学 AP 课程 生物学 AP 课程	摄影、音乐理论、吉他、音乐和计算机、合唱等 中级课程： 建筑艺术、数字艺术、3D 艺术、舞蹈、表演等 高级课程： 表演、舞蹈、管弦乐队、爵士、舞蹈艺术、音乐合奏等
十二	英语 4 英语 4 选修课程 英语AP 课程	历史选修课程 经济学 欧洲历史 AP 课程 世界历史 AP 课程 经济学 AP 课程		统计学 大学代数/三角几何/微积分 微积分 AP 课程 多变量微积分 计算机 AP 课程，JAVA	自然科学 4，选修 物理学 物理 BAP 课程 物理 CAP 课程 生物学 AP 课程 化学 AP 课程 环境科学 AP 课程	
毕业要求	4 年英语课程	3 年历史课程，包括美国历史	完成斯蒂文森 3 级课程	3 年数学课程	3 年自然科学课程，包括生物学和化学	交际和读写能力课程 艺术或音乐达到 10 级以上水平

* AP 课程为 Advanced Placement 课程，即大学先修课程。

史蒂文森中学的课程设置明显表现出以下几个特点：

第一是课程循序渐进，但顶端的课程难度非常大，比如数学领域的毕业要求包括微积分和 JAVA 语言等，这都是具有非常精深的难度要求的。第二是强调经典科目所组成的模块化课程。比如，我们可以看到，史蒂文森中学所设置的课程模块主要由历史、语言、数学、科学、艺术等古典学科组成，这些学科更加强调学生心智的磨练、思维品质的提升、个性气质的锻造，这些课程的学习需要学生付出极大的辛苦和努力，并具有更大的心灵可迁移性，这样的课程模式极其类似于美国顶尖研究型大学的本科阶段的通识教育课程模式。第三是强调课程的设置与学生今后的升学相联系，特别是与学生今后能顺利进入美国顶尖研究型大学相联系。史蒂文森中学的高年级课程都陆续采用大多数美国顶尖研究型大学都颇为认可的AP课程，这既保证了所设置的课程对于学生心智的挑战，也能与美国顶尖研究型大学的入学要求相符合，从而使得古典内涵的自由特质不是一种孤芳自赏，也带有一定的现实指向。

精英的概念在不同时代、不同国家所具有的含义不尽相同，就史蒂文森高中所秉承的精英观来看，精英是那些在政治、经济和文化等领域引领社会发展潮流的人。精英除具有优异的才识和技能外，更重要的是具有责任感、独立精神、自由思想和民主意识等。这一精英教育的理念体现在史蒂文森高中多方参与的学校管理方式、丰富的课程设置以及鼓励学生创造性的课堂教学等过程中。优秀，已经成为这所学校的一种习惯。传承民主意识也是美国私立中学所承载的一种文化责任。学生、家长、教师和学校领导都是学校民主管理的平等参与者，大家通过校务管理委员会共同管理学校事务，选举活动的场面堪称国家民主选举的缩影，围绕学校事务展开的多方讨论不亚于辩论赛场的激烈程度。

四、英美精英人才培养对我国中小学教育的启示

1. 在思想观念上，要认同精英教育的理念

英美两国作为世界上最发达的国家，有着举世称道的精英教育传统，也有着一系列颇受世人尊崇的精英学校。精英教育不是一种对教育公平的反对，恰恰相反，努力让少数最杰出的人才通过经受艰苦的智慧、情感、道德等的磨练，最终让他们成长为为国家服务的精英，为国家做出更多的贡献，这其实是一种对人才的尊重，更是一种为国家的未来负责的基本态度。英国与美国的精英学校为国家输送了大量的政治领导者、科学家、商界精英、文化精英等等，这些毕业生为整个国家的发展起到了重要的支撑作用。并且，从英美等发达国家近年来所日益强调的精英人才战略来看，精英人才已经成为这些发达国家最为看重的战略性资源。特别是，西方发达国家采用既进行本土化的大力教育，也全力挖掘、引入国外优秀人才的方法，来实现本国精英人才汇集，实现本国战略发展之理想。所以，对于我国而言，首要的任务是要转变观念，要树立对精英人才的敏感和重视的意识，在此基础上，特别要树立一种精英教育的观念与意识，并从一种更高的视野来重新考量教育公平的问题，需要对这个问题做出更深入、更有成效的研究。我们的建议是，在中国的基础教育情境中，在绝大多数的中学保持均衡，甚至是高位均衡的基础上，适度地打造一批精英学校，为最杰出的人才提供发展的

平台和通道，将是颇为重要和有意义的一项事业。

2. 在普及义务教育的同时，努力发展一批精英中学

在某种程度上，我国国内的重点中学与英国公学还是具有可比性的。在中国当代，重点中学是我们实施精英教育的主要场所，其办学质量得到了公众的认可。然而，国内重点中学无论跟英国公学还是跟美国优秀私立中学相比都还存在很大的差异。国内重点中学虽然在师资、教学设施等硬件上具有优势外，并没有多大的办学自主性。从英美两国的精英教育模式可以看出，其精英教育大都由私立中学来完成。因此，他们具有很高的办学自主性。像伊顿公学虽然他们也学国家统一的中学教材，但他们只用一半的时间就学完了。剩下的半年时间，系主任可以按照自己学校和学生的特点设定教学计划。国内重点中学的生源质量相对来说比较高，因此除统一的教学计划外，应该有更多发挥他们特长和天赋的课程。因此笔者建议，我国在普及义务教育的同时，应该加大力度建设一批高水平的精英中学，给精英中学更高的办学自主权，为精英人才的培养提供条件。

3. 精英中学采用小班授课制

英国公学和美国优秀的私立中学之所以有较高的教学质量，跟他们采取小班授课制有很大的关系。小班授课，老师可以充分了解每一个学生的特长、天赋和学习进展。对有需要的学生可以实现一对一的辅导。虽然国内也一再强调因材施教，但是一个班级几十个人谈什么因材施教？对精英中学的学生来说，最好采取小班授课制。这样，老师才能了解每个学生的个性和特长，因材施教，最大限度地激发每个学生的潜力，最终实现每个学生的精英化、卓越化。

4. 中学阶段后期进行大学预科教育

众所周知，国内的中学是一个人求学过程中最痛苦的时期。高考的压力也好，我国大学严进宽出的政策也好，一旦升入大学很少有学生再像中学那样努力，而国外正好相反。另外，我国大学和高中阶段缺少一个中间过渡环节，学生进入大学以后所学专业往往是一个陌生的领域。美国优秀私立中学大都开设AP课程，让有天赋的学生直接就接受大学的先修课程。这些课程的难度和复杂程度都比较高，对于那些有特别需求的资优学生具有比较好的针对性和培养价值。国内重点精英中学的学生能力比较强，有足够的时间和精力应付高考。因此，应该让他们提前接触大学的专业和课程，提前培养对某专业的兴趣。这对他们以后在大学领域的创造具有重大意义。

5. 加强精英中学与著名大学的联系

美国常青藤联盟的著名大学一般会承认私立中学先修课程的学分。因此，一些在中学修过 AP 课程的学生进入大学以后就可以免修相关课程。另外，英国公学和美国私立中学还为学生接触大学提供了便利条件。学生们可以方便地跟大学教授交流探讨他们感兴趣的学术问题。在国内，中学跟大学还是两个比较独立的团体，中学的学生一般很少有机会接触大学。我们应该提供条件，让精英中学的学生有接触大学专业和大学教授的机会，充分发挥他们的潜能和天赋特长。

6. 完善中学的寄宿制

英国公学和美国优秀的私立中学一般都实行寄宿制。由于每个寝室人数很少，老师和学生之间就能建立亲密的关系。伊顿公学每个宿舍楼的人数较少，一般是 50 个，个别高年级学院是 70 人。并且每个学生都配有一位生活管理员和一位学习导师。这为精英教育提供了有利的外部条件。负责人和管理员更像是父母，在生活上对学生进行无微不至的关心与照顾，一定程度上弥补了学生较早离开父母得不到父母照顾的缺憾。在学习上可以得到导师的支持与帮助，有利于学生学业的进步。并且每个学生和生活管理员住在一起，形成非常深厚的感情。这使得每个寝室都像一个大家庭一样。而在我国，由于学生人数众多，而每个宿舍楼只有 2—4 名宿舍管理人员和几名清洁人员，很多宿舍楼都交给物业公司管理，学生和宿舍管理人员的关系十分疏远，只局限在管理和被管理者的关系层面上。而学生的生活学习基本是由班主任老师负责，而班主任既有教学任务又要关心班级工作，还要关心学生的生活，很难做到面面俱到，对学生的生活往往也疏于管理。我国的寄宿制中学需加大教师参与学生宿舍管理的力度，建立亲密的师生关系，把宿舍建成一个亲密的大家庭似的集体。

7. 精英教育要树立学生对未来生活和学习的信心，让优秀成为一种习惯

教育不应该让人失去希望和梦想，精英教育一定是关涉未来的。然而，这里的未来究竟是多远的未来？是当下的利益，还是永恒的价值？教育者也好，准精英也罢，还有那些怀着精英情怀的家长，是否能从整体意义上、从更高远的立意上去真正理解精英教育的内涵与指向？要知道，在浩瀚的宇宙中，生命如此伟大而神秘，如果我们活着仅仅是为了一份工作，而没有将自己的人生价值与社会的进步和发展紧密联系起来，我们离精英教育真正要达到的塑造灵魂、追求恒久性与终极性价值的目标将有很长的一段路要走。精英中学应该教育每一个学生志存高远，让优秀成为习惯。

【参考文献】

1. David Boyd［英］，Elites and their education［M］，1973，Windsor，NFER，1973. P13.
2. 雷晓云:《精英教育:一个仍需关注的课题》[J]，载《现代大学教育》2001 年第 6 期。
3. 李建辉:《识读精英教育——从传统到现代发展中的多层意蕴》[J]，载《东南学术》2010 年第 2 期。
4. Turner，Ralph，H.（1960）. Sponsored and Contest Mobility and the School System. *American Sociological Review*，*25*(*6*)，855－862.
5. http://www.cppcc.gov.cn/page.do?pa=2c9048952319299501231931e623202a2&guid=078082a927423f7401274245ca0900e4&og=402880631d2d90fd011d2deb20bd033b.
6. http://zhidao.baidu.com/question/165249277.html.
7. [美]马丁·特罗:《从精英教育向大众高等教育转变中的问题》[J]（王相丽译），载《外国高等教育资料》1999 年第 1 期。
8. 原青林:《关于公学教育的若干问题》[J]，载《教育评论》2006 年第 4 期。
9. 原青林:《为什么要研究英国公学》[J]，载《外国中小学教育》2004 年第 7 期。
10. http://www.etoncollege.com/theetoncurriculum.aspx.
11. C. Shrosbree. Public Schools and Private Education［M］. Manchester: Manchester University Press，1962，135－165.
12. J. G. Hardy. The Public School Phenomenon［M］. Harmondsworth，Middlesex: Penguin Books Ltd，1977. 29－35，43.
13. B. Gardner. The Public Schools: A Historical Survey［M］. London: Hamish Hamilton，1973. 19，107.
14. [英]奥尔德里奇:《简明英国教育史》[M]（诸惠芳译），人民教育出版社，1987 年版，第 113 页。
15. C. Shrosbree. Public Schools and Private Education［M］. Manchester: Manchester University Press，1962，135－165.
16. Gifted and Talented（TAG）Resounes Home page htm. htth: //www.gifted.wonn.edu/ pulextxt.htm.

17. The National Research Center on the Gifted and Talented. Assessing Creativity: A Guide for Educators [EB/OL]. http://www.gifted.uconn.edu/nrcgt/reports/rm02170/ rm02170.pdf, 2010-12-20.

18. 邵金荣等:《美国私立教育:历史、现状及启示》[J],载《教育研究》1994 年第 6 期。

19. J. S. Coleman, T. Hoffer, S. Kilgore, High School Achivement: Public, Catholic and Private Campared, 1982.

20. Answering the Challenge of a Changing World: Strengthening Education for the 21th Century [EB/OL]. http://www.ed.gov/about/inits/ed/competitiveness, 2010-12-20.

21. Emerging Good Practice in Promoting Creativity [EB/OL]. http://www.hmie.gov.uk/ documents/publication/Emerging%20Good20pracitce20in%20Promoting%20Creativity.pdf. 2010-12-23.

22. 孙绵涛:《美国私立教育政策的若干特色及其借鉴意义》[J],载《教育发展研究》2000 年第 1 期。

23. 李永智:《美国的英才教育与因材施教》[J],载《基础教育参考》2004 年第 4 期。

24. Sharon Morgan, Jill Forster, Creativity in the Classroom [J], Gifted Education International,1999,14(1).

发达国家中小学课程评价改革比较研究①

江苏省中小学教学研究室

倪 娟

一、基本情况概述

(一) 课程评价改革的四个阶段

课程评价是当前教育研究领域中十分关注的重要课题。而它作为一个独立的研究领域得到系统研究，却是20世纪以后的事情。有美国"课程理论之父"和"教育评价之父"之称的泰勒(R. W. Tyler)在"八年研究"中首次正式提出课程评价问题。在此后几十年里，课程评价发展迅速，课程评价的观念和方法也发生了很大的变化，于是在不同时期出现了不同的课程评价范式。美国评价专家古巴和林肯(E. G. Guba & Y. S. Lincoln)用"代"来分隔历史上比较成功的评价典范。第一代是从19世纪末到20世纪30年代，为测验和测量时期；第二代是从20世纪30年代一直持续到50年代，为描述时期；第三代是从1957年持续至70年代，为判断时期；第四代是从20世纪70年代开始直到现在，为建构时期。前述三代评价，尽管每一代评价理论都力图克服上一代的缺陷，并使之更加符合时代对评价的新要求，但总体上看，它们还存在严重的缺陷和问题。古巴和林肯对此作了总结性的批判：管理主义倾向、忽视价值的多元性、过分依赖科学范式。古巴和林肯在批判前三代评价的基础上，提出了他们所谓的"第四代评价"。第四代评价的中心思想体现在评价在本质上是一种通过"协商"而形成的"心理建构"，因此，评价应坚持"价值多元性"的信念，反对"管理主义倾向"，强调所有相关利害关系人的涉入，在建构主义观点下，参与者之间进行信息的交流，以达成

---

① 本课题由江苏省基础教育质量监测办公室主任、江苏省中小学教学研究室副主任董洪亮主持，课题研究核心成员有江苏省中小学教学研究室倪娟、李善良、王林、李亮等。

共识。随着第四代评价的提出，它打破以往强调科学、客观、专家取向的评价传统后，更多贴近真实现场，更加强调实践者参与评价。从世界发达国家课程评价实践改革与理论发展来看，注重过程性、发展性越来越成为课程评价理论与实践的重要特征。课程评价的目的不再是总结性，而是为课程的修订提供依据。课程评价、课程开发、课程研究相互之间越来越呈现一种循环往复、逐渐融合的趋势。

（二）课程评价改革的核心领域

从课程评价改革的重点来看，学生评价改革是其改革的重点。从 20 世纪 60 年代起，美国、英国等一些国家就致力于对学生评价的改革。起初是对当时盛行的量化评价进行反思和批判，70 年代起陆续出现了质性评价的理论模式，进入 80 年代以来在实践领域也进行了一些多样化的探索。特别是美国在从 1989 年开始开展的持续的基础教育改革中，提出并运用了在真实情景中通过让学生完成操作任务来进行一系列不同于传统测验的另类评价（Alternative Assessment）方法。近年来，国际上学业成就调查与比较研究主要集中在 IEA（国际教育成就评价协会）和 OECD（经济合作与发展组织），从目前这两个机构开展的学业成就调查来看，IEA 偏重于学科本身的学业能力，OECD 侧重于学生成年后的实际能力。因为他们在学业成就评价的维度、指标和工具等方面极为科学与严谨，所以所获得的调查结果的信度、效度、可比性都具有较高的权威性。与此同时，美国、加拿大、澳大利亚等国家在自己国家里纷纷开展学生学业成就评价改革研究项目。比如：NAEP（美国教育进展评估）是由美国国会授权教育部的（国家数据中心）NCES 持续开展的全国学生学业成就评价体系，是美国国内最权威的学生学业成就评估体系。他们从 2004 年开始在多家专业机构和众多专业人士的参与下，历经 18 个月，于 2006 年推出了《NAEP2009 科学评估框架》和《NAEP2009 科学评估与试题规则》两个重要文件，旨在为 2009 年以及更为长期的科学评估提供指导框架和实践手册。该评估体系试题编制技术从学生“表现期望”入手，根据其认知及实践能力生成的规律，开发出一套详细的试题编制细则。这个测试框架和试题编制细则可以为我国下一步学业成就评价测试题编制提供良好的借鉴。英国 1997 年 10 月成立了 QCA（资格与课程局），管理与调试公共测验体系，以适应学习者与社会的要求，负责开发、实施高质量的全国考试。其目的在于评价学生的学业成就，检查学校的教学质量，检查国家课程的实施情况。在这方面加拿大安大略省也在开展有效的尝试。他们于 1996 年成立了专门负责学生学业成就评价的组织 EQAO(教育质量与责任办公室),从20 世纪 90 年代开始一直致力于通过对学业成就评价体系的改革来提升学生学业成就水平,经过近十年的努力取得了良好的成效。从他们组织与实施学生学业成就评价的经验看,EQAO 在多年的实践中对学生学业成就考试的组织和实施中,在考试的设计和开发、考试题的题型、评分的质量保证、考试结果的报告、考试结果的运用等方面都形成了一系列严谨有效的细则,值得我们借鉴。

(三)课程评价领域的最新进展

世界银行在全民教育大会后续活动中归纳了以下几点课程评价领域的最新进展,这是发达国家在这个领域的基本情况。

1. 课程评价体系基本集中在学生学科成绩的评价上。除了帮助决策、直接改进教师教学活动、使公众和学生家长了解学生现状和需求外,他们还认为这种学科评价可以反馈到课程设置、教科书修订和教师培训(包括职前和在职)过程中去。鉴于地区、学生性别的差异,在这种学科成绩报告中,通常要结合一定范围内学生家庭、所在学校和社区的背景因素进行综合分析。

2. 国家级课程评价制度与一般统一考试存在着明显不同。他们从学生、教师和学校、课程、测评方式、执行过程以及政策等六个方面分别阐述了两者的影响力和成本效益的区别,认为全国性教育评价制度往往采取抽样调查方法,选择关键年龄段样本,仅就若干主要课程(如最常见的是本国语言、数学、自然科学)进行测试,总体成本要低于全样本的统考。

3. 在进行国家课程评价制试验的若干发达国家(如美国、英国、澳大利亚等),基本上已经解决了办学条件和师资问题,整个教育系统处于稳定运行状态。全国性的教育评价主要目的是诊断学生学习过程中的缺陷,以便调整教材的进度和深度。因此出现了一些有特定背景意义的分析结果。如英国调查表明,学校经费的增加和学生学习成绩的提高并未发现有明显关系等。

4. 在执行全国课程评价项目方面,大多数国家政府或教育部门并不长期聘用评价专家,而是把具体执行评价任务交给教育行政部门以外的科研机构。行政部门当然也要参与指导协调工作,由他们要求评价学校给以配合。

(四)课程评价领域的主要问题及其应对措施

具体以美国为例,下面详细分析在课程评价领域的主要问题及其应对措施。

近十年来，美国一直高度重视学生评价改革问题。在《美国2000年：教育战略》里，美国政府提出要编订全国性的中小学教育标准，分为国家水准和州水准。其内容包括两个方面，即“课程内容标准”和“学业成就标准”（Student Performance Standards），规定了各学科课程标准的设计编订等的协调单位。这样的教育标准把教育目标具体化为对各学科的课程要求及学生学习成果要求，对新的教育体系起着枢纽的作用。在这些标准建立之前，美国在学生评价实践中也遇到过以下一些问题。而这些问题在发达国家具有一定的普遍性。

一是教学第一线人员，尤其是中小学教师，十分缺乏教育评价的理论知识和支持性的资料与信息，他们不适应先进的学生评价理念，更不知道应当如何进行新的评价操作，非常需要在学生评价的程序与方法上得到及时、有效的指导。虽然教师的这些需要从20世纪60年代开始就一直被呼吁，美国教育界也为此做过一些努力，但始终没有真正解决好。

二是在培养教师的大学教学中，无论是本科生还是研究生，几乎都没有把教育评价作为必修内容，接近一半的学校未开设过评价与测量课程，没有教给学生如何在教学工作中开展学生评价，教师也很少强调这方面知识的重要性。这是导致上面提到的目前在职教师严重缺乏教育评价理论和技能的重要原因。

三是由于广大教师没有掌握开展学生评价的必备知识和技能，不能正确地实施评价，所以在许多情况下给学生带来了不应有的损失。例如，评价信息不全面或不真实，评价结论不正确，使得学生、家长以及其他使用评价信息的人，往往对学生的身心发展和学业成就做出错误的判断，从而选择了不恰当的教育方法和策略，影响了学生的健康成长。

四是在学生评价改革的许多方面，教育评价人员和测量专家的观点不一致，提出了不同的程序与要求，而且他们所使用的专业术语和教师的个人理解又不一样，理论上的要求与教学中的评价相差很大。这种评价理论和实践之间难以沟通的局面，使教师们感到非常困惑，不知怎样做才对，最后只好自己做出评价的决定。由于评价的标准不统一，造成了评价的具体实施在不同学校和不同教师之间的变化太大，评价结果无法作为考量学生学习成就的有效指标。

五是在大多数学校中，教学管理人员包括校长同样非常缺乏新的学生评价知识，所使用的评价模式仍然十分传统，因此不能调动广大教师改革学生评价的积极性和创造性。即使教师被要求进行改革，他们也不愿意去做那些认为是“份外”的事情。所以，往往在强行花了大量的时间和人力之后，教师们又都回到原来的老路上去。以上问题在发达国家呈现普遍性。

以上问题引起美国教育界的广泛关注，尤其是许多教育研究机构对学生评价状况进行了深入分析。教育专家们一致认为，要想尽快改变那些问题，最佳的战略选择是，在教育领域内部建立起学生评价的“共同话语”，制定出一套能为广大教育工作者提供统一指导的评价实施标准。在这种共识之下，ANSI 于 1997 年开始着手此项工作，并且得到了美国 W. K. Kellogg 基金会的支持。在 ANSI 的协调下，由 18 个国家级专业研究机构（美国 16 个，加拿大 2 个）组成了教育评价标准联合研究会 JCSEE（Joint Committee on Standards for Educational Evaluation），负责标准的研究和制定。从这个项目的启动到《标准》的正式审批通过，共计用了五年时间。

在地方层面上，通过立法的形式确保评价的开展，1995 年 10 月，加州的威尔逊政府签署了下议院第 265 项法案（Assembly Bill 265 ），授权创建一个新的全州评价系统。这项新的评价法规要求在所有年级层次的所有核心学科建立全州范围的标准。同时，将建立一个测量如何能够很好地满足这些标准的地方评价和全州评价的合作项目。这个新系统的主要目标是为加利福尼亚的学生在学什么和学得怎么样等方面提供精确信息。评价的中心工作将是为所有核心学科和所有年级层次的学业成就建立全州的标准。下议院第 265 项法案要求全州的评价内容和执行标准一经采纳，就必须对测验进行校正以使其合乎标准，学区也必须依据标准报告结果。加州政府构建全州范围的教育质量评价体系正是基于能够掌握各学区的教育质量的第一手资料，缩小学区间教育质量的差异，最终达到教育质量的整体性提高的设想。加州政府通过建立全州评价体系实行间接管理，同时运用激励机制，如授予自愿加入此系统的学区奖励基金，向在学业成就测验中有杰出表现的学生颁发证明其优异成绩的毕业证书等，使学区和学生自愿地加入此评价系统，从而有效地对全州的教育质量进行监控，推动学区教育质量的提高，激发学生对学业成功的追求。加州在建立全州评价体系的同时，构建了相应的组织体系。成立了州标准委员会和州学生评估审查小组，与原有的州教育行政体系构成了全州教育评价体系的组织系统。

学校层面的学生评价同样以“标准化”为特色，一般采取的形式是纸笔测验。这一层面的学生评价，评价优劣主要从信度、效度、效率来区别，以及评价者是保持中立的不带任何偏见的旁观者。评价者主要是学校的管理者，在某个意义上讲，学校层面的学生评价是设计来提供给学校管理者以及上层教育决策者获取教育信息的一种方式，使其能够评价学校系统内的课程与教学的有效性、学生的实际发展水平。考试是此类评价的代名词，一般在学期或学年末进行，“经济”、“效率”、“准确”、“公平”是其追求的主要目标。常采用的是省时的纸笔测验和省力的机器阅卷；为达到“效率”的目的，常沿用的是集体化或群体化集中考试；为实现“准确”的目的，试题常常是一些能够被准确区分和定义以及评判的内容，这些内容往往是知识及一些低级技能；为达到“公平”，则提供给所有考生同样的所谓标准化的环境，即一种脱离知识获取的实际情境的去背景化环境(decontextualization)。

在近期的学术和实践研究中，将课堂、学校层面所产生的信息和大规模的问责机制相联系的趋势日益增强，学习科学的发展、心理测量技术的日益完善也加大了它实践的可能性。比如，美国名为BEAR(Berkeley Evaluation & Assessment Research)的课堂评价研究，通过增加课堂评价的信度、效度为教师的教学决策提供更为丰富的信息，并进一步将其和大规模的问责机制联系起来；如澳大利亚的弗斯特(Fosters)和马斯特(Masters)从课程标准出发，为教师开发发展性评价资源包括诸如进步地图等在内的各种教师评价学习的工具，这样得出的评价数据经过处理就可以应用于问责体系中。再如，英国当前在政策层面上从“关于学习的评价”整个转向“为了学习的评价”。尽管这些研究模式仍然是少数学校、课堂中的试点，其大规模的推广效果，还未有深层的研究和实证依据，但它们代表了当前国际发达国家学生学业成就评价的基本发展趋势，为我们建立“为了学习的评价”的研究带来新的视角和启发。

为保证教育考责制的有效落实，美国教育考责制进行了一些重要的制度设计。其一，建立和实施教育绩效客观呈报制度。通过网络公布学校报告卡(School Report Cards)、出版州教育绩效报告卡和联邦教育部每年向国会提交《年度教育绩效报告》的方式，学校、州和联邦政府为社会公众和国会集中测量和提供各自准确可靠的分类教育绩效信息。其二，建立和实施法定权威化评估制度。国会成立“全国评估管理委员会”(National Assessment Governing Board, NAGB)，实施权威的“教育测验”和“全国教育发展评估”(National Assessment of Educational Progress, NAEP)，确保教育绩效信息和评估的可信度。其三，建立和实施严格的教育绩效考责标准与行为正规化制度。制定《国家责任书》和《州教育考责制工作手册》(*Educational Accountability Workbooks*)，严格按法定标准和程序实施教育绩效考责。其四，建立和实施严格的教育绩效考责追究制度。对教育绩效目标完成很好的州、学区和学校将会给予延长教育规划项目资助时限和加大支持力度的奖励，反之，他们将会受到来自社会各界、联邦与州政府的严厉惩罚，轻则冻结、削减、推延甚至收回教育发展规划项目的资助，重则启动教育组织接管和学校重组机制。1989 年，新泽西州在全美首次接管了新泽西城市公立学校。到 2002 年，全美有 11 个州运用考责法授权，对 25 个低绩效发展学校或者学区进行了接管。

表 1　校本绩效责任的层面及内容

校本绩效的相关层面	校本绩效的相关内容
课堂层面	学生：我差 1 分而没有得到 A，请解释一下为什么 1 分就有这些差别
	教师：你知不知道我们学校里一位教师因为在评价学生时使用了过时的测验，而致使班里半数的学生不及格？
	校长：在这个学校里的所有教师都必须对家长负责，将评价成绩向家长解释清楚
	教学顾问：教师要对评价负责，不应该使用那些自己不熟悉的评价方式
学区层面	学校委员会：每一个教师必须通过有效的评价证实学生在他的班级里正在进步
	学校督导员：在任何一个学校内，每一位教师都要能够应用信度和效度最高的评价方式
	教师联合会：当有明确证据表明教师滥用测验，或者在评价活动中有违反相关法律的事时，我们不再为教师辩护，他们需要对自己负责
社会层面	国家教育管理机构：所有的教师都应该熟练掌握一定的学生评价方式，能够在评分、测试、测量各个环节上做到无误
	法律：在教育中，应该尽可能地减少对那些有特殊教育需求的学生的限制。教师应该帮助他们制订个人学习计划以达到预期的学习目标
	社会人士：每一个从我们的学校毕业的学生必须在阅读和计算机操作方面达到政府规定的十级水平
	学生家长：请用平实的话向我解释为什么约翰在测验中只得了 F

早在70年代，美国就开始实行“教育责任制”，要求以考试成绩为依据来评判学校的好坏，各州对最低能力测试提出了许多要求。不过，这些最低能力要求很快成为学校努力的最高要求。学校层面的绩效责任的层面及内容如上表所示。为了克服这种弊端，各种标准化测验应运而生，其后果则是牺牲了学生高级思维能力和问题解决能力，只获得基本技能测试分数的提高。教育责任制需要收集足够的有关学校质量、学生学习效果的信息，而标准化测验所测量的能力范围是有限的。在美国的基础教育领域，不管是州级、学区级还是校级的学生评价，都突现出两个特点：测量运动的思想依旧占据很重要的地位；评价与绩效责任紧紧联系在一起。测量运动的余波与绩效责任之风在学生评价领域掀起了新的风浪。虽然其形成背景及相关因素与我国有所不同，有的是因为教师希望学生通过获得高分而对学习有兴趣且能激励自尊，也有因为测评内容本身比较狭窄、不全面的因素，但其最主要的原因是高标准、高风险测验的盛行。也就是说美国教师也同样会为了测验而教学。科罗拉多大学的教育学教授林(R. L. Linn)、史密斯(M. L. Smith)深入学校，历时15个月，对两所小学的学生评价做了细致的调研。结果发现，在课堂中，绝大部分教师都会教授学生应付考试的方法、获得高分的手段，甚至，还会以标准化测验的内容为准自行改变教学内容，从而使得测验内容与教学内容相一致。这样造成的结果是为考而教，不是以学定教，以标准定教，测验也并不能发挥促进学生的发展这一评价功能。

二、实践经验与理论进展

我国经济相对发达的省份在课程评价领域的问题应当可以参考国际上发达国家的改革经验。其教育发展目标比较接近，而问题也有类似之处。比如，在进行国家课程评价制试验的若干发达国家(如美国、英国、澳大利亚等)，基本上已经解决了办学条件和师资问题，整个教育系统处于稳定运行状态。他们在课程评价体系改革中也主要集中在学生学科成绩的测量评价上，评价功能比较狭窄，评价观念有待改进。

可以讲，在这些发达国家，正规的课程评价一出现就是遵循一条科学与客观之路的，且由于这种科学与客观在课程评价的标准化阶段的过分强调，评价功能被扭曲的现象也十分突出。因此，在这样一个共同以应试为核心的课程评价问题面前，发达国家的实践经验及理论进展可资借鉴之处概括有二。

(一) 评价方式的改革:替代纸笔测试,拓展评价功能

课程评价功能在质的方面的异化其实一方面受制于狭隘的评价观,另一方面也主要受制于单一的纸笔测试方式,这种评价方式的固有不足直接限制了评价功能的进一步发挥。美国在从1989年开始持续开展的基础教育改革中,提出并运用了在真实情景中通过让学生完成操作任务来进行一系列不同于传统测验的"另类评量"(Alternative Assessment)[①]方法,到1991年,美国至少有40个州已制定了一些实施某种形式的"另类评量"的计划。"另类评量"运动也促进了美国对考试体系的建立,从2001年开始加州大学等高校就不采用高考成绩录取新生,改由录取小组通过各种信息资料(包括必要的面试),举手表决进行录取。"另类评量"所使用的方法多种多样,对学生的评量也是从多个方面、针对多种能力综合进行,可以被应用于从教室评估到全国乃至全世界评估的所有类型的评估背景中,并且与教学指导直接联系,是一种更加全面的多元化评价方法。比如,以往美国很多州都要求对科学探究和科学过程作出评价,但一般的多项选择纸笔测试题肯定是无法评价的,上述"另类评量"就是一个比较适合的方法,只是实施成本较大,在大范围的推广方面要考虑经济承受力。美国课程评价领域专家认为英国和以色列在表现性评价方面做得更好。"另类评量"方法的提出,既指明了学生评价改革的方向——对真实生活和学习生活中学生的操作进行评价,同时也为教学改革指明了方向——提供一种更加真实的教学情景,它不只是一种评价方法的改革,更是一种教育思想和教育理论基础的根本革新。

新的课程评价方式的实践,发挥了多样化的课程评价功能。除了帮助教育决策、直接改进教师教学活动、使公众和学生家长了解学生现状和需求外,通常还用以反馈到课程设置、教科书修订和教师培训(包括职前和在职)过程中去。鉴于地区、学生性别的差异,在这种学科成绩分析报告中,通常会结合一定范围内学生家庭、所在学校和社区的背景因素进行综合分析,以更客观更恰当的进行反馈,发挥评价应有的促进学生学科学习、促进学生发展的功能。因此,全国性的课程评价的主要目的是用于诊断学生学习过程中的缺陷,以便调整教材、教学

① 目前这类方法与技术有多种名称,如"直接评量"(Direct Assessment)、"操作评量"(Performance Assessment)、"真实性评量"(Authentic Assessment)、"历程档案评量"(Portfolio Assessment)、"动态评量"(Dynamic Assessment)等,更为一般的名称是"另类评量"。

的进度和深度。近年来，各发达国家都日益重视课程评价在教育发展中的作用。如美国、英国都着手建立健全国家课程评价制度用于帮助教育决策，利用教育信息改进教育质量；有些国家除用于国家教育政策外，还通过教育评价向公众和学生家长展示学生学习成绩的现状及受教育的需求，通过对学校的背景因素进行分析，从课程设计、教学过程、教学手段等方面提出改进教育质量的建议等等。

（二）测量技术的改进：提高命题质量，深化结果反馈

在美国著名的教育测量公司 ACT 的大规模考试中，一道题目从设计伊始到最终进入考试试卷，需要经历至少 16 道程序的检测，历时 2 到 3 年。这其中既有包括学科专家、测量学专家在内的题目评审小组的审核，也有基于预测数据的测量学分析。题目质量的评审涉及内容、认知、题型、反应时间、公平性以及常见的难度和区分度等测量学指标。这种严格遵循详尽系统的测量学规范和步骤的测验开发过程无疑对我国教育考试的专业化有着深刻的借鉴意义。

随着计算机技术的不断普及以及现代测量理论的迅猛发展，构建大型的教育测量和考试的题库已成为可能。美国著名测量公司 CTB/McGraw Hill 目前已经开发了一个容纳有 70 000 个题目的大型题库，包括了美国中小学阶段的各个学科的内容。利用现代测量理论，如项目反应理论，既可以保证纳入题库中的测验题目的测量学指标，还可以确保不同测验题目在共同的测量尺度上测量相同的心理或教育属性，从而保证了从题库中生成的各种测验在测量属性上的同质性。大型题库的存在是自动化组卷技术的物质前提。自动化组卷可以在几秒之内完成几十，甚至几百套试卷的组卷任务，并能严格保证每套试卷满足多达上百种的技术要求，或者保证不同试卷间的一致性，为我国大规模考试提供了很好的借鉴。目前，国际上所提倡的连续性评价的做法就是建立在计算机化的题库建设和自动化组卷技术基础之上的。大型题库的建设还是计算机适应性测验的基础。计算机适应性测验以项目反应理论为依据，根据学生对已经呈现的问题的回答情况动态调整后继测验题目的呈现，避免了传统纸笔测验中因题目过难或过易而导致的测量效率的降低。采用计算机适应性测验具有高效、准确、计分迅速和反馈及时等多种优点，因此，我国教育考试和评价宜多采用计算机化的测验模式。计算机化测验还可以与当前国际上流行的认知诊断测验相结合，用测量学技术从学生回答问题的反应模式中挖掘深层信息，为教育实际工作者提供具有

诊断性的反馈信息。

在考试结果的分析和汇报方面，通过运用现代测量理论建立测验分数的测量尺度(Scale)以及不同分数的实质含义，使教育考试的分数具有像长度或重量那样的特征，从而使对考试结果的解释不依赖于某个具体的测验，能够在同一个尺度上对不同学生个体和集体进行描述和比较。共同测量尺度的建立提供了描述和追踪学生学习和发展变化的基础和可能。

随着学习科学的发展、心理测量技术的日益完善，以上对现有纸笔考试的改革在我国发达省份当具有现实可能性。

三、我省中小学课程评价改革的几点建议

以上从比较研究的角度将发达国家作为一个整体来把握、分析和研究其课程评价领域的实践改革与发展，将江苏教育强省和发达国家课程评价进行比较和分析。下面以总结归纳发达国家课程评价改革的共同趋势和有益经验为基础，从比较的角度，提出推进我省课程评价改革的若干政策建议，为决策服务。

(一) 改变评价观念:推进多样化评价方式

对于以纸笔测试来替代课程评价的问题，国内外研究者的观点基本一致，认为转变课程评价观是解决问题的根本。要想使课程评价能够发挥对学生发展的积极作用，我们必须走出评价功能的误区，把选拔性考试与基础教育学生评价分开对待。当然，转变评价观念、创新评价方式的同时，还需要加强评价标准的制订。比如教学评价标准、学生学业评价标准、教师评价能力标准等等一系列评价标准的研发。另外，另类评价方式的实现要求有新的测量评价工具的研发。

(二) 加强评价问责:建立促进学习的评价体系

在近期国内外的学术和实践研究中，将课堂、学校层面所产生的信息和大规模的问责机制相联系的趋势日益增强。根据国家层面的课程评价体系，建立地方、学校、课堂层面上的“促进学生学习的评价”体系。加快建立与新型课程评价模式、评价内容相适应的问责机制。将“促进学生学习的评价”的体系所得到的信息应用于各级教育问责体系。

必须要加强对评价方式、评价内容与教学目标之间一致性的引导与问责。破旧立新的深层次的变革也许在一开始尤其需要建立相应问责机制，强制入轨，整体推进，当下课程评价问题的突破、促进学生学习的评价体系才有望全面实现。

（三）提升评价质量：加强对教师的课程评价理论与测量技术培训

教育研究部门应当加强评价与测量理论与技术的研发，并重视对课程评价内容方式及考试命题的具体指导。

1. 课程评价理论的培训

由于广大教师没有掌握开展学生评价的必备知识和技能，不能正确地实施评价，所以在许多情况下给学生带来了不应有的损失。例如，评价信息不全面或不真实，评价结论不正确，使得学生、家长以及其他使用评价信息的人，往往对学生的身心发展和学业成就做出错误的判断，从而选择了不恰当的教育方法和策略，影响了学生的健康成长。教学一线人员，尤其是中小学教师，十分缺乏课程评价的理论知识和支持性的资料与信息，他们不适应先进的学生评价理念，更不知道应当如何进行新的评价操作，非常需要在学生评价的程序与方法上得到及时、有效的指导。在培养教师的大学教学中，无论是本科生还是研究生，几乎都没有把教育评价作为必修内容，很多学校未开设过评价与测量课程，没有教给学生如何在教学工作中开展学生评价，教师也很少强调这方面知识的重要性。这是导致上面提到的在职教师缺乏教育评价理论和技能的重要原因。

2. 评价测量技术的提高

即便对于作为课程评价的核心成分的教育考试而言，当前的测量学水平也亟待提高。这里的教育考试，包括了从中考、高考，到各种学业质量监控考试，再到各种课堂学习评价等学业成就考试。虽然在整体的设计思路上我国教育考试目前的实践与国际上同类测验相似，但在具体环节的实施上还有很大差距，直接影响到测验目的的达成和测验结果的质量。这种差距主要体现在测验编制过程中对测量学问题的思考不足，对相关测量学技术的应用程度不够。比如，在测验题目开发方面，我们更多地依赖命题专家的经验和判断，较少严格遵循详尽系统的测量学规范和步骤。我们较少组织测验题目的预测，并根据学生实际回答的数据进行测量学方面的分析，以检验题目选项是否符合了预期功能、是否测量了应该测量的东西，是否对不同性别或地区的学生是公平的，等等。这种经验式的命题和组卷模式直接影响到最终测验的稳定性和准确性，降低了对学生学习情况进行推断的有效性。

因此，必须加强对考试的分值、题型、题量、难度、等第划分方式等等的细化研究，使得教育测验的设计开发按照更加科学、正确的程序进行，提高命题质量和深化考试结果的分析与反馈。另外，要提高我国大规模考试的专业化水平。大规模考试的设计、开发、实施和分析是一项复杂的系统工程，涉及课程、学科、测量学、心理学以及计算机技术等方面，需要不同背景的专业人士组成研发团队，团结合作，紧密配合，在不同的层面上组成梯队。

【参考文献】

1. E. G. Guba & Y S. Lincoln. Fourth Generation Evaluation [M]. London: SAGA publications, 1986. 21 - 49.
2. 李雁冰:《课程评价论》[M]，上海教育出版社，2002 年版，第 24 页。
3. Cullickson. A. R. The need for student evaluation standards. The Joint Committee on Standards for Educational Evaluation. 2000. 5.
4. 蔡敏:《美国〈学生评价标准〉评析》[J]，载《外国中小学教育》2003 年第 11 期。
5. LeMahieu, P. Educational Measurement, 5(1), 12 - 16; Cole, N. S. (1984). Testing and the "crisis" in education. Educational Measurement: Issues and Practices, 3(3), 4 - 8.; Black & Wiliam (1998). Inside the Blackbox: Raising the standards through classroom assessment. London: King's College School of Education.; Shepard, L. (2000) The role of assessment in a learning culture. Educational Researcher, 29(4), 4 - 11.; Chappuis & Stiggins (2002) Classroom assessment for learning. Educational Leadership, 60(1), 40 - 43. G., & Wallace, R. C., Jr. (1986). Up against the wall: Psychometrics meets praxis.
6. The National Assessment of Educational Progress [J/OL]. NASBE Policy Update, Vol. 5, No. 7. http://www.nasbe.org/Educational_Issues/Policy_Updates/5_7p.html. 1997/04, 2006/03/09.
7. State Takeovers and Reconstitutions [J/OL]. NASBE Policy Update, Vol. 10, No. 4. http://www.nasbe.org/Educational Issues/Policy_Updates/10_

4p. html. 2002/03,2005/12/09.

8. 杨向东、王中男:《呼唤课程测量与评价的专业化——“课程评价国际研讨会”综述》,载《全球教育展望》2010 年第 1 期。
9. 倪娟等:《中小学课程评价改革:主要问题与可能对策》,载《教育发展研究》2011 年第 8 期。

基础教育专业指导与服务机制比较研究

江苏省中小学教学研究室

万　伟　董洪亮

《国家教育改革和发展中长期规划纲要》颁布以后，教育质量保障体系建设迅速成为基础教育改革发展的热点话题。在基础教育阶段，教育的专业指导与服务无疑是提升教育质量的重要保障之一。我国的教育指导与服务机制与国外相比，有很多的不同。本研究主要以加拿大安大略省、美国、英国为例，介绍他们在教育专业指导和服务方面的一些成功经验，对中小学专业支持模式改进的基本趋势做一个简要的考察，以应时景。

一、加拿大的教育专业指导与服务机制

加拿大近年来为了提升教育质量，做了很多探索和改革，以下以安大略省为例，做一些分析。

1. 发展共享的指导平台

学校管理方式或者教师行为的改进，有着共同的困扰，也会有共同的解决策略。因此，在一个区域当中建立和完善共享的指导平台，提供一般性的指导，对于提高专业支持的效率来说，具有十分重要的意义。安省共享的指导平台主要由两个机构完成，一个是安省教师学院（Ontario College of Teachers, OCT），一个是教育质量与责任办公室（Education Quality and Accountability Office, EQAO）。

（1）OCT的实践。OCT不是一所高校，而是一个非政府协作组织，几乎所有中小学教师都是它的会员。OCT的职责主要有四项：制定教师的实践与道德标准；认定教师资质；认定职前以及在职教师教育的计划；调查、处理教师的有关投诉。在安省，要成为一名教师，必须在大学毕业以后经过一年的教师专业训

练,并且成为OCT成员。与一般的教师管理机构不同,OCT为职前以及在职教师分别提供了大量的专业课程,整个课程结构十分丰富,所有经过认证的课程都向社会公开。OCT研制了一份近130页的报告,对教师的专业发展提供框架性指导,内容包括"教师资质以及专业教育的基本课程"、"教师资质以及教师继续教育的课程和计划"等等。经过认证的专业课程由安省13所大学的教育系以及一些私立大学提供,OCT自身也组织一些课程培训。每个教师都可以根据自己的需要向任何一家提出学习课程的申请。安省教育部并不对教师进行统一的课程考试,而只是通过对教师实际工作过程的评估促进教师自主地发展自己的专业能力。

(2) EQAO的实践。EQAO是安省教育部(Education Ministry)为提升质量于1995年设立的一个专门的下属机构。EQAO有70—90名左右的专职人员,他们的职责是通过与各种教育组织的合作、通过研制测评工具对学生进行质量评估,并在测评的基础上公布和分享相关信息,推广本机构在研究基础上形成的核心价值观念和改进计划,达到提高教育质量、提升整个系统教育责任的目标。安省中小学所有学生必须参加四次由EQAO组织的测试:三年级、六年级、九年级各进行一次,十年级还有一次文学水平的测试。测试结果会提供给学校、教师和家长,但不会被记录在学生的成绩单里。教育部的官员几乎每天都在与EQAO的测试结果打交道,因为他们的工作改进必须以测试结果为依据。学校和教师也会根据EQAO的测试结果,向每个学生提出一个改进学习的规划。

值得关注的不是测试本身,而是测试之后EQAO对学区和学校的改革指导。改革指导方案建立在历年来质量测试以及过程分析的基础上,是一种一般性的策略建议,并且供所有学区和学校共享。EQAO分别研制了一个《学区和学校领导手册》(*Guide to School and Board Improvement Planning*)和一个《学校改进计划指导》(*Working Together for Student Success*)。在《学区和学校领导手册》里,EQAO提出了包含五个步骤的改进计划:区分改革主体(Ownership)、理解与关注(Understanding and focusing)、明确责任(Accountability)、做好改进计划(Planning for improvement)、解决存在的冲突(Ongoing impact);并提供了一个包含五个因素的、指导性的改革计划工具箱:材料与资源、数据分析、学校团队、自我评价、改进计划的完成。《学校改进计划指导》同样提供了一个包括五个步骤的策略:参与(Engage)、调查(Investigate)、沟通(Communicate)、规划(Plan)、评价(Evaluate)。每一个步骤都设计了比较详细的指导性建议。

2. 提供个别化服务

安省在提供个别化的专业支持方面积累了丰富的经验。比如,安省教育部在分析了 EQAO 的测试结果以后,如果发现某些学校存在问题,就会采取一些办法加以个别化的协助。教育部协助学校的主要办法就是直接向学校派出专业化的工作组。学区委员会(School Board)也有一个特别的部门配合教育部工作组计划的实施。教育部在组建工作组时,会根据学校实际的需求,因此,每年的组数、人数都不完全固定。通常情况下,教育部会雇用 200 个左右的专门人员以及 400 个左右的相关临时人员帮助学校进行分析与改进,所有人员的费用由教育部采用专项的形式统一支付。协助学校的选择是双向的:一方面,教育部或者学区委员会根据分析结果,会选择一部分学校作为指导帮助的对象;另一方面,如果学校觉得有需求,也可以向学区委员会的专门部门提出要求,并由学区委员会与教育部共同派出专家小组。教育部雇用的专家工作组,相当一批都是来自于各个学校。专家工作组在分析了学校的实际情况以后,会提出自己的工作目标,在与学校取得一致以后,加以实施。

再比如,安省校长理事会(Ontario Principals' Council, OPC)对学校的专业支持也具有十分突出的个别化特点。在安省,98%的中小学校长加入了 OPC。OPC 没有工会性质,它主要是一种在专业和工作上相互支持的组织。安省 OPC 有 40 个专职人员,经费 1/3 来自校长们的会费,1/3 来自培训,1/3 来自基金,是一个非营利组织。参加 OPC 的会费是由校长们自己个人承担的,每年大约 1 080 加元,占他们工资的 1%。在安省 OPC 之下,各学区的会员也会成立一个分支机构。安省 OPC 的主席每年选举一次,主席的工资由 OPC 负责。不再担任主席的校长再回学校做校长,工资由学区委员会负责。OPC 的一项重要职责就是给校长们提供一些特殊帮助、专业服务。OPC 有一个由 7 人组成的特别小组,3 位是校长,4 位是律师。特别小组中的校长都是非常杰出的,并经过了专门培训。安省 OPC 的成员目前超过了 5 000 名。每一个校长的咨询档案都会被记录下来,成为一个重要的数据库。过去 5 年,OPC 已建立了 3 万多个案例。OPC 将 3 万多个案例中校长们提出的问题划分成了 24 类,并建立了目录。这些信息的收集、分析,可以帮助 OPC 准确地发现培训和个别化服务的重点,发现校长们可能存在的困难和解决的办法。

3. 项目化

安省还注重通过项目化来推动教育的发展。比如近两年,安省的多伦多学区委员会(Toronto District School Board, TDSB)提出的改革目标是"让所有学生达到高水平的成就并且通过获取他们所需的知识、技能和价值观，去成为民主社会有责任的成员”。2008年TDSB组织了一次大规模的家长调查，68%的家长交回了问卷。调查显示出了全地区学生在性别、家庭收入、种族、语言、出生地等方面的基本信息，为决策和教育公平项目具体内容的确定提供了依据。在调查研究的基础上，TDSB提交了一个项目规划，在教学大纲(Curriculum Contents)、评估和评价(A&E)、教学策略(Strategies)、课堂管理(Class Management)、社区参与(Community)等五个方面，改进学校的教育教学过程。在经过了一个立法程序后，TDSB把教育公平项目作为区域教育质量提升的一项重要预算内容，并加以执行。

多伦多学区是安省最大的学区，有近600所学校。TDSB把全区划分成了四个片。为推进教育公平项目，进一步把所有学校划分为24个区，称为“学校之家”，每个区大约有25—27所学校。TDSB在每一个片都安排了专门的人员，负责公平项目的推进。专门人员的任务是代表TDSB向学校提供专门的指导，督促项目的实施，培养学校的项目骨干。TDSB要求每一个学校选择2名教师协助专门人员推进公平项目。一个片里的项目教师每年都会召开专门的会议，接受学校邀请，提供指导和咨询帮助。他们还建立了专门的网站，用于交流和分享。

4. 标准化

安省注重教育的标准化研究。首先，我们可以考察一下安省OPC在校长培训方面的标准化努力。校长培训是OPC的一项重要职能。为了提高专业服务的质量，OPC近年来逐渐使它的培训项目实现了标准化。OPC每年都会给校长提供一份培训项目的总目录，这些培训被统称为“学校领导与管理能力培训”。培训内容主要有五个方面：设定目标；发展与关系改善；学校组织的发展；在项目中担任领导者；利用资源让孩子展示能力与水平。OPC已经积累了很多的培训资料。在安省，做校长必须经过“校长资格项目”的培训。很多机构都可以做这样的培训，但OPC是最大也是最好的培训机构，因为它提供的培训在操作性、实践性方面都比较强。OPC组织的培训，专家一般不是OPC的人员，可能来自会员，也可能是另外聘请。OPC组织的每一个培训项目都会得到评价，讲座者或者报告人如果不能得到80%的满意率，或者在5分的评价中如果得不到4分，就不能做报告人或专家。评分结果会公布给所有培训的参与者。另外，OPC有一个鉴别体系，专门用来发现优秀校长，作为培训者资源。在此基础上，OPC的培训项目申请并通过了ISO9000的认证，每一个主题的培训都建立了明确的目标、程序、内容、资源、反馈评价等方面的标准，从而保证了可预期的培训质量。

另一种标准化的专业支持来自于课程教学方面。在安省，5 000 所公立学校的课程教学形态是十分相近的，有明显区别的是近 600 所私立学校。在课程教学方面，私立学校主要分为三种类型：第一种是以英国的公立学校为模型的；第二种是基于某种宗教的学校；第三种是遵从某种教育理论主张的学校。第三种学校大多属于特许学校（Charter school），政府负责最初的建设投入，民间力量负责学校的实际运作，因此，这些学校通常会在课程教学方面遵从某种教育理论主张，并由此形成自己非常明显的特色。与北美的其他地区一样，在安省的特许学校里，有三种理论运用得最为普遍：一是蒙台梭利的教学理论，二是瑞吉欧的教学理论，三是鲁道夫·斯坦纳（Rudolf Steiner）的教学理论。遵从蒙台梭利教学理论的学校就叫 Montessori School，遵从瑞吉欧教学理论的学校就叫 Reggio School，实践鲁道夫·斯坦纳教学理论的学校就叫 Waldorf School——当然，每所学校还有它原来的名字。同一类学校形成一个自然的联盟，并且有自己的专业支持力量。专业人员会严格地基于某种理论主张，对学校的课程结构和教师的教学过程进行指导和设计，帮助学校在课程教学方面达到标准化的要求。比如，所有的 Montessori School，就像麦当劳或者肯德基等等连锁店一样，从教学设施到校长、教师对于 Montessori 教学法的接受，再到教学活动的具体安排，都保持着高度的一致性，非常标准化。标准化的专业支持保证了这些学校在遵从和实践某种教育理论主张的时候，不越位，不变形，也从根本上保证了教育质量的提升。

二、美国的基础教育专业指导与服务机制

美国的教育体制可分为联邦、州和学区三级，教育的主要责任在各州政府，联邦政府没有像我国政府那样的直接领导和管理教育的权力，而只有援助、指导职能，起服务性质的作用。美国的教育专业指导和服务机制，近年来有这样几个新的发展趋势。

1. 重要项目招标

2002 年，布什政府执政的第二年颁布了《不让一个儿童落后法》法案。为保证这项政策科学有效地实施，联邦教育部下属的教育科学研究院（Institute of Education Sciences）以竞争性资助的方式设立了相关的国家研究和发展中心。

为了探索该政策实施的有效性，美国教育部下属的教育科学研究院

(Institute of Education Sciences,简称 IES)专门设立了"国家研究和发展中心"资助项目。该资助项目根据国家教育发展中面临的重大问题,不定期地以竞争性课题申请的方式遴选最能胜任这一研究的机构,成功获得联邦拨款的国家研究中心需要承担起旨在改进教育系统,最终提高学生成就的研究、开发、评价和国家层面的相关领域研究的领导工作,从而为探寻美国教育问题的出路做出重要贡献。

每个研究中心都要聚焦于一个专门的教育问题,每一个研究中心需要通过与其他机构的合作为该问题的解决提供相对快速的研究,同时为这个领域的相关子问题的研究提供研究资助。此外,这些研究中心需要在这一领域的以事实为基础的教育实践和政策的发展过程中起到国家层面的领导作用。截止到 2008 年,共有 13 个研究机构获得该项资助(表 1):

表 1　联邦教育部"国家发展和研究中心"资助名单

	中 心 名 称	主持机构	成立时间
1	数据驱动的教育改革中心	约翰霍普金斯大学	2004 年
2	择校研究中心	范德堡大学	2004 年
3	农村教育支持研究中心	北卡罗莱纳大学	2004 年
4	评价,标准和学生测试研究中心	加州大学洛杉矶分校	2005 年
5	学业成绩和英语学习者教学研究中心	休斯顿大学	2005 年
6	教育研究的纵向数据分析中心	城市研究所	2006 年
7	中学后教育研究中心	哥伦比亚大学教师学院	2006 年
8	早期儿童教育研究中心	弗吉尼亚大学	2006 年
9	教师绩效激励研究中心	范德堡大学	2006 年
10	天才儿童研究中心	康涅狄格大学	2006 年
11	认知和科学教学研究中心	21 世纪科学、技术、工程和数学教育合作组织	2008 年
12	教学技术研究中心之学校先进技术研究分中心	加州大学洛杉矶分校	2008 年
13	教育技术研究中心之儿童和技术分中心,及科学教育分中心	教育发展中心	2008 年

资料来源:英国教育部网页:http://ies. ed. gow/funding/grantsearch/index. asp? mode=2&sorl=1&order=1&all=1&search=ProgramName&slctProgram=13.

联邦教育部为各研究项目拨款，与此相应，联邦教育部对研究项目建立了严格的问责制度，以确保研究基金的合法和有效使用。作为拨款获得者国家择校研究中心需要承担的责任主要包括以下方面：(1)一般的管理责任，涉及遵从法令规章和申请书要求，明确中心负责人在项目管理和监督上的首要责任，建立财务控制和资金核算程序，以及禁止将项目转移给他人。(2)报告。每年都要提交年度财务和学术研究绩效报告，每半年提交一次中期报告。(3)记录。主要包括与资金使用、遵守规范和学术研究绩效等三方面的相关记录，资金使用记录需要涉及资金的总量，项目获得者如何使用这些资金，项目的总成本，研究经费的其他来源，以及其他有助于有效审计的记录、与遵守规范相关的记录，指研究中心的记录应该显示其遵守各种要求的情况。责任中以学术研究绩效记录为重心，需要记录重要的项目过程和结果，并且项目获得者应该充分利用绩效记录的信息进一步确定实现研究目标的程序和步骤，如果必要甚至可以修改研究目标。(4)隐私保护。研究中心有义务保护学生成绩，以及学生在研究、实验项目和测试中的权利。

2. 教育服务机制灵活、经济

(1) BOCES

美国各州的教育具有较大的自主性，在教育服务机制方面，各州也不尽相同。但总的来说，教育服务机构的建立比较注重整合资源、节约成本，服务机制也较灵活。比如，美国教育服务协作机构(BOCES)，全称为 Boards of Cooperative Educational Services，是美国的一种职业教育服务机构，主要为相邻几个学区内的普通中学提供职业教育方面的服务和项目。学生一般在原先就读的学校与 BOCES 两个地方交替学习半天或一周，学习周期灵活多样。学生在教育服务协作机构修得的学分，可视为该生在原先就读学校应修课程学分。

以纽约州为例，BOCES 初创于 1948 年，至今全州根据地理位置和人口分布共设 37 个 BOCES。BOCES 服务对象涵盖全州 721 个学区中的 712 个。

BOCES 提供的服务大部分是以班级教学式进行的指导性项目，包括：教学服务和专业发展；高中生职业和技术项目，为学生提供在 21 世纪取得成功所需的知识和技能，重点放在技术技能、一般就业性技能以及应用知识上，为学生进入工场、中学后技术学校以及大学做好准备；残障学生相关服务项目，为残疾的学生(如州章程的认定标准)以及那些经相关诊断手段和程序判定为发育迟缓的学生提供特殊教育服务。除此之外，BOCES 还提供一些非教学形式的“支持性服务”，用以帮助学区降低或控制开支。比如纽约州阿尔斯特市(Ulster)的教育服务协作机构(Ulster BOCES)支持伙伴学区的一系列共享服务,具体包括:行政与管理服务、直接服务、间接服务、协调活动及教职人员的发展与训练。Ulster BOCES 目前与其中一个伙伴学区共同承担“校园午餐工程”的管理工作,Ulster BOCES 的参与有效地提高了该活动的监察,并明显降低了运作费用。

(2) 美国各州区域教育服务中心

美国各州区域教育服务中心是在州内指派的行政区域(以县郡为单位划分),为中小学校和学区提供教育援助项目和教学服务的机构。其创立和发展是各州根据当地教育实际需求情况,由州立法机关批准设立的。州区域教育服务中心有近 100 年的历史,目前全美有 42 个州拥有区域教育服务中心 620 所。如,得克萨斯、路易斯安娜、新罕布什尔、康涅狄格等州的“区域教育服务中心”,华盛顿、俄勒冈等州的“教育服务区”,爱荷华州的“地区教育社”,纽约州的“合作教育委员会”,威斯康星州的“合作教育服务部”,加利福尼亚州的“县教育办公室”,佐治亚州的“地方教育服务部”等。

尽管各州教育服务中心名称和运作有自己的变化和特色,但其主要职责和任务都是协助地方学区和学校贯彻执行联邦及州教育法律法规政策,帮助教师、管理者实现教育教学目标,提高学生的学业成绩及表现,同时致力于推动学校优质高效和经济地运转。

服务中心运作资金来源主要有四个渠道:一是向学区和学校“出售”服务项目。学区利用州政府拨予的用于教师培训的专项资金,组织教师参加区域教育服务中心的培训项目,支付培训费。这是中心资金来源的主要渠道。二是州教育服务项目专款。如,1995 年州立法机关命令将州教育厅负责的全州范围内的技术援助职责分散和指派到各区域教育服务中心,并定期拨付项目专款。这些职责包括:残疾学生、视觉缺陷学生和自闭症学生服务、教育辅助技术,家长参与项目等。三是联邦项目的拨款。参加联邦教育部门组织的教育培训或服务项目,同样享受联邦的专项经费。四是捐赠经费。如得州第七区教育服务中心的课堂创新项目,就是由当地工商业界捐助建立的,主要目的是帮助教师在他们自己的课堂发展和实现他们的创新思想。

各中心通常设有高级学术服务、领导艺术和研究服务、人力资源服务、教育技术服务、教师证书服务、财政和管理服务、数学服务、自然科学学科服务、社会科学学科服务、双语服务、特殊教育服务等十几个部门。为本地学区和学校提供数十到上百个服务项目,主要涉及八个方面:一是管理和领导艺术项目,包括学校管理者会议、论坛、培训、评估、校区计划、社区公共关系、社区和政府部门的关系、教育领导艺术的发展、年度学校董事会、年度教师等项目。二是教学支持与课程服务，包括基本课程原理、天才学生教育、卫生保健教育、语言技术、文学、数学、科学、学前教育、社会工作等。三是证书项目，主要有普通教育水平测试、校长准备证书、教育技术应用证书、教师准备证书、教辅人员证书等。四是学校服务项目，包括双语/英语作为第二语言教育、校车司机培训、儿童营养学、学校护士、课堂管理、学校顾问导师、图书馆服务、学校安全、学校志愿者等。五是特殊教育项目，包括孤独症、残疾学生服务、家长参与项目、图书馆服务、教室安排等。六是教育技术服务项目，包括课程应用软件、远程教育、视频会议等。七是财务管理和后勤服务，包括学校运作服务、学校财务管理、教学设备采购、图书供应等。八是合作项目。以上所有服务，所辖学区、学校和教师均自愿参加，各区域教育服务中心不能强制他们参与。

3. 教师教育"学术性"与"专业性"相结合

20世纪80年代中期以来，美国教育改革中兴起了教师专业发展学校(Professional Development Schools，简称PDS或PDSs)。它是参照医学专业的临床医院模式，以中小学校为基地，将教师职前培养、在职进修和学校变革融为一体，旨在促进教师专业成长，并与大学结成伙伴同盟关系的"临床学校"或"伙伴学校"。

正如美国乔治亚州大学(University of Georgia)的Edward Pajak所言："中小学和大学共同负责培养新教师。"例如，师范生在PDS做实习教师的一年期间，接受来自大学和中小学双方教师组成的指导小组的指导。大学教师的一半时间在中小学，他们观看实习生的工作，组织实习生的讨论。有时也登上中小学的讲台实际执教。中小学教师的任务主要是负责指导实习生的教学。再如，大学的讲台不是大学教师的专利，也时常能看到中小学教师的身影，这些中小学教师将生动的教学实践经验带入大学课堂，给大学的教师职前教育的课程计划注入了新鲜血液。

教师专业发展学校的基本模式是以合作小组形式进行的——由4—5名学校资深教师、2—3名大学临床教授、5—10名实习生以及个别的学科专业人员，围绕学校实际问题组成小组，通过共同努力实施教育改革，设计组织行政改革计划，重新设计教师教育的培养方案。

近年来，PDS在美国发展迅速，在政府和各种机构的大力支持下，逐步走上了制度化、规范化的轨道。由它倡导和实施的教师教育项目也正成为美国教师职前培养的主要方式。麦特考夫·特纳(Metcalf Turner)等学者认为，专业发展学校应由工作组或行动小组来开展工作。工作组通常由大学教师、教育专业的研究生、本科师范生和中小学教师等组成。通常，其中一名大学教师以联络员的身份每周一次或多次亲临PDS，全面参与学校生活，既充当教育专家、研究者，又扮演一般教师的角色。中小学校教师，主要负责安排师范生的实习、专题研修会等。有时，他们也被邀请到大学上课。师范生在PDS实习一年，像正式的教师一样全面融入学校生活；一年实习期满后，并完成了两个暑期课程，可以拿到学位。PDS为所有参与者提供平等对话互动的机会，举办不同层次、不同规模的讲座、研讨会或论坛。大学和中小学互相开放资源，做到资源共享、合作研究、共同学习和发展。

三、英国的基础教育指导与服务机制

英国的教育管理体制从行政建制到学校内部的机构设置都比较精简。就教育行政管理而言，在垂直层次上仅分为中央和市（郡）两级。英国的教育管理法制水平比较高，首先表现在教育法规体系非常健全。目前，仅联邦议会颁布的全国性教育法规就有20多种，此外，地方议会和政府还制定了一系列教育法规、政策，几乎覆盖了教育管理领域的各个方面。其次，全民教育法制观念强，知法守法已成为公民的一种自觉行为。近年来，在教育指导与服务方面，有这样几个举措值得关注。

1. 注重个别化教育

在过去的两年中，英国政府大力推广“每个孩子都重要”的理念，英国教育与技能部为此发出号召，指出每一个0—19岁的英国居民，无论其背景如何，都享有以下权利和义务：健康、安全地成长，享受学习并且有所收获，享受经济福利保障，为社会作出积极贡献。2005年3月，英国首次任命了英格兰儿童事务长官，从此，“每个孩子都重要”的理念在政府及公众生活中有了专职代言人。

在许多措施中，“卓越在城市”机构就是英国政府出资设置的教育辅助机构，该机构旨在通过对城市所有儿童与青少年的关怀，为城市的卓越发展提供高素质的市民与建设者。“卓越在城市”机构不是学校，也不是教育行政部门，但却常常为学校的教育教学提出建议，成为学校及教育行政部门的有益补充。

在曼彻斯特，“卓越在城市”机构就有350名工作人员，专门致力于对贫困或者有语言交流障碍、身体残疾的孩子进行个别教育与辅导。其中70名有特殊需要的学生，正享受着由该机构免费提供的一对一教育辅助服务。

为了密切配合学校的教育教学工作,“卓越在城市”机构还成立了学习中心,通常设在学校内,学习中心会聘请一些有丰富教育教学经验的退休教师为教育导师。他们在学习中心的工作任务就是专门帮助解决学生在学校学习中遇到的障碍或困难,帮助学生增强对自我的认知,树立起学习的自信心。所有学习有困难的学生按不同能力层次分组来这里上课,学习中心专门为这些学生安排他们所能接受的课程。

“卓越在城市”机构的一些工作人员还请家长来到学校,让家长了解学生在学校都能学到些什么知识,了解学校希望家长帮助孩子养成什么样的学习习惯。这样不仅打消了家长对学校的陌生感和戒备心理,同时,家长的到来也让学生们感到十分兴奋。在此基础上“卓越在城市”机构还会根据每个家庭的实际情况制订一个教育起步规划,为学生和学生家长服务。

2. 学校督导严格而常规化

根据《1992 年教育法案》,英国中央政府设立了一个独立的机构——教育标准办公室,取代了从前由皇家督学行使的督导职能,这个机构的成立旨在组织一个更加严格和常规的学校督导,评判学校的成败。教育标准办公室是“中介组织”,它独立于教育部,直接向首相提交评估报告,拥有相当大的自治权。

1992 年《法案》中,还规定了学校督导的运行机制,这个机构的主要任务是制订学校评价的准则、标准和程序。有资质的评价机构就具体的评价任务投标,中标者在合同的限定下,根据教育标准办公室制定的严格的框架承担学校的督导工作。评估报告需与学校讨论,并通过媒体向社会公布。教育标准办公室还发行各种有关教育状况的全国性总结报告。被贴上“失败”标签的学校被要求制订一个改进计划,以接受重新评估,直至他们达到一定的标准。

所有“失败”的学校必须在两年内或有所改观,或关闭,或有一个新的开始。具体而言,如果限期内没能改进,地方教育当局或教育部可以任命新的管理者或对学校进行管理,包括引入私立公司进行管理。没有进展的学校,可以被关闭,并置于一个称做“新的开始”的计划之中,新学校可以在失败的学校的校舍处开办,通常有着新的名字、新的校长和教职员工。成功的学校将被更少地督导,而且接受“简短”的督导程序。其他的学校将接受全面的督导。督导检查的内容包括教育标准的达成,所提供的教育质量,金融管理的效益和学校精神,道德和文化的发展。1999 年,教育标准办公室又被赋予了督导地方教育当局的任务,检查其提供的教育服务的质量。

教育标准办公室每 4 年一次对各中小学进行督导。督导的主要内容包含 4

个方面——教学质量、学习质量、财政管理情况、学生社会能力。督导程序包括：公布督导计划；提前2—3个月与校方取得联系，确定检查日期；召开校长、部分教职工及家长会议，广泛收集各方面信息；撰写督导报告；根据被督导学校、机构的申诉意见，修改报告；督导报告定稿、公布。

四、对我国教育发展的启示

1. 灵活而有针对性的教育服务，增强可选择性

比如，安大略省的OCT课程指导平台增强了教师专业发展的开放性和自由选择性，也促进了不同课程提供者之间在课程质量方面的竞争。相比而言，我国在促进中小学教师专业发展的课程建设方面，还没有形成这样一种开放的平台，课程建设和管理以学校为单位，在独立、封闭的形态下进行，课程建设水平参差不齐，缺乏一个统一的质量约束机制。在这种情况下，地方教育行政部门甚至学校对已经取得资质的教师的专业能力也并不认可，近几年以来，甚至开始频繁地组织各种额外的考试。教师本人也缺乏一种自我衡量的标准。他们不知道接受了什么样的训练，才能算是达到了基本的专业要求。

再比如美国州区域教育服务中心最大的特点就是将服务至上的宗旨发挥得淋漓尽致。为提高服务的灵活与针对性，鼓励更多的学区、学校和教师自愿参加各种培训项目，各州区域教育服务形式不拘泥于在中心举办各种培训及讲座，而是根据学区和学校的需要，走进学校，走进课堂。如教育技术支持项目，各中心既有中心讲习班、远程课程，更多的是教育技术专家和顾问深入到地方学区和学校，直接为课堂、教师和学生服务。相比之下，我国地方教育服务存在服务面窄、形式单一等不尽如人意的地方。学习借鉴美国的先进经验，更新服务理念，从学校实际需求出发，力求服务项目和方式既综合又灵活，兼具地方特色，尤其对农村、山区及僻远地区的学校和教师职业发展提供更多的关注。

2. 节约教育成本，发挥教育资源的最大使用效益

美国的教育服务协作机构(BOCES)和各州教育服务中心创立之初，有各自不同的理由，但是其基本动机都是考虑到整合资源节省财力的因素。学区和学校要实施和完成州制定的儿童教育发展目标，需要诸如教育技术的支持、教师水平提高、学校后勤服务等多项援助和培训服务，但个体的学区不可能筹集到大量的资源、金钱，也没有足够的精力建立一个为本学区提供教育服务的机构，因此教育服务协作机构(BOCES)和各州教育服务中心州，它通过为辖区内所有学区

提供大量高质量的、有成本效益的援助项目，使得更多的学区和学校能够共享教育教学资源，而远离管理和支持的成本。学区和学校可以从本区域教育服务机构享用一站式服务，从课程培训、各种证书项目、领导艺术、职业发展、学生服务，甚至包括校车司机培训、学生午餐服务、教材教辅购买等等。既方便快捷，又达到教育服务资源综合利用，从而实现降低教育服务成本，发挥教育资源最大使用效益的目的。再比如各学区的教育委员会成员，都是兼职的，没有报酬的，这为国家节省了一大笔教育开支。

纵观我国地方教育服务体系，在组织结构上仍存在一些弊端，如条块分割、分散设置、规模效益低、资源浪费等。学习和借鉴美国科学、高效的资源使用的运作方式，有利于优化配置我国地方教育服务资源，盘活存量，扩大增量，发挥现有地方教育服务资源的优势，建立支持教育事业发展的高效优质的服务体系。

3. 教育服务与指导“个别化”

教育服务个别化也是当前各国的发展趋势。加拿大安大略省根据学校存在的具体问题，进行有针对性的协助。与安省相比，国内的一些专业支持机构比如教科研机构、高校等，为学校和教师提供服务的方式也大多是个别化的，但这些服务明显缺乏系统性，过于随机，没有整体规划的特点，也基本没有明确的预算保证，服务成本大多要由学校承担。事实上，最需要得到个别化专业服务的，大多是一些薄弱地区和处于底层的学校，以目前我们的专业支持模式，这个问题很难得到有效解决。

再比如，英国的“卓越在城市”机构，在针对学生的个别化教育方面，也发挥了卓有成效的作用。我国的基础教育，虽然有针对智障等特殊儿童的特殊教育，但对于在学习上有困难的学生，教师往往无暇给予一一有效的个别化指导。我国的教育服务机构也很少有针对这一类儿童的一对一的服务机制，为此，“为了每一个学生的发展”的新课改的理念也往往难以落到实处。

4. 教育服务与指导“标准化”

专业机构提供的专业支持是不是具有稳定性，学校和教师能不能预见某种支持的效果、能不能依据这种支持采取可持续的改进，等等，这些都取决于相关的专业支持有没有建立标准化的模式。从某种意义上说，学校和教师对于专业支持的需求，类似于对于某种商品的需求，商品本身的成熟程度、质量的稳定性，决定着这些需求最终的满足程度。英国教育标准办公室的建立、加拿大安大略省 OPC 在校长培训方面的标准化以及课程教学方面的标准化都反映了当前大家对教育服务的标准化追求。

在这方面,国内的专业支持模式最值得反思,改进的空间很大。比如,我们有很多的教育服务机构在从事教师培训和校长培训,但怎样评价培训的效果,我们相关的研究很少。最典型的差距表现在对教育质量的评价和测试方面。国内的区域性教育质量评价和测试大多由地方教研部门以学科统测的形式完成,但是区域化的学科统测在测试的科学化方面无法得到应有保证,考试本身与命题人员个人的理解和偏好关联过大,结果很可能导致怎样考就怎样教,教师日常的教学常常会依考试而变动,缺乏稳定的质量依据。前几年开始,教育部已经逐步重视学生学业质量的科学评价与测试问题,但因为起步较晚,对实践的影响还很小。因此,教育服务机制如何从主观随意逐步走向标准化、规范化也是我们值得研究的问题。

5. 项目推动重大教育问题的研究与解决

加拿大安大略省的项目化推动教育公平和美国通过竞争性的项目资助,激励各种教育研究机构合作解决教育中的重点和难点问题的举措也值得我们借鉴。项目推动有利于我们在短时间内聚焦教育中的重点和难点问题,联合来自各方的力量,共同研究,联合攻关,解决教育问题,将教育改革的举措落到实处。当前我国的国家教育改革和发展中长期规划纲要已经颁布,如何将纲要精神贯彻落实,将教育中的一些重要问题转化为可操作的项目,是一个行之有效的工作思路。

6. 教师教育贯穿职前职后,注重大学和中小学的合作

目前,我国教师职前培养和职后培训基本分离,发展极不平衡,后者的规范性和系统性远不及前者。许多地方的职后培训基本上已等同于“学历补偿教育”,沦为各师资培养机构的敛财工具。职前教育课程体系分科倾向明显,课程结构不合理,课程内容亟待整合,并且理论与实践脱节严重,远不能满足教育改革的发展需要。当前,我国的教师教育一体化还处于初步发展阶段,各方面有待发展和完善。美国的教师发展学校也带给我们很多启示,大学和中小学应该结成同盟,将“学术性”和“专业性”相结合,将能有效促进教师专业发展,对大学的教育研究也能起到良好的促动作用。

【参考文献】

1. 陈恒华:《美国的教育行政管理体制》,载《基础教育参考》2005 年第 10 期,第 14—15 页。

2. 张微:《满足多样化教育需求——美国纽约州教育服务协作机构(BOCES)职能初探》,载《国外职业教育》2010 年第 2 期,第 46—47 页。

3. 田馨:《美国教师专业发展学校对我国教师教育改革的意义》,载《遵义师范学院学报》2010 年第 2 期,第 59 页。

4. 蒋文莉:《美国州区域教育服务中心探析》,载《当代教育科学》2009 年第 2 期,第 45—47 页。

5. 李晓军:《美国教育政策研究机构的分类、功能及发展趋势》,载《教育发展研究》2007 年第 6A 期,第 70 页。

6. 贾传泳:《英国教育辅助机构关怀特殊学生》,载《上海教育》2007 年第 3b 期,第 44 页。

7. 田凌晖、李海生:《英国公共教育的制度变迁与组织重构》,载《复旦教育论坛》2005 年第 3 卷第 4 期,第 74 页。

8. M. Auslander, M. Bridge. Stable module theory [M]. Providence: American Mathematical Society, 1969.

9. E. E. Enochs, O. M. G. Jenda. Gorenstein injective and projective modules [J], Math. Z. 1995,220(4):611 - 633.

10. H. Holm. Gorenstein homological dimensions [J]. Journal of Pure and Applied. 2004,(189):167 - 193.

11. Than Jacobson. Basic Algebra II [M]. San Francisco: W. H. Freeman and Copany, 1980.

12. J. J. Rotman. An Introduction To Homological Algebra [M]. New York, San Francisco, London: Academic Press, 1979.

西方发达国家中小学教师专业标准及准入机制比较研究

《江苏教育研究》杂志社课题组[①]

为了完善和建立我国特别是适合江苏情况的中小学教师专业标准及准入机制，建立一支高素质的教师队伍，全面推进江苏教育事业的优质均衡发展，我们开展了“西方发达国家中小学教师专业标准及准入机制比较研究”。力图通过这一研究，关注教师专业标准的国际性与本土性，体现教师专业标准的阶段性和终身性，兼顾教师专业标准的基础性与引领性，完善基于标准的相关教师专业发展制度，通过对现代教师专业化发展内涵理解及国际教师专业化标准的相关比较和分析，为我国特别是江苏地区的中小学教师专业标准建立及准入机制的完善提供借鉴，为教育行政管理部门的相关决策提供参考。

一、研究背景

（一）绩效工资实行后的新一轮教师热迫切要求教师专业标准的建立和准入机制的完善

2009 年 1 月，国务院常务会议审议并通过了《关于义务教育学校实施绩效工资的指导意见》，各地开始对义务教育阶段教师实行绩效工资制度。迄今为止，江苏的所有地区已经对中小学义务教育阶段的教师全面实行了绩效工资。绩效工资实行后，教师的待遇已基本和公务员相当，加上带薪的寒暑假和相对稳定的工作环境，教师这一职业又成为了人们眼中的“香饽饽”。这使得许多地方的教师岗位成为了大学毕业生的热门选择。当下，如何在蜂拥而至的各类人才中挑选出具备教师素养、适合中小学教育需求的人选，成为摆在各级教育行政部

① 课题组成员：金连平、方健华、杨孝如、颜莹。

门面前的共同问题。

（二）《国家中长期教育改革和发展规划纲要》对教师专业标准及准入机制建设提出了新要求

《国家中长期教育改革和发展规划纲要（2010—2020 年）》明确提出：有好的教师，才有好的教育。建设高素质教师队伍是教育改革和发展的基础。而要提高教师地位，维护教师权益，改善教师待遇，使教师成为受人尊重的职业，就必须要“严格教师资质，提升教师素质，努力造就一支师德高尚、业务精湛、结构合理、充满活力的高素质专业化教师队伍”。那么，如何严格教师资质，如何造就师德高尚的教师队伍？什么样的教师才能称为业务精湛、素质优良？要求的背后是一系列关于教师队伍建设配套机制的建立和实施的呼唤。只有重视教师专业标准的制定，通过建立相关标准，才能指导教师专业化进程向着预期目标发展。因此，尽早拿出科学规范、便于推行的相关制度成为新时期师资队伍建设的当务之急。

（三）当前各地新教师招聘考试与教师准入机制的现状令人堪忧

为了着力打造一支高水平的教师队伍，《规划纲要》明确指出：“健全教师管理制度。完善并严格实施教师准入制度，严把教师入口关。国家制定教师资格标准，提高教师任职学历标准和品行要求。省级教育行政部门统一组织中小学教师资格考试和资格认定，县级教育行政部门按规定履行中小学教师的招聘录用、职务（职称）评聘、培养培训和考核等管理职能。”

而现实状况是，由于师资招聘工作面广量大，各地均采取的是教育厅人事部门提出总体要求，具体实施由各地教育行政部门进行。目前在没有教师准入机制的情况下，除了教师资格证是必备条件以外，教育行政部门在招聘中“无据可依”，大多只能凭面试印象或是自制命题的考试成绩来甄别人才。同时，出现中小学招聘教师越来越注重“高学历”的情况，博士生到普通中学当老师，小学招老师也要硕士生，已经不再是少数现象。

事实上，“高学历的人才不一定是好教师，上讲台也不一定能教好学生”。培养一名教师，不仅需要知识的储备，更需要心理、师德、教学教法等多方面的系统培养。普通中小学对教师高学历的追求在一定程度上抵消了师范类院校的师范教育特色和优势，大量持有教师资格证的师范生在竞争中明显拼不过名校的硕、博士。而名校的硕、博士除了在专业学科知识上占据优势外，又缺少师范专业学校培养的教师专业技能，因此常常出现“名校毕业生非名师”的错位现象。因此，建立科学规范的教师的准入机制，把教师养成环节做好，可以最大限度地避免给教育带来负面影响，为教师队伍的可持续发展奠定坚实基础。

（四）顺应世界潮流，借鉴他国经验，需要尽快制订符合我国国情的教师专业标准和准入机制

1993年，我国颁布的《中华人民共和国教师法》明确规定“国家实行教师资格制度”，指出“只有具备教师资格的人员，方可在各级各类学校和其他教育机构中从事教育教学工作”。在这一规定的指导下，1996年我国开始启动教师资格制度，为教师专业发展奠定了基础。进入21世纪后，我国教育部门更加重视教师队伍专业建设工作，教育部在《2003—2007教育振兴行动计划》期间提出“全面推进教师教育创新，加强教师队伍建设”的相关指导意见。在教育部的重视下，广大科研工作者积极开展科研工作，发表了大量教师队伍建设的科研成果。同时，为弥补教师资格认证、教学水平和培训效果评估缺少科学依据的不足，2004年，教育部下达了《教师教育标准研究课题任务书》的通知，先后启动了《教师教育课程标准》《教师教育机构认证标准》《教师教育质量标准》等标准研制工作。[①] 为进一步使我国教师专业发展有据可依，2006年3月，教育部正式启动《教师专业标准》的研制工作。截止到目前为止，我国教师专业标准仅限于教师资格证书制度，一套完善的教师专业标准依旧处在研究阶段，因此，深入把握国内外教师专业发展标准的实施现状和内容、结构特征，并从中寻求有益的启示，有助于建构我国教师专业发展标准和准入机制。

综上所述，时代和教育的发展正呼唤我国教师专业由学历走向标准，这种发展趋势的出现并非偶然，而是有其必然性和合理性。在这种背景下，我们应从多个维度研究和制订相关标准，为教师专业发展提供标准化的尺度和专业服务。

二、相关概念的界定

（一）教师专业标准

教师专业标准根据划分维度的不同，大致可以分为四种类型：根据教师从教时间的长短，可以将教师专业标准分为师范生专业标准、新入职教师专业标准、

---

① 杨振秀：《教师教育改革中需要关注的几个问题》，载《中国教育报》2008年10月16日。

专家型教师专业标准等。根据所涉及的范围大小，我们可以将教师专业标准分为国际教师专业标准、国家教师专业标准、地方性教师专业标准和学校教师专业标准。根据所涉及的学科门类和学校类别，我们可以将教师专业标准分为文科教师专业标准和理科教师专业标准，或语言教师专业标准、外语教师专业标准、普通公立学校教师专业标准等各级各类标准。①

“标准”是“衡量事物的准则”，具有“规范、样板、尺度”等含义，因而教师专业标准可视为规范和指导教师专业化发展的尺度。本课题研究的教师专业标准主要是指进入教师教育专业的人才选拔标准，依据这一标准判定从业者是否具备教学资格。

（二）教师准入机制

所谓“机制”，原指机器的构造和工作原理。生物学和医学通过类比借用此词，指生物机体结构组成部分的相互关系，以及其间发生的各种变化过程的物理、化学性质和相互关系。现一般泛指自然现象和社会现象中组织系统内部的构造、功能和相互关系以及内部各部分之间相互作用的过程和方式。而所谓“教师准入机制”是指准许从业者进入教师这一职业，赋予其教师从业合法资格的教师专业资格考核、评价、认定、聘用等相关制度、运作过程及方式。

本课题研究主要依据美、英、德、澳等发达国家已经颁布和实施的教师专业标准和准入机制，在了解和梳理的基础上，对这些国家的教师专业发展标准和准入机制进行比较和分析，借此，提出符合我国国情的教师专业标准建设和教师准入机制完善的政策建议。

三、西方发达国家中小学教师专业标准与准入机制的比较分析

（一）教师专业化背景下的教师准入机制与教师专业标准

20 世纪 60 年代中期以后，随着世界各国对教师素质问题的日渐重视，教师专业化开始进入人们的视野。教师专业化意味着教师职业要有自己的“门槛”，这个“门槛”就是教师专业标准，而教师准入机制，则是对如何跨过这一“门槛”的程序性规定。

理论上讲，教师专业标准和教师准入机制在教师资格制度中都应有系统、明

① 熊剑辉：《教师专业标准研究——基于国际案例的视角》，华东师范大学，2008 年。

确的表述，而事实上，在一些国家的教师资格制度中，关于如何取得教师资格的程序性规定（即教师准入机制）通常都有规定，但是，关于教师专业标准却不够明确、具体。譬如日本，早在明治维新时期，随着1872年《学制》的实施就建立了教师资格证书制度。1949年，日本颁布了《教职员工资格证书法》，此后，该法又经过了20多次修订，并出台了相关实施细则，促进了日本教师资格制度的完善。①但是，综观日本教师资格制度的发展历史，我们发现，日本的教师资格认定标准比较简单，主要是在教师教育阶段所获的学历学位和所修的教育专业科目学分。这一认定标准潜在的逻辑是：教师教育的出口即是教师职业的入口。只要达到了教师教育的培养标准，就是合格的教师。这一逻辑事实上是将教师专业标准与教师教育培养标准等同起来了。

我国的情况与日本比较相似。1995年，我国颁布了《教师资格条例》，2000年，又制订实施了《〈教师资格条例〉实施办法》，初步形成了教师资格制度。《〈教师资格条例〉实施办法》只是在第六条到第九条对申请认定教师资格者的思想道德、学历和教育教学能力进行了简单的规定，其实施细则则由各省（市、自治区）制订。2006年3月，教育部正式启动《教师专业标准》的研制工作，但是截止到目前，这一标准还在研制之中。

总而言之，世界各国大多建立了教师准入机制，但在一些国家，教师专业标准的制定却相对滞后，这必然会在一定程度上影响到教师准入机制的严谨性和权威性，甚至可能导致教师准入机制的“空心化”。制定系统、科学的教师专业标准体系，将教师专业标准与教师教育标准区分开来，是教师专业化发展的必然趋势。西方发达国家在中小学教师专业标准制订上先行了一步，积累了比较成功的经验，比较、分析这些“先行者”的教师专业标准，对于完善我国教师专业标准具有积极的借鉴意义。

（二）各国教师专业标准样本概况

本研究共选取了四个国家的教师专业标准作为样本进行研究。在样本选择时，主要遵循以下六个原则：一是代表性原则。所选国家在教师教育和教师管理上均有比较悠久的历史，建立了相对成熟的机制，具有一定的影响力和代表性。二是差异性原则。选取样本时注意样本在所处区域、教育文化、教师教育传统等方面的差异性，以求在异质性样本的比较中拓宽研究视野，深化研究内容，形成

① 李国丽：《日本教师资格证书制度发展研究》，华中师范大学，2007年6月22日。

研究的张力。三是时近性原则。因为篇幅限制，不可能对每个国家的教师专业标准进行历时性研究，而是各取其最近制定的教师专业标准进行横向的共时性比较研究。四是权威性原则。有些国家的多个机构或区域制定了多个教师专业标准，本研究选取的是其中影响最大、最具权威性的原则。五是基准性原则。有些国家根据教师的专业发展阶段制定了各个层次教师的专业标准。为了让样本之间具有可比较性，本研究选取的是其基准标准，而不考虑更高标准。

依据以上基本原则，我们所选样本为：

1. 美国1997年初任教师上岗10个"标准原则"

美国三个著名的教师教育质量认证机构"美国全国教师教育认证委员会"(NCATE)、"美国州际新教师评估与支持联合会"(INTASC)和"美国国家教师专业教学标准委员会"(NBPTS)分别为职前、入职和职后阶段的教师教育质量认证机构。本研究所选的美国教师专业标准样本是INTASC于1997年确定的初任教师获得上岗执照的10个"标准原则"。为表述方便，在下文中，这一样本简称为"美国教师专业标准"。

美国教师专业标准比较简明扼要，高度概括地列出了初任教师入职的10项核心标准。这10项核心标准从以下10个方面对新教师提出了要求：(1)对任教学科的认识和指导学生学习的能力；(2)对学生个体特点的理解和教学资源的利用；(3)对学生学习方法的理解和适应；(4)多元教学策略的运用；(5)学习环境的创设；(6)学生自主合作与团队探究能力的培养；(7)知识和教学资源的整合；(8)发挥评价的导向性功能；(9)在反思性实践中发展；(10)整合资源为教育教学服务。

2. 英国2007年教师专业标准框架

2007年1月，英国颁布新的教师专业标准框架。英国教师专业标准框架将教师分为5个等级，即合格教师(Qualified teacher)、骨干教师(Core teacher)、资深教师(Post - threshold teacher)、优秀教师(Excellent teacher)、高级技能教师(Advanced teacher)。本研究所取的是合格教师专业标准，为表述方便，在下文中简称为"英国教师专业标准"。

英国教师专业标准分为专业品质、专业认知和专业技能3个一级指标，一级指标之下共有16个二级指标和33个三级标准。专业品质的二级指标包括：(1)与儿童、青少年的关系；(2)(法律)框架；(3)与他人沟通与合作；(4)个体专业发展。专业认知的二级指标包括：(1)教与学；(2)评价与监控；(3)学科与课程；(4)读写、计算能力及信息交流技术；(5)成就与多样性；(6)健康与福利。专业技能的二级指标包括:(1)计划;(2)教学;(3)评价、监控与反馈;(4)反思教与学;(5)学习环境;(6)团队工作与协作。

3. 德国2004年联邦教师教育标准

在2003年文化部长联席会议(KMK)上,德国16个州的教育部长签署了一份共同宣言,宣布将在2004年9月制定出统一教育标准的指导方针。2004年底德国出台了首部全联邦性的教师教育标准。[①] 为表述方便,在下文中,这一样本简称为"德国教师专业标准"。

德国教师专业标准是以"职能"为关键词,分别列出了教学、教养、评价与创新四大职能领域的11项职能,每一项职能又分别从理论教育环节的标准和实践教育环节的标准两个方面提出了细化的具体要求。

4. 澳大利亚2010年《全国教师专业标准》

2009年,澳大利亚开始了新的教师标准的制定工作,并于2010年公布了新的《全国教师专业标准》。[②] 澳大利亚《全国教师专业标准》将教师的专业发展分为毕业教师、熟练教师、娴熟教师和主导教师四个阶段,本研究所取的样本为毕业教师,为表述方便,在下文中简称为"澳大利亚教师专业标准"。

澳大利亚教师专业标准围绕专业知识、专业实践和专业发展3项专业要素,形成了7项标准,每个标准之下又有具体的细化要求。其中,专业知识要素包括2项标准:(1)了解学生及学生如何学习;(2)了解所教内容并知道如何教。专业实践要素包括3项标准:(1)计划并实施有效的教学与学习;(2)创造并维持一个安全而富有支持性的学习环境;(3)对学生学习情况进行评估、反馈和汇报。专业发展要素包括2项标准:(1)积极进行专业学习与反思;(2)为学校和专业团体做出贡献。

(三) 各国教师专业标准的共同特点

通过比较4个样本,我们发现,各国教师专业标准有三大共同之处:一是基本素质领域相近。中小学教师专业标准是对教师胜任教育教学工作所需基本素质的规定,尽管各国标准的框架结构有较大差异,但是,它们覆盖的素质领域却是相近的。大致看来,各国教师专业标准对教师的素质要求主要集中在专业认知领域、专业技能领域和专业发展领域。二是在价值取向上与现代教育理念相

---

① 顾珏:《德国教师教育标准简介》,载《全球教育展望》2007年增刊。

② 唐科莉:《澳大利亚:颁布全国统一教师专业标准》,载《中国教育报》2010年9月30日第3版。

吻合。我们注意到，各国的教师专业标准都不约而同地关注到了儿童立场、教师专业发展、教育资源整合、以学定教、诊断性评价等问题，与现代教育理念所倡导的价值取向保持着一致。三是专业情意领域标准少而零散。各国教师专业标准对专业知识、专业技能的要求比较具体明确、详细，但对专业伦理、专业情感等专业情意领域的关注比较少，表现出比较明显的实用主义倾向。

具体来说，各国教师专业标准的共同特点主要表现为：

1. 要求教师有明晰的专业认知

准确、深入而全面的专业认知有助于教师形成积极而稳定的专业信念与专业情感，是做好教育教学工作的前提；为教师的专业发展提供持久的动力支持，是做好教育教学工作的保证。各国教师专业标准都对教师的专业认知提出了明确要求，这一要求一般包括对教育教学的认知、对任教学科的认知和对学生的认知。

美国教师专业标准要求初任教师在学科认知上要"明了任教科目的核心概念，明确本学科的组织架构以及学习本学科的基本方法"；在学生认知上要"理解学生获取知识认知能力与社会交往能力的不同个体特点"，"理解学生学习方法的不同"等。

"专业认知"是英国教师专业标准的三大组成部分之一，在教育教学认知上，要求"明确教师的工作职责和法定的工作框架"，"知晓工作场所的政策和实践"等；在学科认知上，要求"了解并理解国家的、非国家的课程和学科框架"，"具备所任教学科及课程领域扎实的知识基础和相关教学方法，能够在所任教学生的年龄和能力范围之内进行有效教学"等；在学生认知上，要求"了解儿童和青少年如何发展，知道学习者的进步和健康发展受发达程度、社会、宗教、伦理、文化和语言等一系列因素的影响"等。

德国教师专业标准对教师的专业认知要求主要体现在"理论教育环节"，主要包括：在教育教学认知上，要求教师"了解教育系统的结构与基础以及学校的组织"，"了解职业的法律条件"等；在学科认知上，要求教师"了解普通与学科教学理论"，"了解不同的教学形式与作业形式"等；在学生认知上，要求教师"了解发展的教育学、社会学与心理学理论和儿童与青少年的社会化过程"，"了解学生在学习过程中可能存在的问题"等。

澳大利亚教师专业标准对教师的专业认知要求主要体现在"专业知识要素"部分，具体有：在教育教学认知上，要求教师"理解并遵守各项政策法规与有关教师、学生权利和责任的相关规定"，"理解如何与同事、学校支持人员、其他专业人士及社区人员合作"等;在学科认知上,要求教师"熟悉并掌握所教课程的内容、该门学科专门的读写和语言技能以及难点","熟悉并掌握如何选择适合学生不同发展阶段和读写与算术熟练水平的教学内容"等;在学生认知上,要求教师"熟悉并理解学生(包括原住民学生)社会及文化背景的多样性","熟悉并掌握当前学生发展及学习的相关研究"等。

2. 要求教师有全面的专业技能

各国教师专业标准对教师开展教育活动的技能、组织和调控教学的技能、运用教育方法和教育技术的技能、实施教学监控和评价的技能等都进行了详细的规定。

美国教师专业标准的10条核心原则中,有9条都与教师的专业技能有关,如"通过不断学习生成指导学生进行有效学习的基本能力","根据既有的教学资源创设一般常识习得与沟通能力培养的宽广空间","使用各种教学手段适应不同的学习者的需要","运用多元的教学策略,培养学生的批判性思维、问题解决及操作技能等能力的形成"等。

英国教师专业标准专设"专业技能"一级指标,要求教师必须有以下几方面的技能:(1)计划。(2)教学。(3)评价、监控与反馈。(4)反思教与学。(5)学习环境。(6)团队工作与协作。

德国教师专业标准对教师的专业能力要求主要体现在各职能领域的"实践教育环节",主要包括以下4个方面:(1)教学技能。(2)教养技能。(3)评价技能。(4)创新技能。

澳大利亚教师专业标准对教师的专业技能要求主要体现在"专业实践要素"之中,主要技能要求为:(1)计划并实施有效教学与学习。(2)创造并维持一个安全而富有支持性的学习环境。(3)对学生学习情况进行评估、反馈和汇报。

3. 要求教师有专业发展的意识和能力

在社会迅速发展的当下,教师的素质结构如果不随着时代的发展不断更新,就很难胜任教育教学工作。基于教师专业的这一特性,各国的教师专业标准都要求教师具有专业发展的意识和能力,如职业规划的意识和能力、教学反思的意识和能力、自我发展的意识和能力等。

美国教师专业标准认为"初任教师是一个能不断对自己、对他人(学生、家长及学区中的其他专业人员)所做的选择和所采取的行动的结果进行评估的反思性实践者,是一个能积极寻求专业发展机会的能动者",要求教师在反思性实践中对自己的行动和结果进行理性评估,积极寻求并充分利用各种外部资源和专业发展机会，不断提升自己的专业水准。

英国教师专业标准在二级指标中专设了“个体专业发展”，对教师反思的意识、反思的途径等都提出了要求。同时，英国教师专业标准还要求教师“明确其处于入职阶段的早期专业发展的重点”，考虑到这一标准是初入职的合格教师标准，这一要求具有很强的针对性和适切性。

德国教师专业标准创新职能领域的核心理念是“教师应不断地开发自身的能力”，要求教师“应理解自身职业的终身学习任务”，“反思自身的职业经验、职业能力和职业发展，并能从中得出经验教训”；要求教师“为自身的职业发展利用教育研究成果”，“利用各种提供的正式与非正式、个体与合作的继续教育的服务”，善于学习利用外部条件促进自己的专业成长。

专业发展是澳大利亚教师专业标准的三大专业要素之一，要求教师“积极投入专业学习与反思”，“使用专业教学标准来定期评估自身的专业知识、实践和发展水平，为自身专业学习提供指导”，“寻求提高自身专业知识和实践的建议，并接受建设性意见改进教学与学习”，“不断参与专业学习，如基于证据的教育研究和重要教育文件的应用；与同事一起探索当代教育难点并从事相关研究”。

4. 要求教师关注教育的儿童立场

各国教师专业标准都要求教师关注教育的儿童立场，尊重儿童在教育中的主体地位，激发儿童自主学习的意识和能力，让学习真正成为儿童的需要。比较发现，各国教师专业标准不仅明确规定了教师要认识了解作为“类”的儿童和作为“群”的儿童，而且，还要求对作为“个”的儿童进行具有个性化的教育观照，甚至细化到了对特殊儿童的教育要求。

美国教师专业标准要求初任教师关注学生在认知、交往、学习等方面的个体特征，“理解学生获取知识认知能力与社会交往能力的不同个体特点，并能根据既有的教学资源创设一般常识习得与沟通能力培养的宽广空间”，“理解学生学习方法的不同，使用各种教学手段适应不同的学习者的需要”。

英国教师专业标准要求教师“对儿童、青少年抱有高度期望，确保他们充分发挥个人潜能，并与他们建立起相互平等、相互尊重、相互信任、相互支持、具有建设性的关系”，要求教师“懂得如何为学习者提供有效的个性化教学”，还特别提出为“那些英语为非母语的学习者、有特殊教育需求的学习者或者残疾的学习者”提供教育服务，“知晓如何发现和支持那些在发展、成长或健康方面受到个人环境改变或其中的困难影响的青少年，并懂得适时告知同事，以寻求专家的支持”。

德国教师专业标准要求教师"了解在实施教育与教养过程中的跨文化程度","了解教育与教养过程中性别差异产生影响的意义","为个别学习提供支持","在每个学习小组中,关注文化与社会的多元化"。

澳大利亚教师专业标准的第一条标准就是"了解学生及学生如何学习",要求教师了解学生的成长背景,了解学生的现状(特别是学习特征和水平),了解特殊学生的学习需要。

5. 专业情意领域标准少而零散

一般认为,教师的专业素质由专业知识、专业技能和专业情意三部分构成。其中,专业情意包括专业理想、专业情操、专业性向、专业自我[①]等非智力因素,如对教育事业的信念和热爱、对职业操守的自觉遵守,对学生的爱与责任等。综观各国教师专业标准,我们发现,专业情意领域的标准很少,且零散地分布在知识、技能的标准之中。梳理各国教师专业标准,大致上只有如下少数几条:英国教师专业标准中的"对儿童、青少年抱有高度期望","教师应首先身体力行希望儿童、青少年所拥有的积极的价值观、态度和行为";德国教师专业标准中的"教师应意识到教师职业的特殊要求,并理解作为一种公众职业所特有的责任与义务";澳大利亚教师专业标准中的"理解并遵守由监管机构、教育系统及学校建立的各种道德和行为规范"。

各国教师专业标准对于专业情意领域不约而同的回避,或许有如下原因:第一种可能是因为专业情意不易测评,难以形成可控的"标准",所以,各国教师专业标准很少对教师的专业情意进行规定。第二种可能是西方理性主义、主智主义、实用主义的教育传统对教师专业标准的制定产生着潜移默化的影响,从而导致重知识、技能而轻情意的结果。第三种可能是西方现代教育体制要求教育独立于特定的政治思想、伦理道德、宗教教义等之外,因此,不宜对教师的伦理、思想、情感等进行规制。当然,更大的可能是多种原因相互交织,共同形成了淡化教师专业情意标准的局面。

四、西方发达国家中小学教师专业标准和准入机制对我国的启示

国外教师专业标准和教师准入机制研究为我国教师专业标准的构建和教师

① 教育部师范司:《教师专业化的理论与实践》,人民教育出版社,2001年版,第45—46页。

准入机制的完善提供了国际视野。概括起来,国外教师专业标准和教师准入机制给我们提供的启示有如下几点。

(一) 教师专业标准和准入机制都充分体现了终身学习的理念

教师专业发展本身是一个持续终身的过程。各国都在教师专业标准中强调终身学习的重要性,强调教师终身学习能力。国际 21 世纪教育委员会向联合国教科文组织提交的《学习——内在的财富》报告中指出:教育越来越成为学习,教育就是学习,因此,教师不仅必须获得终身学习者的社会角色,更应当以学习者的角色身份进入教学过程。教师只有具备了丰富的专业素养,教师在教学过程中才能展示自己渊博的知识、横溢的才华和人格魅力;学生沐浴在智慧的课堂中,获得知识的洗礼、心灵的滋养、精神的提升,从而感受到身心的愉悦。要扮演好这些角色,教师不仅要育人,还要"育己",只有当教师不断完善自己时,才能更好地促进学生不断完善。正是基于以上认识,各国的教师专业标准和准入机制都非常注重对教师终身学习能力的培养与终身专业发展的引领。

(二) 教师专业标准和准入机制都非常重视教师的专业品质,体现了对"素质本位"的价值追求

教师的专业品质是各国教师专业标准和准入机制中一个重要的维度。教师专业品质是教师在从事工作时应具备的特定的思想信念与道德品质,以及职业特性、职业作风和职业态度。它反映了教师应具有的理想追求、道德规范和伦理要求等基本的价值取向,是做好教师工作的重要保障。它不仅影响教师的教学、教育行为,而且对教师自己的学习和成长也有重大的影响。比如,英国的教师专业标准特别强调:教师的专业品质主要包括四个部分:教师与学生的关系;教师的专业职责;与他人交流与合作;个人的专业发展等。它反映了对教师职业特性的深刻认识,将指导教师的教育教学行为及专业发展。其他国家的教师专业标准也充分体现了各国对教师专业素质的理解,突破历史上狭隘的"知识本位"、"能力本位"的工具理性价值追求,体现了新时代对教师"素质本位"的价值追求。而且,以教师专业标准和准入机制建设为核心,建立起发展性教师准入和评价体制,引领、激发了教师的专业发展,以至形成了"标准本位"的教师培养、培训和聘用的良好格局。

（三）教师专业标准和准入机制都十分强调教师的文化知识基础和实践能力

各国的教师专业标准都注重教师的文化底蕴和多学科知识。对教师应该具备的知识阐述得也相当细致，教师除了应该具备普通文化知识、专业学科知识、教学法知识外，还应具备课程知识并了解学生成绩、学生多样化、评估、监督等知识。教师只有熟练掌握了多方面的知识体系，才能为教师教育工作的成功提供知识保证。教师专业标准和准入机制非常强调教师的实践能力。专业最终是关于实践的。虽然一个专业的大部分知识基础是由院校的学者们发展起来的，但是直到这些知识被应用于专业“领域”中才会成为“专业”知识。教师的专业实践能力是教师专业标准的重要组成部分之一。这种实践能力不仅使教师专业具有不可替代性，而且也是教师专业发展的基础和方向。

（四）教师专业标准和准入机制都非常突出教师专业发展的阶段性特征

教师的专业发展不可能在短期内突然实现，也不会是在零起点上开始，而是在强化先前已经达到的水平的基础上逐渐提高的过程。教师专业标准应该体现教师专业发展的阶段性、累积性特征，为处于不同发展水平的教师指明方向。譬如，从英国对教师专业发展各个阶段的要求来看，内容具有很强的层次性，阶段性特征突出，反映了教师的知识、专长和经验的发展性，以及他们所扮演的角色逐渐变化。例如，一个达到入职标准的教师，就知道应该从哪些方面扩展和加深其专业知识和能力，从而成为一名资深教师。每个阶段的标准都既反映该阶段相对于前一阶段的进步，又反映该阶段的挑战性目标。

总之，当前西方发达国家的教师专业标准和教师准入制度，反映了西方发达国家对教师质量的高度重视和期望。

五、建立我国教师专业标准和完善教师准入机制的政策建议

借鉴西方发达国家新教师专业标准和教师制度，我们认为，我国教师专业标准建设和准入机制的完善应该注意以下几个方面。

（一）各级政府、教育行政部门领导要充分认识到建立教师专业标准、完善教师职业准入机制的重要性

教师专业标准和教师准入制度所确定的教师入职条件与相关法规，直接影响着教师培养的质量标准和教师队伍的构建模式，直接关系到一个国家能否建设一支满足国家和人民需要的高素质的教师队伍。但是，应该看到，我国教师职业准入制度的发展不够成熟，在制度本身与实施过程中都存在很多问题。而要尽快完善我国教师职业准入制度，优选人才进入教师队伍，保证教师队伍建设稳定、持续地发展，首当其冲是各级政府和教育主管部门领导对“建立教师专业标准、完善教师准入机制的重要性”的认识问题。我们必须认识到：1. 建立教师专业标准和完善职业准入制度，是国家依法治教，使教师的任用走上科学化、规范化和法制化轨道的需要；2. 建立教师专业标准和完善职业准入制度，用立法的形式规定教师的任职资格，是教师职业专业性和不可替代性的必然要求；3. 建立教师专业标准和完善职业准入制度，是实行开放式教师培养体系的重要环节。

（二）要尽快建立明确、科学、规范的教师专业标准体系

参照国外的一些经验，结合国情，可以首先由全国教师资格认证机构的教育专家委员会起草一份教师资格认证标准，在征集社会各界意见后最终确定下来，建立一套全国性的、起指导框架作用的统一的标准，以此标准作为任何教师资格申请者都应达到的基本要求。各地区教师资格认证机构在指定标准时应结合教育部各教育专家制定的教师资格认证标准和地区教育实际情况制定出适合该地区的教师资格认证标准，并报教育部全国教师资格认证机构审议通过后方可实行。在制定教师专业标准时应该考虑到以下几个方面：1. 要适当提高教师资格认证的学历标准；2. 要注重对教师的思想道德、人格修养和心理健康的考察；3. 要重视对教育实践能力的考察，加大教育实习的认证力度。

（三）要进一步完善我国现代中小学教师资格制度

教师资格制度在我国实施才仅仅十几年的时间，相比其他一些国家，时间较短，尚处于初级阶段，存在着许多不完善的地方。因此，我们有必要立足于中国国情，在学习借鉴国外先进经验的基础上尽快健全和完善我国教师资格制度。

1. 要建立健全独立的、专门的教师资格认证机构

建议设立独立的、专门的教师资格认证机构——教师资格认证委员会。实

行教师资格的培养机构和认证机构相分离的做法，有利于加强教师资格制度的有效性，避免教师培养机构放松教师资格认证的标准。

2. 要增强教师资格证书的权威性

建议设立两级教师资格证书，明确各自的有效使用范围。可设立国家级全国教师资格证书和省级教师资格证书两种教师资格证书。所有教师至少要获得省级教师资格证书，申请获得省级教师资格证书的条件比现有《教师资格条例》规定的条件也应相应略有提高。获得省级资格证书者可以在本省内流通。如果想跨省任教的，可以在自愿的基础上申请获得要求更高的全国通用的国家教师资格证书。对国家教师资格证书申请者的条件可以这样规定：通过省级教师资格的审定，具有有效的省级教师资格证书；获得省级教师资格证书是申请获得国家级教师资格证书的必备条件；获得省级教师资格证书后，有若干年以上的教学经历者，方可申请报考国家级教师资格。

3. 要扩充教师资格证书种类，加强教师资格证书的融通

建议借鉴国外通行做法，细化教师类别，扩充教师资格证书种类，加强教师资格证书的融通。要细化教师资格证书的类别。建议在保持现行教师资格证书划分办法的基础上，增加特殊教育教师资格、特别教师资格、外籍教师资格、临时教师资格四种教师资格证书。除了后三种教师资格证书不分等级外，其他教师资格证书有等级划分。在教师资格证书是否分学科的问题上，可以借鉴日本的做法，小学教师资格证书不分学科，初中和高中教师资格证书则按所教授学科进行划分，并可获得两种相关学科的任教资格。要努力形成在宏观层面上，既有国家教师资格证书，又有省级教师资格证书；在中观层面上，既有普通科目的教师资格证书，也有特殊教师资格证书；在微观层面上，同一领域、同一类型的教师资格证书也有不同的等级差别的灵活的、多样化的教师资格证书体系。

必须认真解决好学科界限和学科融通之间的矛盾，必须在现行教师资格法律法规中加入相关条款，规范不同学科之间教师资格证书融通的问题。不能过分夸大学科界限，也不能过分漠视它们之间的区别，逐步向综合化、弹性化方向发展。可以作出原则性规定取得某一级别及学科的教师资格，仅限于从事本级别本学科任教。同时规定，在特殊情况下——如师资缺乏的情况，不同级别学科的教师资格才可以融通。

4. 要明确教师资格证书的有效期，实行教师资格定期更新年检制度

建议实行教师资格定期年检制度。我国教师资格证书可划分为短期教师资格证书和长期教师资格证书，并在两种教师资格证书上注明起讫时间，规定有效

期,教师资格证书达到规定年限后自动失效。同时,要规定教师资格证书失效与更新的问题。在教师资格证书到期之后,需要通过再次认证教师资格,重新使教师资格证书恢复效力。可将教师资格证书更新与教师继续教育相结合,实行年检制度。可仿效我国的会计资格证书年检制度,对教师资格证书实行年检。教师资格证书年检工作原则上每五年举行一次,检查不合格的,撤销教师资格,不参加年检的,超过规定的期限后教师资格自动失效。各级教育行政管理部门应当定期对单位教师持证上岗的情况和持证人员依法履行职责的情况进行监督检查。年检的内容主要包括持证人的信息档案、考核结果以及继续教育情况等。对教师资格证书做出有效分期和定期更新的规定,对于提高教师素质,促进教师教育的规范化有积极意义。

(四) 要进一步优化和改善教师考核、评估制度

我国目前的教师资格考试和新教师入职招聘考试由各地自行组织命题、考试和评估,评估标准、评估机制各各不一,有待进一步调整和优化。

1. 要建立全国统一的教师专业考试标准

建议由教育部考试中心牵头,其他相关部门配合,根据我国的教师专业发展的实际水平和国情,尽快建立国家级标准化教师资格考试体系。制定出符合中国国情,具有自身特色的全国教师资格专业考试标准,能有效保证考试的严肃性,防止考试的形式主义和走过场,逐步形成和树立教师资格考试的权威性和良好的社会声誉,促进教师资格制度的健康发展。

在建立全国统一的标准化考试体系时,应注意以下两点:一是拓宽笔试内容与要求。笔试内容除了对教育学科和心理学科基本知识及其应用进行考核外还可增加对通识知识、学科专业知识、学科教学法、国家教育法律法规基础知识、教育管理、现代教育技术等更多内容的考核,甚至包括一些需要阐述独到见解的试题。最终试题内容的确定应当由国家教育行政部门会同国内教师教育专家、学科专家、教育管理者和优秀教师等组成的试题研发队伍共同开发完成。二是注重教育教学能力的考察与要求。应该集中时间和精力扎实做好教师资格申请者教育教学能力考察。考察的内容包括教育能力和教学能力两个方面。主要是对学生进行思想品德教育和心理健康教育的能力以及班主任管理能力,包括全面认识和正确评价学生的能力、组织集体活动的能力、对学生进行心理卫生与健康辅导的能力等。

2. 要建立“省考县聘”的教师入职考核机制，严把教师入门关

要严把教师入门关，关键就在于要有一套规范、科学、有序的“省考县聘”教师准入机制。现阶段，我国新教师入职考核机制主要是由各基层用人学校或县、市(区)教育局人事科自行组织，采用面试和试讲，说课的形式，侧重测试教师资格申请者的教育教学能力，通过面试和试讲重点考察教师资格申请者的仪表仪态、行为举止、思维反应、普通话水平及口头表达能力，进行教学设计、组织课堂实施、管理辅导学生、深入浅出地讲解及合理巧妙运用教学资源和运用现代教育技术实现教学目标等方面的能力。因为缺乏标准化的测评工具，没有训练有素的评估专家，导致一些测评结论主观随意性大，合理性、公平性、准确性偏低。鉴于此，建议我省教育行政主管部门未雨绸缪，可以在全国率先进行全省统一组织教师专业考试的改革尝试，组织专家团队，借鉴发达国家先进经验，结合我国、我省实际，进行专门研究，从专业标准、考试大纲到考试组织、考核评定等，包括新教师入职考核评估的形式内容都要进行全面的改革。首先是新教师招考应该统一由省级教育行政部门组织笔试，合格者方可参加由县教育行政部门组织各基层用人单位进行的招聘面试和考核。

总而言之，建立教师专业标准，完善教师准入制度，迫在眉睫。近期，教育部主要领导已表示，将要启动完善教师资格制度的改革试点，按照教育规划纲要的要求，将建立“国标省考县聘”的教师资格准入制度和管理机制，实行教师资格考试和教师资格定期登记制度。由国家制定教师资格考试标准，省一级教育行政部门统一组织教师资格考试和教师资格认证，县一级教育行政部门组织教师公开招聘。我们认为，作为社会经济相对发达的教育大省——江苏应该敢为人先，率先试点，一方面，借鉴西方发达国家的经验，组织专家团队积极开展我国教师专业标准建设的本土化研讨，为国家层面的教师专业标准建设探路；另一方面，积极探索、建构“省考县聘”的标准化考核体系和新教师准入的考评机制。唯此，才能将“国标省考县聘”这一有效教师准入机制构想落到实处，真正建立起一套以教师专业标准为导向，以促进教师专业发展为追求，“素质本位”的高质量、高水平的教师质量保证体系。

【参考文献】

1. 缪苗、许明:《澳大利亚教学专业国家标准框架述评》，载《外国教育研究》2005 年第 10 期。

2. 施克灿:《国际教师专业标准的三种模式及启示》,载《比较教育研究》2004 年第 12 期。
3. 檀传宝:《建立教师专业标准应当考虑的三个问题》,载《教育科学》2004 年第 2 期。
4. 张文军、朱艳:《澳大利亚全国教师专业标准评析》,载《全球教育展望》2007 年第 4 期。
5. 陈小饮:《国际教师专业标准模式对构建我国教师专业发展的启示》,载《和田师范专科学校学报》2006 年第 4 期。
6. 陈德云:《国际视野下的教师专业标准述要》,载《教育科学研究》2010 年第 8 期。
7. 朱欣欣、张丽珍:《国内外教师专业发展标准研究评析》,载《国家教育行政学院学报》2008 年第 12 期。
8. 卢乃桂、叶菊艳:《英、法教师专业化历程的解读及其启示》,载《比较教育研究》2010 年第 2 期。
9. 教育部师范司:《教师专业化的理论与实践》,人民教育出版社,2001 年版。
10. Australia Council of Deans of Education. Preparing a Profession: Report of the National Standards and Guidelines for Initial Teacher Education Project. ACDE [EB/OL]. http://acde. edu. au/assets/pdf/Preparing. profession. pdf.
11. Australia Education Union. Professional Pay and Quality Teaching for Australia's Future: The AEU Proposal [EB/OL]. http://www. aeufederal. org. au/Publications/Profpayprop. pdf.

发达国家义务教育经费投入比较研究

教育发展研究中心

张晓东

教育发展离不开经费的大力支撑，教育经费投入是支撑国家长远发展的基础性、战略性投资。1986 年，《中华人民共和国义务教育法》颁布，以国家立法的形式正式确立我国实施九年义务教育，这使得我国义务教育发展实现了历史性的跨越，正是在这样的背景之下，义务教育经费投入逐年增长，政府投入为主的经费渠道趋于明确，但是，就进一步深化义务教育发展而言，教育经费投入方面还存在着一些问题。发达国家历来重视本国的义务教育发展，对于如何投入经费有较长时期的实践探索与经验积累。通过对发达国家义务教育经费投入具体做法的分析，可以为我们提供许多有益的借鉴与参考。

一、发达国家义务教育经费来源与构成

美国义务教育经费由联邦政府、州政府和地方政府三级承担，其分摊比例基本稳定，由于美国是分权制国家，地方政府拥有相当大的自主权限，所以联邦只占 7%，其余由州和地方基本平均分担。这是历史传统和现实发展相互作用的结果，并没有明文规定。联邦政府教育拨款在整个义务教育经费中所占的比例很小，其主要功能是调节各个州之间的贫富差异，以及指导改革方向。由于不同州之间财力悬殊，不同学区之间贫富分化严重，导致不同地区的教育资源差异过大，造成了义务教育发展不均衡，为确保教育经费的公平和充足，美国建立了比较完善的义务教育财政转移支付制度，实际上是在实现义务教育财政投入重心上移。除此之外，还采取了其他措施保障经费投入的相对平衡，在奥巴马政府的经济刺激计划中，由美国教育部管理的“州政府财政稳定基金(SFSF)”536 亿美元，但是法案要求教育部部长留出 50 亿美元，设立“州政府激励资金”和“改革基

金”。其目的是为了加强资金使用的政策导向功能，强化联邦政府在教育方面作用的发挥，促进义务教育均衡发展，实际上是让中央政府在经费投入上发挥更大的作用。另外，美国联邦、州、地方对义务教育的拨款大多来自政府预算，即政府日常收入所依赖的各项税收，主要包括个人所得税、消费税和财产税，另外，还有教育税、彩票收入、教育基金等多种辅助性经费来源，这样可以形成比较合理稳定的教育经费渠道。

义务教育作为国家提供的免费制度性设计，中央政府必须在其中承担主要责任，尤其是在中央集权制国家，地方财政的能力是比较有限的，中央政府更应该体现其主导作用与价值。日本作为比较传统的中央集权制国家，义务教育建立了中央教育经费的专项转移制度，比较充分地体现了中央政府在义务教育中的责任和义务，尽管义务教育的直接提供者是市级政府，但在各项经费开支中的很大部分却是中央政府以专款专用形式进行的转移支付，在各级政府承担的义务教育所有成本中，中央占 50%。这一制度在义务教育普及和发展过程中发挥了重要作用。韩国义务教育投资体制属于集中模式，这意味着义务教育公共经费的投资主体是中央或联邦一级的最高行政当局。因此，韩国中央政府是义务教育投资的绝对主体，中央政府投资的比重在财政转移支付前保持在 53%以上。中央政府的集中投入很大程度上避免了中央政府责任向地方政府、社会及个人转嫁，在义务教育财政投入上保证了财权和事权的统一。而且，根据 1949 年颁布的《教育法》和 1982 年颁布的《地方教育财政交付金法》，义务教育教师的工资以及其他与义务教育有关的经费均由国家负担。中央财政在预算范围内对市、道教育实行补贴，市、道等地方财政负责对辖区内因经济原因无法接受义务教育的学龄儿童进行补助。韩国义务教育投资的集中模式，强化了政府投资义务教育的责任，杜绝了不同层级政府相互推诿责任的现象，缩小了由于地区经济发展水平差异而产生教育水平的差距，从制度上大大推动了义务教育的均衡发展。

二、发达国家义务教育经费投入主要特点

(一) 教育经费投入总量较大

2001 年统计，在公共财政中，初等、中等教育费用占国内生产总值 GDP 的比重为:法国 4.0%，英国 3.4%，韩国 3.5%，德国 2.9%，日本2.7%。美国作为经济发展最好的资本主义国家，教育经费投入让欧洲发达国家都难以与之相比。

2001—2002 学年，义务教育的总投入就达到 4 120 亿美元，占 GDP 的 4%，即使美国处于战事状态时，其教育经费投入仍远远大于其国防投入。2003—2004 学年，基础教育经费就高达 5 013 亿美元。而且，联邦政府和各级地方政府近年来基础教育投入不断增长，全美 2004—2005 学年基础教育投入总额较 1990—1991 学年、1996—1997 学年和 1999—2000 学年分别增加了 101%、48%和 22%，考虑到通货膨胀和各种可测算数据，这意味着生均基础教育投入过去 3 年来增长了 7%，过去 5 年来增长了 15%，过去 10 年增长了 12%。就是这样的投入，美国仍然觉得教育经费比较紧张，可见其对教育和教育投入的关注程度。尽管由于美国是分权制国家，美国宪法没有赋予联邦政府负责全国的基础教育，所以中央政府的经费投入不多，但是近年来对基础教育投入有上升的趋势，以 2003—2004 学年为例，联邦政府的投入达到了8.2%，而 1990—1991 年，用于基础教育支出的联邦份额仅占 5.7%，实际上，已经增加了 1/3。

日本第二次世界大战以后，国民经济濒临全面崩溃，他们对教育尤其是作为基础的义务教育给予前所未有的重视，最好的建筑物是学校，而不是政府办公楼，这为日本的再次崛起奠定了扎实的发展基础。日本非常愿意对教育进行投入，“日本的教育经费在整个国家预算中一直占8.3%—9.1%的比例。据统计，1998 年度日本国库直接负担的教育经费占政府年度财政预算的 8.74%，而地方教育经费在地方财政预算中占有 20.12%的较高比例”。而且，多年来日本义务教育经费投入的增长幅度非常之大，如果以 1955 年的 2 605.85 亿日元为 100 作为基准，以后的提高分别是 1960 年 162，1970 年 665，1980 年 3 125，1990 年 4 105，2000 年4 388。然而，义务教育的在校生数却一直在减少，2000 年日本小学在校生 7 366 079 人，仅为 1955 年的 12 266 952 的 60.05%；初中在校生 4 103 717 人，仅为 1955 年 5 883 692 人的 69.75%。从上述经费投入的比较可以看出，日本政府对义务教育相当重视，真正在经费方面给予充足的保证，他们也从教育中获得了发展收益，再次跃居成为世界经济最发达国家之一。

（二）为弱势群体教育提供大量经费

义务教育是国家最基本的教育公共服务，必须面向每个公民，所以，关注弱势群体必须成为义务教育的本质内容之一，更是一个国家文明程度的重要标志。发达国家非常关注弱势群体的教育，并为此提供了大量的教育经费。美国坚持对弱势群体给予大量资助，努力实现教育公平，以 2001 年为例，美国联邦预算内对教育的资助共 928 亿美元，对初中等教育资助 487 亿美元，其中对弱势儿童和弱势群体的基础教育资助共达200亿美元。根据布什总统的2005年财政经费预算方案，联邦政府在基础教育两项目，即《基础教育法案》第一条和《残疾人教育法案》第二条上的投入将在2001年的基础上增长93亿美元，其中的63%将用于资助经济困难学生和身体残疾学生。美国《基础教育法案》和《残疾人教育法案》将财政增长的63%用于弱势群体学生，而初中等教育近一半的资助倾向于弱势群体，显示出对教育公平的强烈关注度。

英国早在1870年的《初等教育法》中就赋予了地方教育当局一项重要权力，有权向他们认为无力支付其子女教育经费的家长发放免费单。2003年，英国颁布的绿皮书《每个孩子都重要》强调对处境不利儿童健康发展的关注，这些儿童是18岁以下的贫困儿童、残障儿童、收养或被福利院照顾儿童、父母离异儿童、吸毒或有不良行为儿童等等。为此，政府开始了一项新关怀计划，为这些需要帮助的儿童及青少年提供经济保障和其他支持。2007年儿童、学校与家庭部公布了《儿童计划：创造更美好的未来》，提出了3年内投资9 000万英镑用于改善残疾儿童的设施，并将残疾儿童享受福利资助的年限延长至18岁；为处境不利地区的学校提供最优秀的教师；针对处于犯罪危险的青少年，在3年内投资2 000万英镑用于青少年反社会行为的预防。的确，作为弱势群体的学生理应受到更多的帮助，才能够真正实现教育的全面协调发展，让每个孩子都享受教育所带来的愉悦。

加拿大对基础教育阶段的乡村与偏远地区学校实行专门的拨款计算方法，该类地域每个学生获得的拨款数额是城镇学生的1.5倍以上，全国每个学生的平均拨款数额约为6 400加元，而在北部Yukon和Northwest Territories等地区，每个学生的平均拨款数额高达10 500加元。此外，对在该类地区工作的教师以及尚在学习但毕业后愿意前往的大学教育系学生，实行适当的物质奖励政策；同时大力发展网络设施建设，以推动远程教育和视频教学技术的发展。联邦政府和省政府通过少数民族发展项目、扫除文盲基金和促进农村经济发展项目等对采取以上措施所需要的资金给予专门财政拨款，也利用投资审批和税收等政策鼓励和支持有关私营企业资助这些地区的学校教育事业。

（三）经费投入主体责任非常明确

法国实施义务教育已经有百余年的历史，在长期的实践与探索中，法国逐步形成了由中央与地方政府共同分担、以中央政府投资为主的经费体制。义务教育阶段教师工资一直是财政保障的重点，工资占义务教育经费的比重最大，法国公立小学教师和初中教师工资由中央政府全额负担，全国城乡义务教育教师实行严格的一体化管理，从教师的职前培养到教师的编制招聘，再到教师工资等级划分全部统一。中央政府对乡镇学校基建经费给予20—60％的补助，并负责教学改革所需要的经费(计算机设备等)；省级政府负担初中日常公用经费及校舍建设维修费，包括教辅人员经费；乡镇政府负担小学日常公用经费及校舍建设维修经费，包括教辅人员经费。法国义务教育经费分担责任清晰，并在实践中获得比较好的收效，因为教师工资由中央政府全部解决之后，再加之基本建设费用由中央政府和省级政府给予保障，乡镇政府对义务教育的经费压力是比较小的，这对于义务教育整体发展具有重要的影响和作用。

日本各级政府在义务教育经费投入分担方面划分非常清楚，避免责任不清所造成的职责失落，这有利于经费的保障与落实到位。日本中央、都道府县和市町村各级政府都有自己的详细经费分担。由于日本是集权制国家，所以，中央财政在义务教育经费分担中占了很大比例，中央负担日本国立学校所需全部经费和全部教科书经费，负担地方公立学校教职员工资、福利保障费的一半，校舍新建扩建费的一半，校舍危房改造经费的1/3，受灾校舍建设费的2/3，偏僻地区公立学校公用经费的一半，家庭经济困难学生补助费的一半。都道府县负担公立学校教职员工资、福利保障费的一半，校舍危房改造费的1/3。市町村负担公立学校校舍新建扩建费的一半，校舍危房改造费的1/3，家庭经济困难学生补助费的一半，以及学校的公用经费。

三、发达国家保障经费到位的具体措施

(一) 普遍以立法形式确保经费投入

发达国家长期以来通过出台一系列的法律，明确教育经费的基本投入，确保教育经费能够切实到位。作为一个法制比较健全的现代化国家，美国主要通过教育财政投入立法的途径，加强对教育的干预，实现对教育财政投入的宏观调控，而立法中的拨款项目是将联邦的意图通过立法形式贯彻下去的重要手段。比如有《莫雷尔法案》《全国学校午餐法》《退伍军人就业法》《霍金斯——斯塔福德中小学改进修正案》等。英国的财政投入法律非常注重必需的稳定性，而且直接应对教育改革与发展的新需求。自1944年《教育法》颁行45年来，先后共通过27个教育法案，几乎每隔1—2年就通过一个。教育财政投入立法的“与时俱进”，不仅弥补了原有法案的不足，而且使之更适应不断变化的情况所提出的各

种新要求，这既有利于保障教育的改革与发展，又能巩固改革成果。日本自战后开始就出台了许多法律，比如《教育基本法》(1947)、《义务教育费国库负担法》(1952)、《公立学校设施费国库负担法》(1953)、《偏僻地区教育振兴法》(1954)等，进一步明确了各级政府的义务教育投入职责与分担项目及比例。针对均衡政策引起的公立教育活力下降等问题，2006 年进一步修订《教育基本法》，明确规定向地方转移部分税收。

(二) 以政策配套专项形式下达教育经费

发达国家往往会根据相关政策配套相应数量的教育经费，而不仅仅是方方面面笼统模糊地强调投入，这大大提高了经费的使用效率。美国总统乔治・沃克・布什上台后，着眼于进一步提高教育质量，2002 年出台了《不让一个儿童落后法》，以保证让每一个学生都得到发展，其中明确规定在 2002—2007 年每年财政分别投入 9 亿美元和 7 500 万美元用于"阅读优先项目"和"早期阅读优先项目"，以提高儿童的阅读能力。这样就使得教育经费使用的针对性更强，能够更好地保证教育改革获得成功。英国为了提高小学阶段的个性化教育，2006—2007 年度拨款 1 亿英镑，2007—2008 年度拨款 1.3 亿英镑，这些资金的 50%用于帮助学习吃力的小学生在阅读、写作以及数学上达到国家规定的二级标准，35%用于帮助贫困学生。丰富 14—16 岁高中阶段学生的职业技术课程，2006—2007 年度拨款 4 000 万英镑，2007—2008 年度拨款 7 000 万英镑，为学生提供多种职业技术课程。不仅对于个性化教育配套专项经费，而且对经费的使用进行了更细致的划分，这种条分缕析的经费划拨既保障了具体政策执行，也使得教育经费能够真正落到实处。

(三) 加强对教育经费使用的监督

为了防止义务教育经费运行中的截留、挪用、浪费等腐败行为，进一步提高教育经费的使用效益，发达国家采取了多种渠道加强对义务教育经费的监管，让教育经费能够真正用到教育教学实践中去。这些措施具体包括：(1)严格内部监督，包括财政部门对教育部门、上级部门对下级部门、立法机构对教育部门的监督等。例如，中央政府负责对地方政府义务教育经费运行情况进行监督；国会、议会负责批准并监督政府教育预算及其实施；学校校董会、校务委员会负责审核并监督学校预算及其实施等。(2)完善外部监督。一方面，美、英均建立有广泛的教育中介机构，日本民间也有教育经费监督组织，它们对政府、学校教育经费的拨付、使用、管理等进行多方位监督。由于这些组织立场中立,有利于避免行政系统内部监督可能存在的公正缺失问题。另一方面,各国普遍建立起透明、公开的信息化制度,运用网络平台公布义务教育经费的预算、拨付、使用等信息,吸引广泛的社会监督。同时,媒体监督、教育利益相关方(如家长、捐赠单位)的监督也成为各国义务教育经费运行的重要监督方式。

四、相关启示与建议

教育经费投入是支撑教育事业改革发展的基础改革开放以来我国义务教育经费投入有比较大的增长,但是与发达国家相比还存在着不小的差距,我们应该认真学习发达国家经费筹措体制和途径,结合我国的本土特点与实践情况,实现义务教育投入的大力提升。

(一) 加大义务教育经费投入力度

我国是世界上少数教育投入占 GDP 比重偏低的国家之一。1993 年颁发的《中国教育改革和发展纲要》中提出,到 20 世纪末实现国家财政性教育经费支出占国内生产总值的比例达到 4%的目标。但一直到 2000 年,我国财政性教育经费占 GDP 的比重仅为 2.87%,远未达到我们理想的教育投入总量。正是在这样的教育投入大背景之下,长期以来,教育投入不足一直是困扰我国义务教育发展的难题和瓶颈,作为重要的基本物质性保障条件,较低的投入还无法保障学校的高水平运转,也难以达成更高水平的教育发展。所以,一定要真正把教育摆在基础性和先导性的地位,大力增加义务教育经费投入,在尽快使国家财政性教育经费占 GDP 的比例达到 4%的目标的前提下,注重优先保障义务教育的投入水平,促进义务教育在城乡、区域和校际之间的均衡发展,使教育投入与义务教育改革和发展要求相匹配,并采取切实可行的举措,只有这样才能确保教育投入稳步、快速增长,才能从最基础的层面保障义务教育质量的有效提升。

(二) 形成合理的义务教育财政投入体制

随着经济与社会的快速发展,教育在全社会日益受到广泛的关注和重视,《国家中长期教育改革与发展规划纲要》明确规定:“义务教育全面纳入财政保障范围。”但是由于各地经济发展程度不一,一些地区的财政收入无法满足高质量的义务教育发展需求。义务教育是标准的公共产品,但是由于实行分税制后,地方财政的收入比以前大幅度下降，负担义务教育的能力有所下降，所以要确立义务教育财政拨款在公共财政中的优先地位，形成以中央投入为主体的多元经费机制。在这一机制建立过程中，特别强调中央政府应该承担更多的份额，作为重要的投入主体，发挥其核心作用，与此同时，省、市地方政府要加大保障力度，这样实际上是提高义务教育经费投入的重心，减轻县级政府的经费负担，与此同时，实行各级政府分项目、按比例分担的义务教育经费保障机制，其中比例分担一定要明确清晰，尽量避免相互推诿。当然，在此基础之上，我们还可以适当吸纳社会各方资金支持义务教育。

（三）加大中央政府对贫困地区的转移力度

中国教育差异显著，贫困地区尤其是农村义务教育经费投入供给总量仍然严重不足，表现在教师工资拖欠，贫困地区办学的基本条件难以保障、公用经费严重短缺。义务教育要获得全面发展，必须充分关注教育公平与弱势群体，对贫困地区，特别是贫困的农村地区实施政府财政转移支付，新增教育经费要向农村与薄弱地区倾斜，积极缩小地区差距和城乡差距，保证义务教育的均衡发展。因此，一定要加大义务教育专项转移支付力度，形成长期的制度性规范，从制度层面加大中央和省级政府对财政困难县义务教育经费的转移支付力度；财力集中和相对丰裕的中央和省级政府，有义务实现政府间的纵向财政转移支付，从而使义务教育财政转移支付的平衡作用发挥得越来越大，支持贫困地区义务教育的发展。这样才能够不断缩小中小学教育经费的城乡差异，使城市学生的生均预算内教育经费与农村学生的生均预算内教育经费基本持平，最终保证教育财政资源的城乡分配的均衡化。

（四）加强义务教育经费的立法保障

尽快逐步建立义务教育经费投入的相关法律，进而形成我国系统完善的教育投入法制体系，用法律手段来保障我国教育投入，并以法律的强制力保障各项教育投入的依法兑现。教育经费的立法必须要合理确定各级政府对教育投入的责任，规定各类教育的投入标准，并对各级政府的教育投入建立考核问责机制，实现有法可依、有法必依的经费投入新格局。通过国家对义务教育经费投入进行立法，可以明确各级政府提供教育公共服务的职责，将教育列入公共财政支出的重点领域，各级政府财政年度预算和决算都要保证教育经费支出达到的法定增长水平，加大经费投入的操作性和执行力度。另外，立法还可以有效促进教育经费稳定增长制度的实现，加大中央和省级政府在实现4%目标中应承担的责任，其中还要进一步明确的是4%中究竟有多少用于义务教育，从法律层面保障义务教育经费能够真正得到落实。

（五）提高教育经费的使用效益

各级财政部门要会同教育行政部门进一步坚持依法理财，进一步管好、用好财政教育经费，逐步建立科学化、精细化的管理机制，合理而有效地安排教育经费，提高教育资源配置效益，促进教育资源共享共用，确保教育经费使用规范、安全、有效，着力提高资金使用效益。即使在教育经费比较充足的地区，也一定要坚持勤俭办学，不在硬件上相互攀比，以能够满足教育教学有效展开为目标，严禁不切实际的铺张浪费，努力建设节约型、文化型的学校，强化学校的内涵化发展，提高教师队伍的整体专业化水平。为此，还要强调教育经费使用的审计与监督，建立起公共教育经费成本与效益的评估指标体系并实施评估，对公共教育经费本身的使用情况进行评价和监督，同时，教育主管部门要督促所属学校做好预算编制等基础工作，进一步建立健全各项规章制度，确保资金分配使用及时、规范，切实保证专款专用，大大提高经费的使用效益。

【参考文献】

1. 王道余:《美国各级政府对义务教育投入的分担》，载《世界教育信息》2002年第6期。
2. 刘建发:《美国义务教育财政投入法制保障的经济及启示》，载《法学杂志》2010年第6期。
3. 詹宏毅:《美国经济刺激计划中教育投入的政策导向及其影响》，载《复旦教育论坛》2010年第8期。
4. 宋健敏:《日本义务教育经费专项转移支付的启示》，载《中国财政》2006年第3期。
5. 胡苹:《韩国义务教育财政经费投入的经验与启示》，载《基础教育参考》2005年第9期。
6. 中国驻日本使馆教育处:《主要国家义务教育经费国家负担情况》，载《基础教育参考》2006年第11期。
7. 乔凤合:《美国基础教育经费投入的特点》，载《世界教育信息》2005年第3期。

8. 薛留增:《美国基础教育投入的最新动态》,载《天津市教育科学研究院学报》2004 年第 6 期。
9. 中国驻日本大使馆教育处:《日本的义务教育经费国库负担制度》,载《中国教育报》2003 年 3 月 3 日第 5 期。
10. 周谊:《1955—2000 年日本义务教育经费研究》,载《外国中小学教育》2005 年第 4 期。
11. 高建民:《美国基础教育财政法制研究》,人民出版社,2005 年版,第 230—231 页。
12. 乔凤合:《美国基础教育经费投入的特点》,载《世界教育信息》2005 年第 3 期。
13. 蒋丹:《英国基础教育财政投入政策折射出的教育公平理念及启示》,载《教育与经济》2009 年第 2 期。
14. 中国驻温哥华总领事馆教育组:《加拿大基础教育经费研究报告》,载《基础教育参考》2005 年第 1 期。
15. 杨荣宾:《西方发达国家义务教育经费分担经验借鉴》,载《广西财经学院学报》2009 年第 3 期。
16.《日本:法定义务教育经费标准》,载《教育》2007 年第 2 期(上)。
17. 刘建发:《美国教育财政投入法制保障的经验及启示》,载《财经论坛》2006 年第 12 期。
18. 刘建发:《英国教育财政投入法制保障的经济与启示》,载《继续教育研究》2007 年第 1 期。
19. 黄崴:《发达国家义务教育经费投入体制比较及其对我国的启示》,载《比较教育研究》2009 年第 10 期。
20. 刘小蕊等:《美国联邦学前教育投入的特点及其对我国的启示》,载《学前教育研究》2007 年第 3 期。
21.《英国为义务教育不断增加经费》,载《教育》2007 年第 2 期(上)。

世界新兴知名高校的发展机制研究

高等教育研究所

刘自团

所谓新兴知名高校，主要是指与那些拥有悠久学术传统与浓厚历史积淀的老牌院校相对应的高校。该词在不同的历史时期、不同的高等教育发展阶段、不同的国家或地区的应用有着较大差异。从世界范围来看，广义的世界新兴知名高校包括区别于巴黎大学、牛津大学、剑桥大学、柏林大学、哈佛大学等传统大学，19世纪以后高等教育大发展浪潮中涌现并在短时间内赢得世界声誉的众多新院校，这些院校主要集中于欧美地区，并以美国大学的崛起为突出代表，如斯坦福大学、康奈尔大学、加州理工学院、麻省理工学院、杜克大学等。

而本文所指的世界新兴知名高校主要是"二战"以后建立或振兴起来的年轻高校，这些高校具有一些共同的表征：(1)建校时间普遍不长，个别高校短至仅仅数年，最长不过五六十年左右；(2)在世界范围内享有较高声誉，它们或者在各类大学排行榜中位居前列，或者若干学科在研究领域、行业领域具有国际领先的竞争力；(3)从振兴起步到享有世界声誉的发展过程极为迅速。这些新兴知名高校的崛起到底凭借的是什么？它们的成长历程与办学经验对于我国高等教育实现跨越式发展具有重要的借鉴意义。本研究选取了若干国家和地区的典型案例，用以分析新兴院校在短期内实现跨越式发展，在世界范围内获得竞争力与影响力的有效机制。

一、世界新兴知名高校的崛起

美国是一流大学群聚的集中地，除了拥有哈佛、耶鲁、普林斯顿等历史悠久的传统"常青藤联盟"以外，创建于19世纪的斯坦福大学、麻省理工学院、加州理工学院等一大批旗舰型"新常青藤大学"也迅速成长起来，其中颇具代表性的当属建校时间相对较短的卡内基·梅隆大学和欧林工学院。卡内基·梅隆大学在1967年由卡内基学院与梅隆学院合并组建而成，很快从一所技术学校发展成为一所颇具国际威望的大学。至20世纪80年代末，该大学的研究经费预算从70年代初期每年约120万美元激增至每年1.1亿多美元。在机器人、软件工程等新兴领域的研究使其成为知名的创新型大学。此后，该大学一直保持良好的发展势头，加利福尼亚大学对全美100余所高校的一项调查表明，卡内基·梅隆大学被列为1988—1998年间大学教育质量提高最明显的4所大学之一。在美国创始于20世纪的大学中，卡内基·梅隆是唯一一所进入全美排名前25的大学。在英国高等教育调查机构QS公司最新公布的2010年世界大学排行榜中，卡内基·梅隆大学位列全球第34位。欧林工学院，全称富兰克林欧林工程学院(Franklin W. Olin College of Engineering)，是1997年由欧林基金会投资4.5亿美元筹建的，2001年欧林工学院招收了第一届学生75人。作为一所全新、独特而具有创造性的小规模工程院校，欧林工学院突飞猛进的发展引人瞩目，目前已经成为与麻省理工学院、斯坦福大学、加州理工学院等名校争夺优质生源的强劲对手。根据2009年"普林斯顿观察"对全美最有价值大学的评鉴结果，欧林工学院的各项指标排名都在前列，尤其是"最佳课堂学习体验"等重要指标排名均在前5名之列；《美国新闻与世界报道》公布的《全美2010大学排名》里，欧林工学院在工科类排名第8，在电机工程类排名第3。

在英国，华威大学是异军突起的典型的欧洲"创业型大学"的代表，它崇尚企业家精神，勇于改革与创新，在英国高等教育界独树一帜，成为英国新兴知名院校的领军者。华威大学，或称沃里克大学，创建于1967年，在建校短短40多年的时间内，成功地在全球范围内树立起卓越的学术地位。作为一所年轻的大学，华威大学在英国乃至全球都享有良好的学术声誉，近年来一直保持在全英前10名高校的行列。在QS公司最新公布的2010年世界大学排行榜中，华威大学位列全球第53位，其中许多优势学科，如工商管理、经济学、国际关系、计算机科学等更是居于全英顶尖水平，华威大学商学院更是全球最优秀的商学院之一，被誉为"欧洲哈佛商学院"。华威大学的创立及发展为英国高等教育注入了一股与众不同的新鲜力量，在保守人士仍对其存有争议的同时，它已经以务实的实践精神开拓了"将企业家思想融入办学思想"的新道路，成为英国最受欢迎的大学之一。

亚洲是近年来全球经济发展最为活跃的地区，经济的快速增长为高等教育提供了良好的土壤，孕育了一批卓越的新兴院校，香港科技大学就是其中的杰出代表。1991年成立的香港科技大学，在不足20年的时间内已经跻身世界一流高校之列，2008 年在全球顶尖 200 所大学排名榜中排第 39 位，2010 年 QS 亚洲大学排名位列第 2，仅次于香港大学，机械工程学系的研究发表量据全球第一，财务学系、工业工程及工程管理学系、化学工程学系、电机及电子工程学系的研究水平亦居世界领先水平，其商学院提供的 EMBA 和 MBA 课程也享誉世界。新加坡南洋理工大学也是一所在短短十几年间迅速崛起的亚洲新兴高校。1991 年完成重组的南洋理工大学迎来了发展的高速期，迅速跻身全球顶尖大学百强之列，2005 年，该校在英国《泰晤士报高等教育专刊》全球顶尖大学排名全球第 48 位，并在全球科技大学排名第 26 位。2010 年，其商学院的 MBA 课程位列《金融时报》排名全球第 27 位。此外，国立教育学院、传播与信息学院、生命科学学院、国防与策略研究所在亚洲乃至世界范围内都备受认可。

二、世界新兴知名高校的发展特征

各国各地区新兴知名高校的发展历程固然有其明显的个体特性，但其在办学理念、特色定位、制度创新、国际化平台建设、与产业界的合作等方面却存在着很多共同之处。

(一) 前沿性办学理念

理念是实践的基础，案例院校所代表的世界新兴知名大学无一不具有开拓进取的魄力和放眼世界的眼光。欧林工学院一改美国培养工程师的传统方式，致力于培养 21 世纪工程界的卓越革新者(Exemplary Engineering Innovators)，使其成为未来工程界的领军人物；华威大学在英国高教界异军突起，正是得益于其敢于打破传统常规思维，树立了“与外部世界紧密结合通常是好事情”(Relevant is usually a good thing)的办学理念；新加坡南洋理工大学“教学工厂”的办学理念闻名遐迩，“市场导向、柔性系统、能力开发、国际合作、重应用重开发、面向世界”的办学策略使其成为高等职业教育的国际性典范；香港科技大学积极向欧美一流大学学习，建校之初即树立起“教学和研究必须并重”的理念，不仅提升了其自身的科研实力与学术水平，还带动了香港其他高校对科研的重视，提升了香港的整体学术水平。

值得一提的是，在所有世界新兴知名高校的办学理念中除了“务实”、“创新”、“与社会紧密联系”等关键词外，几乎都对“通识精神”青睐有加。欧林工学院的人才目标不仅仅要具备坚实的工程专业基础，还要具备宽广的人文社科背景知识,实践性的智慧与活力、创新与奉献的精神;香港科技大学为提升通识教育的地位,取代"通识教育中心",创建了与其他学院平等的"人文社会科学学院";即便以职业教育著称的南洋理工大学在其发展愿景中也将"创新高科技,奠定全球性卓越大学;全方位教育,培养跨学科博雅人才"奉为自身使命,十分注重通识教育、校园文化等对创新型人才的培育作用。也就是说,这些院校所要培养的学生不仅能够在具体的社会岗位上发挥专业性才能,更是拥有广博的文化基础、深厚的人文精神、跨学科整合能力的高素质创新型人才。它们的办学思想实际上见证了专业教育与通识精神并行不悖、相互融合对于培养新时代高端人才的重要价值。

(二) 特色型定位

作为新兴院校,特色型定位是其树立品牌、制定发展策略的依据与基础。卡内基·梅隆大学"有所为有所不为"的著名办学思路就是众多新兴院校的写照。在规模小、资源少、资金紧张的情况下,20 世纪 60 年代的卡内基·梅隆大学预见了信息技术在未来科学发展中的决定性作用,集中力量开始主攻计算机科学与工程,带动了一大批相关学科的快速发展。卡内基·梅隆大学在计算机、机器人、软件工程、管理信息技术等领域取得了举世瞩目的成就,迅速从一个普通的地方性院校发展成为享誉全球的研究型大学。香港科技大学荣誉校长吴家伟说,世界一流大学许多都是在精心打造一些"卓越点"。香港科技大学在筹建时期就定位于"集中精力专攻高科技和现代企业管理,又能与同类世界级院校一争雌雄的研究型大学"。谈及南洋理工大学,我们的印象是务实的"教学工厂",而华威大学又让人联想到进取的"企业家精神",欧林工学院则是卓越工程师的"摇篮"。后起院校只有找准定位,发挥特色,才能具备赶超一流大学的基础性资本。"一流的大学必须'既是面向全国的,同时又是面向全球的;既与本地区的现实相连,同时与更广阔的研究世界相连'"。

(三) 创新型制度

好的办学理念与定位首要的是寻求适合的制度支持,制度确认与创新是新兴院校发展的核心。从外部来看,制度建设要解决的主要是政府与高校之间的关系,新兴知名高校的发展无一不在寻求摆脱严密的政府控制和部门的标准化制约,与政府保持相对独立而又良好的互动关系,这极大地提升了大学自治的重要性。正如英国华威大学校长范得莱德教授说过的,"我们是接受政府拨款的大学，但我们不是政府部门”。政府在提供资金、政策等支持的同时，不应忽视大学作为独特学术组织的独立性，这对于新兴院校的个性化发展尤为重要。香港科技大学由香港政府投入了巨额资金加以筹建，但在拨款时却未附带任何条件与框架，使香港科技大学享有前所未有的高度自治权。“在中国教育史上，从来没有把这么大的自由度，交在创校人员的手里。”宽松的办学环境为香港科技大学等新兴院校的管理、教学、科研等方面的创新提供了保障。

从内部来看，科学的现代大学制度和民主的大学管理模式则是新兴知名院校制度创新的主要体现，它们普遍树立以学生为中心、以学术为主导的管理理念，实施规范、高效、反应迅捷的管理体制，拥有宽松、和谐、竞争、向上的学术氛围。更值得一提的是，这些新兴知名院校都有自己一些独具特色的组织架构与管理模式，比如，华威大学把企业的管理理念与大学组织的学术管理特点有机地结合起来，并把管理创新的理念真正付诸实践，结合企业经验形成了稳定的、符合大学特点的管理创新机制。南洋理工学院将“无界化”理念推介到以教学为中心的组织管理中，灵活构建教学与工作团队，使不同学科、专业和技能专长的教师密切合作，有效促进内部组织之间跨学科的教学与科研水平。欧林工学院更是打破常规，不设院系，没有终身教授聘用制，不收学费，以项目为依托，跨学科地进行组织建构。这些高校积极探索新型管理制度的勇气，建立健全开放民主的学术组织的决心，不仅使其自身充满朝气与活力，更为办学水平的全面提升扫清了诸多障碍。

（四）国际化平台

在全球化进程加速、科学技术日新月异的今天，世界一流大学无不秉持积极开放的国际化态度。对于新兴院校来说，高等教育国际化为其跨越式发展带来了机遇，如何从全球视角认识高等教育改革和发展走势，以开放的视野利用教育理念、师资队伍、生源结构、课程与教学、研究课题、管理水平等众多国际化资源是每个致力于成为世界知名的院校不得不予以重视的问题。

从欧美新兴高校的发展来看，其国际化道路仍然走在世界前列，其独特的地缘优势与国家实力，能够吸引更多的国际人才与多元化的生源，在教学与科研资源的整合互补方面也拥有得天独厚的便利。近年来，亚洲新兴高校也前所未有地加快了国际化的步伐。香港科技大学能够在短短十几年中排名世界名校前列，很大程度上正是凭借国际化的院校发展战略，它在全世界招聘骨干精英人才，效仿欧美成熟的管理体制，吸纳国际前沿的学术成果，这使其在建立伊始就具备了高端的发展平台。新加坡自上世纪70年代开始推行海外交流培训计划等致力培养国际高水平复合人才，南洋理工大学成立后不断拓宽与加强国际化战略，除了实施交流生制度、吸引大批留学生外，努力打造国际化的校园环境，与全球200多所知名院校建立合作联系，重金吸引国际人才乃至世界级大师讲学指导。深层次的国际交流与合作为这些新兴院校带来了最前沿的教育教学理念与学术研究动态，培养了具有更具国际视野的高端人才。国际化平台极大地丰富了新兴院校的办学资源，同时国际舞台上的竞争也刺激了院校的快速发展。

（五）与产业界的深度合作

全球经济转型所带来的人才规格和培养方式的变化，使得高等学校发展到今天必须更具开放创新的精神，任何一所大学都无法逃避服务社会的责任。新兴院校开放灵活的办学机制为其寻求与社会组织以及产业界的合作提供了基础，只有成为社会经济活动中最活跃的一分子，才能够在激烈的高等教育竞争中汲取活力的源泉。

华威大学作为欧洲最具活力的创业型大学之一，其整个成长史都与其创新的“企业家精神”密不可分。华威大学冲破了英国高等教育传统中轻视工商业需求的学院派学术思想，与工商界进行“联姻”，这种努力在早期曾受到猛烈抨击与抗议，但却最终将华威大学引向成功。最为突出的表现，一是致力于“与公司共荣辱，为它们革新生产过程而开发技术培养人才”而成立的华威制造集团；二是以服务中小企业为目标，以“企业家精神”为依托的华威商学院。欧林工学院为使学生能够应对真实世界的挑战，建立了依托开放型项目的动手实践教学体系，利用与工业界合作伙伴的良好合作关系使学生从入学伊始即能通过各种真实项目的实地训练与研究解决现实需求。南洋理工大学所打造的则是一个将教学环境、科研环境与企业环境融为一体的“教学工厂”。其历任领导都十分重视与产业界的联系，在教师的引进与培养上以创业为核心，其众多人才都有在产业界任职的经历，在学生培养、就业等方面与众多国内外知名企业建立深层合作关系；又如，2000年建立创新技术转化处和南洋技术创业家中心，在院校的技术转化、专利技术、衍生公司的建立、开展创业教育、投资项目规划等方面取得了丰硕成果。

与产业界的深层合作不仅有利于培养创新型实用人才，促进了地方经济发展与科技进步，还拓宽了新兴院校的经费来源，提高了大学的应变能力与适应能力，其开放合作务实的精神还为其未来发展提供了无尽的可能性。

三、世界新兴知名高校发展的启示

当前,世界很多国家都把一流大学建设作为本国高等教育发展战略的重要内容,把是否拥有世界一流水平的大学作为国家综合国力强弱的一个重要标志,我国亦是如此。但由于我国高等教育的办学历史不长,基础相对薄弱,因此与欧美等发达国家相比,具有明显的后发性特征。世界新兴知名高校能够在短时间内从"默默无闻"到"声名鹊起",并迅速成为世界高等教育之林的翘楚,其成功的经验对我国建设世界一流大学具有重要的镜鉴作用。

(一)比较优势与后发优势并举

从上述分析来看,世界新兴知名大学的发展路径有许多共同的经验,除了前面提及的几个方面外,它们还有不少值得关注的办学特色,如重视战略规划、鼓励创新、倡导跨学科的教学与科研等等,这些特征不仅停留在办学者与师生的理念当中,更融通在办学的实践过程中。这些院校以行动见证了比较优势与后发优势并举对于在短时间内崛起为世界知名高校的重要意义。

比较优势指一个组织或机构与相类似的组织或机构进行对比时所体现出的优势。在发展战略中,运用比较优势理论主要是如何适用比较优势的思维和方法不断寻求组织或机构最适宜的发展方向和发展途径。新兴院校的比较优势是要在组织竞争中进行深层次的特色比较,根据现实基础与未来发展前景找准自身的定位,以特色优势弥补不足。比如前面提到的卡内基·梅隆大学就是遵循"比较优势"的原则确立了该校"有所为有所不为"的发展战略,不做最大最全的高等院校,但求有特色有重点的领域建设,以机器人研究等为先导的信息技术领域带动其他相关学科的进步,实现院校整体水平的提升,最终使该校能在强手如林、竞争激烈的美国高等教育界脱颖而出。"有所不为"可以让新兴院校轻装上阵,理性地对办学类型、办学层次、学科发展、专业建设进行筛选,规避自身的弱点。"有所为"则是选择能够带给院校最大发展的助推点,即特色支撑。

新兴院校拥有的另外一种传统院校所不具备的优势在于其后发性。"后发优势理论"创始人李斯特曾经指出:"财富的生产力比之财富本身,不晓得要重要到多少倍。"后发优势指后起组织机构可以通过观察先动者的行动及效果,学习先进的同时,避免传统惯性的弱点与制约,拥有先动者的特殊益处。新兴院校的最明显的后发优势在于可以对已有办学路径进行批判性反思,其对传统的依附性较低，更易适应新环境新形势的变化，更易进行创造性革新，更易焕发生机与活力。华威大学的兴起突出地体现了新兴院校的后发优势，这所年轻的院校之所以有今天这样的成就，很大程度上是因为与传统深厚的老牌英国大学相比，其更易推行"亲工商界"的政策，也更易从这种政策中获得众多的发展机遇。香港科技大学亦是如此，除了投资大、起点高之外，更重要的是它的发展蓝图一方面充分参照了欧美一流大学的前车之鉴与办学经验，另一方面主动打破常规，在获取巨额办学资金的同时享有了高度的自治权，办学模式焕然一新，在香港高校中独树一帜。

可以说，这些世界新兴知名大学成功的最大的得益正是来自于对自身比较优势和后发优势的清晰认识与有效发挥，在传统环境中作出了勇敢的改革尝试，积极探索了一条符合时代要求与自身组织能力特性的个性化发展途径。

（二）创新发展机制

必须指出的是，新兴院校是否能够有效运用比较优势与后发优势为自身发展创造最佳的条件，其核心环节在于制度建设，这对解决我国高校发展困境具有重要意义。随着我国建设一流大学步伐的加快，资金投入有了前所未有的提高，为高校人才引进、硬件建设等提供了重要基础，但根据"木桶原理"，组织机构效能的发挥往往是由最处劣势的"短板"决定的。制度藩篱就是最影响我国新兴大学崛起的短板，没有宽松的政府治理制度、高效的院校管理制度和创新的人才培养制度，就等于将大学绑住了手脚，何谈与世界强手一较高下？作为后发型国家，若要实现一批高水平院校的振兴必须打破封闭、单一、守旧的办学模式，深化高等教育体制改革，使现代大学理念真正融入到政府部门、大学校长、高校管理人员、教师等主体的办学与教育实践中，使政府、产业界与高校三者形成良性均衡的三重螺旋结构，通过扫除体制性障碍，充分发挥新兴院校人才培养、科学研究与社会服务的三大职能，并最终以特色、创新、求实的精神在世界高等教育舞台上熠熠生辉。

需要说明的是，尽管本研究中案例院校的发展有许多骄人之处，但也有一些做法是否值得推广还有待检证。比如很多人认为院校规模越小越有利于组织效能的发挥，如欧林工学院、香港科技大学等采取的都是"小而精"的发展策略，但华威大学拥有近两万名学生，南洋理工大学的在校生也有2.5万左右，可见院校规模应与它的结构、质量、效益等环节协调配合才是最佳，而非一味求大或者求小。另外，欧林工学院接受的是美国高教史上最大的单笔捐赠，其以小班教学为依托，极为密切的校企联系以及高度精英化的教育模式等独特的学校资源是否能够推广到更多的院校也尚未明晰。再如，华威大学较早确立了大学与企业之间的密切联系，并通过这种密切联系取得了成功，但仍有不少人担心大学无法保持研究的独立性，大学如何在知识与商业利益间保持平衡，维护大学应有的学术自由与独立精神，也是这类高校值得思考的问题。

【参考文献】

1. 卡内基·梅隆大学概况[EB/OL]，http://www.cdgdc.edu.cn/xwyyjsjyxx/zxns/.mxcx/mg/knjmldx/knjmldxgk/262416.shtml.
2. 李曼丽：《独辟蹊径的卓越工程师培养之道——欧林工学院的人才教育理念与实践》[J]，载《大学教育科学》2010 年第 2 期，第 91—96 页。
3. 洪成文：《企业家精神与沃里克大学的兴起》[J]，载《比较教育研究》2001 年第 2 期，第 20—22 页。
4. Olin College, Course Catalog 2009 - 10, Olin Mission statement, 6.
5. 吴家玮：《同创香港科技大学——初创时期的故事和人物志》[M]，清华大学出版社，2007 年版，第 14 页。
6. 丁学良：《什么是世界一流大学?》[M]，北京大学出版社，2004 年版，第 75 页。
7. 林幸谦：《科研与资源之争——香港科技大学朱经武校长专访》[J]，载《汕头大学学报(人文社会科学版)》2003 年第 2 期，第 104—107 期。
8. 张俊宗：《经营大学：沃里克大学的办学之道及其成功启示》[J]，载《黑龙江高教研究》2003 年第 2 期，第 19—23 页。
9. 燕凌、洪成文：《新加坡南洋理工大学的成功崛起——“创业型大学”战略的实施》[J]，载《高等教育研究》2007 年第 2 期，第 97—102 页。
10. 刘海波：《要素禀赋、比较优势与高校发展战略》[A]，中国高教学会高教管理专业委员，《2002—2003 年中国高等教育管理：现实与理想》[C]，中国海洋大学出版社，2003 年版。
11. 李斯特：《政治经济学的国民体系》[M]，商务印书馆，1997 年版。

日本高校创新人才培养的研究

高等教育研究所[①]

高等院校必须培养创新人才，这已经成为包括我国在内的各国高等院校在人才培养方面的共识。自第二次世界大战结束以来，日本高等教育经过半个多世纪的发展，从精英走向大众，目前已经有如东京大学、京都大学、早稻田大学等一批世界著名大学，截至2008年，日本有16位学者获得诺贝尔奖。可以说，日本高等教育不仅为日本培养了一批具有国际视野的创新型人才，同时也为本国经济、科技等的发展发挥了巨大作用。当然，与美国相比，日本在创新人才培养方面也正在处于探索之中，基本没有形成被很多一流大学通用的、成熟的创新人才培养模式，但在笔者看来，东京工业大学的创新人才培养实践却可以看作是日本创新人才培养的领跑者。为全面梳理和解析日本高校创新人才培养的历史与现状、理念与实践，本文主要包括两部分内容：一、政府层面的创新人才培养举措；二、依据东京工业大学的实践案例，探讨高校创新人才培养的实践模式。

第一部分　政府的创新人才培养举措——理念与政策

日本自1984年设立临时教育审议会（1984—1987），将教育改革的理念与基本方向确定为“个性化”以来，如何创建个性化的大学和如何培养学生的创新能力，就成为日本政府以及各个高等院校不断探索和实践的重要课题。但20世纪90年代以前，日本政府的官方文件中并没有出现“创新人才”这一词汇，它更多强调的是培养学生的“创新能力”。直到进入21世纪前后，日本官方文件中才开始较多地出现有关“创新人才”的词汇。总体说来，日本政府在

① 李昕执笔。

创新人才培养方面的认识和举措，是按照如下这一脉络发展起来的：创建个性化大学，培养学生创新能力——发展个人才能，培养创新人才——特色大学教育激励计划（教育 GP）。

一、创建个性化大学，培养学生创新能力

日本政府对创新以及创新人才培养的认识和强调始于临时教育审议会"个性化"改革理念的提出。1984 年，临时教育审议会在其第一份审议报告中指出，今天的教育改革是按照《教育基本法》的精神进行的。按照这一宗旨，本审议会希望把以"尊重个人的尊严，创造个性丰富的文化"为理念的教育变成现实的教育。同时，继承传统文化，以培养自立的日本人和能够贡献于国际社会的国民为目标。为了实现这一目标，我们基本的观点是：(1)重视个性的原则；(2)重视基础、基本；(3)培养学生的创新能力、思考能力、表现能力；(4)扩大选择机会；(5)教育环境人文化；(6)向终身学习体系过渡；(7)适应国际化；(8)适应信息化。此后，临时教育审议会在其接下来的报告中，不断提到要培养学生的"创新能力"。这一时期，日本政府已经意识到要培养学生的创新能力，但就如何培养学生的创新能力，日本政府并没有给出明确的建议和要求。

1998 年，大学审议会向文部科学大臣提交了题为《21 世纪的大学和今后的改革方案》的审议报告，该报告的副标题为"在竞争的环境中闪耀个性的大学"。这个副标题非常具有深意，它向各个大学暗示着，由于 18 岁人口的减少，大学有可能面临被淘汰的危险。在知识转型的时代，各个大学不可能进行划一的教育，也不可能获得同等的发展，所以，个性化将是大学改革的基本方向。"设置基准大纲化"使大学有了更多的自主权，这为大学实施个性化的教育提供了充分的前提。同时，18 岁人口的减少以及学生消费主义者时代的到来，大学从"卖方市场"向"买方市场"转换；顾客需求的异质性，也要求大学的服务必须是个性化的。这份报告以"创建个性化大学"为目标，提出了大学改革的四个基本理念：第一，培养课题探求能力，提高教育研究质量（教育研究指的是教育和研究——笔者注）；第二，通过教育研究体系的软结构化，保证大学自治；第三，以负责的决策体制和执行体制为目标，完善组织运营体制；第四，建立多元化评估体系，不断促进大学的个性化。也就是说，为了创建个性化的大学，日本首先确立起一种新的人才教育观，即培养学生的课题探求能力。这里的课题探求能力实际上也是临时教育审议会一再强调的"创新能力"。

二、发展个人才能，培养创新人才

在创建个性化大学的基础上，20世纪末，日本的官方文件中开始较频繁地出现了与“创新人才”有关的概念。1997年中央教育审议会提出的《展望二十一世纪的我国教育》报告中指出，为适应时代的要求，培养“个性化的独创性人才”是不可或缺的。2000年3月，日本成立了由社会各界人士组成的首相私人咨询机构——“教育改革国民会议”，该会议于2000年12月发表了教育改革报告——《教育改革十七项提案》。根据该报告的精神，文部科学省于2001年1月以文部科学大臣的名义发表了《21世纪教育新生计划》。该计划的一个重要课题就是“发展个人才能，培养创新人才”，总体内容包括：(1)改变一律主义，强调个性教育；(2)改变偏重记忆的大学入学考试，实现大学入学选拔的多样化；(3)为培养拔尖创新人才，强化大学和研究生院的教育与研究职能；(4)引入适合大学的学习机制；(5)促进培养学生职业观、劳动观的教育。2005年1月，中央教育审议会再次提出咨询报告——《我国高等教育的未来》，该报告指出：“在各个领域培养和确保富于先见性、创造性、独创性的卓越的领导人才。”

当然，除教育界以外，科技界对创新人才的重视更为明显。在“科学技术创造立国”的国家战略下，“创新人才”的培养得到了特别的强调。2004年，综合科学技术会议的报告《关于科学技术相关人才的培养与使用》指出，从学术角度上看，需要“自己发现新的课题并积极开拓新的学术领域的人才，以及在国际科研活动中发挥领导力的人才”；从产业的角度看，需要“在研究开发方面能够引领世界的人才，能将研究开发与生产经营进行战略统合的人才”。由此可见，这里所说的“创新人才”已经与90年代以前“培养学生创新能力”具有了不同的指向。当然，这里的“创新人才”不包括普通劳动者，甚至也不是指一般的专业技术人员和普通管理者，而是指在各领域和国内外具有卓越创造力和领导力的精英。

那么，如何衡量“创新能力”？什么样的人才可以算作“创新人才”呢？为此，2007年，日本文部科学省又提出了“学士力”的概念，简单说来，“学士力”指的是所有本科专业学生在获得学士学位之前必须具备的能力。这是日本政府为了保证本科教育和学士学位的质量，希望通过制定学生在本科毕业前必须达到的基本要求，为所有本科课程必须达到的最低学习成果提供政策参考。“学士力”的具体内容包括:(1)知识与理解;(2)应用的技能;(3)态度与志向;(4)综合性的学习经验与创造性的思考能力。2008 年大学审议会在其报告《学士课程教育的构筑》中明确指出,在成绩评价时强化严格的“出口管理”,根据各个大学的实际情况,为学生提供证明其“学习成果”的机会;在各个领域设定国际通用的“学习成果”及其目标。

从上述文部科学省的政策指向可以看出,日本政府特别强调大学教育的个性化以及创新人才的培养,但日本政府也充分认识到,要培养创新人才,单靠大学自身的努力或者单靠人才培养某一环节的改革是不够,创新人才培养是一个涉及多要素、多环节的复杂工程。

三、特色大学教育激励计划(教育 GP)

20 世纪 90 年代以后,在“科学技术创造立国”的政策下,日本政府开始了在大学领域的竞争性资金分配制度。当然,如果在分配资金方面对所有院校一视同仁,势必造成人才和资金的分散,那就无法促进现代科学的进步。最杰出的学者想要在高等教育系统内部受到保护和支持,那就必须把人才和资源加以集中,并且给较强的专业,尤其是较强的院校以优惠的待遇。事实上,不只日本,包括我国在内的很多国家都在采用这种重点资助制度。

2002 年,日本政府开始“21 世纪 COE”计划,该计划是以专业领域为单位,通过第三方机构客观地、公正地评价,在一定的期限内,对某些高水平的研究基地进行研究经费、设施设备等资源的重点分配。就在“21 世纪 COE”发起的两年后,日本政府开始意识到,在“研究基地”之外也要重点建设“教学基地”,于是,教育 GP(Good Practice)计划开始进入政府的议事日程。所谓教育 GP,就是文部科学省从各个大学、短期大学为提高教育质量所进行的改革活动中,选出优秀的项目,给予资金援助,同时把这个优秀的做法向社会广泛公开,为其他大学提供参考,进而推进整个大学教育改革。这个“优秀的做法”就叫做 GP(Good Practice)。

如果说,“21 世纪 COE”在制度上是研究至上主义的进一步蔓延,而 GP 计划的导入,则是使教育和研究取得平衡的一种尝试。同时,从“21 世纪 COE”和“教育 GP”所资助的项目数量来看,2002—2004 年“21 世纪 COE”审批的项目数为 274 件,其中国立 204(申请数为 776)件、公立 10(申请数为 127)件、私立 60(申请数为 492)件,有特别偏重国立大学的倾向。而与此相比,在“教育 GP”所选定的大学中，私立大学数量超过了国立大学。所以，有学者认为，“教育GP”对于重视教育的私立大学而言，具有超过金钱之外的意义。在日本学界也将GP计划看作是“教育版的COE”。

教育GP按照高等教育机构的类型（大学、短期大学、高等专门学校），分别资助“教育课程改善方面”、“教育方法改善方面”和“上述以外的教育改善活动”三个领域。东京工业大学的“不断发展的创新教育”被文部科学省认定为2003年度教育GP（Good Practice）。教育GP计划的具体申请及审批流程如表1：

表1　2007年度教育GP的申请及审批流程

时　间	主要活动
2007年2月	向各大学、短期大学公布要领
2月23日、2月28日	在大阪、东京举办2007年度公开申请说明会
3月12日、16日、19日	关于申请举行咨询会
4月16日—18日	受理申请
5月—7月	由实施委员会进行审查
8月上旬	公布选定结果

从各年度申请教育GP的学校数量来看（见表2），各高等教育机构对教育GP表现了很强的参与性。在首次实施教育GP的2003年，就有一半以上的学校提出申请，到了2007年时，申请教育GP的学校数占高等教育机构（大学、短大、高等专门学校）总数的74.2%。

表2　各年度申请教育GP的学校数

	2003	2004	2005	2006	2007
特色GP	664	534	410	331	331
现代GP	—	559	509	565	600
合计	664	1093	919	896	931
高等教育机构总数	1 290	1 280	1 277	1 276	1 254
申请率	51.5%	85.3%	72.0%	70.2%	74.2%

由于参与院校之多，使得教育GP的竞争非常激烈，从各年度教育GP选定的项目数来看（见表3），竞争率一般保持在11%—20%之间。

表3 各年度教育GP选定的项目数

		2003年	2004年	2005年	2006年	2007年	合计
特色GP	选定数	80	58	47	48	52	285
	申请数	664	534	410	331	331	2 270
	百分比	12%	11%	11%	15%	16%	13%
现代GP	选定数		86	84	112	119	401
	申请数		559	509	565	600	2 233
	百分比		15%	17%	20%	20%	18%

总体来说，教育GP有如下几个特征：(1)以大学的自由、自愿为基础。对教育GP是否申请、何时申请以及申请什么，由各大学根据实际情况自行确定。(2)所有高等教育机构的机会平等。“教育”是所有高等教育机构的基本职能和主要活动，在这个意义上，各个大学都可以凭借自己的资源进行竞争。(3)由第三方机构公正地审查。即原则上，各个大学拥有同等的自由权，但它绝不意味着各个大学都同样幸运地在竞争中获得同等的结果。(4)信息广泛公开。不仅各个大学的优秀的活动和做法要公开，而且包括选定理由在内的第三方机构的审查过程也公开，这样就使教育GP置于整个高等教育系统及国民的监督之下，同时也使每个大学的特色以及在教育教学方面的努力被更多的人了解。

从1984年日本政府开始意识到要创建个性化大学、培养学生创新能力，到进入21世纪以后日本政府以资金支持的方式对各个高校特色教育内容、方法进行资助，可以说，日本政府在创新人才培养方面，从理念到实践，从政策文本到资金激励，用了20年的时间，探索着创新人才培养之路。

第二部分　高校的创新人才培养实践——东京工业大学

东京工业大学于1881年建校，目前拥有理学、工学、生命理工学3个学部、6个研究科；拥有学生9 925人，其中本科生4 911人，是一所具有悠久历史的、以理工科为主的世界著名大学。英国《泰晤士报》的教育专刊发表的2010年世界大学排名(THE-QS World University Rankings 2010)中，东京工业大学的综合排名为世界第60位(日本第4位)。2009年世界大学排名(THE-QS World University Rankings 2009)中，东京工业大学的综合排名为世界第55位(日本第4位)，并在工程与技术(Engineering/Technology)类大学排名世界第19位(日本第3位)，自然科学(Natural Sciences)类排名世界第48位(日本第4位)。

东京工业大学也是一所一贯重视创新教育研究和创新人才培养的大学。自20世纪50年代,以美国心理学家吉尔福特(JP. Guilford)为代表的学者们开始对“创新”进行实证研究以来,东京工业大学的学者们也对此进行了卓有成效的研究,并产生了一系列的研究成果。如加藤与五郎的《创造的原点》(1942年)、川上正光的《创新学术研究的培养》(1981年)、永井道雄的《培养创造性》(1987年)以及川喜田二郎教授于1965年开发的创新教育方法——KJ法。这些学者的声望以及他们的研究成果,使该校被公认为全日本甚至是世界范围内深具创新教育历史的高校。20世纪90年代以来,以“设置基准大纲化”为契机,该校进行了全面的课程改革,将创新教育科目列入大学本科课程,从而使培养创新人才变成一套可供操作的实践模式。

一、创新教育的历史与现状

从东京工业大学的办学理念和教育实践来看,该校创新教育的历史大致可以分为三个阶段,即“实学教育阶段”、“全人教育阶段”和“创新教育阶段”。

1. 实学教育阶段从1881年建校至第二次世界大战结束。设立之初的东京工业大学把“贯彻实学”作为自己的办学理念。所谓实学,也就是“实体达用”之学,强调“实体”、“实力”、“实用”,是相对于空虚、无用之学而言的。在明治维新时期所确立的“和魂洋才”思想的影响下,东京工业大学特别重视教育和指导学生掌握西方现代科学技术,用日本的精神和西方的技术武装学生的头脑。它要求所有的学生都要参加实验、实习活动,一定要自己动手,制造出某一种零件或物品,并通过多种教学手法培养学生的工程实践能力。作为最早的以理工科为主的大学,东京工业大学的实践,为日本近代工业社会的发展和建设培养了大量的工程师。

2. 全人教育阶段从第二次世界大战以后到20世纪80年代初。这时,东京工业大学开始推行被称为“楔型教育”的全人教育计划。也就是从低年级开始让学生接触专业领域的最尖端知识,在高年级时也要修习人文社会科学知识的独特的教育体制。当时的很多大学所采用的教育体制主要是前两年修习一般教育、后两年修习专业教育的“二二分段式”课程结构。而东京工业大学的做法无疑是独树一帜的,也受到了很多好评。现在看来,这种教育体制和20世纪90年代以后很多大学开始推行的本科生“楔型课程结构”极为相似。所谓“楔形课程结构”,即教养教育科目从第1年到第4年逐年减少,而专业教育科目逐年递增。

也就是说，这一时期，东京工业大学开始意识到不仅要培养学生的动手实践能力，而且要让学生拥有更多的人文社会科学知识和素养。

3. 创新教育阶段是从1981年第一门创新教育科目——“制御工学设计制作”的开设至今。进入20世纪80年代，日本的高等教育达到了空前的规模。1980年时，高等教育毛入学率为49.9%，大学的毛入学率也达到了26.1%。为了适应教育规模的扩大和学生的多样化，让学生在动手实践中产生乐趣，激发学生的学习积极性，1981年，东京工业大学尝试着开设了“制御工学设计制作”。这门课程以学生的主动、发现学习为主，结果取得了良好的效果。此后，校内的各个学科从“制御工学设计制作”中总结经验，开设了各种各样与此类似的科目。这些科目主要以习明纳的形式，注意培养学生的创新意识和创新能力。2003年，随着创新人才培养目标的确立，这些科目被统称为“创新教育科目”。

2003年，东京工业大学的“不断发展的创新教育”被文部科学省认定为“特色GP(Good Practice)”。“特色GP”即文部科学省从各个大学、短期大学已经取得一定成效的教育方法、教育课程等为提高教育质量而进行的活动中选出有特色的、优秀的项目，给予资助，并把选定的项目及做法向社会广泛公开，以促进整个高等教育的活性化。特色GP委员会在其认定理由中指出，“不断发展的创新教育”是东京工业大学自建校以来所确立的、以培养学生动手实践的传统为基础的活动。1981年以“制御工学设计制作”为首的“创新教育科目”不断发展壮大，至今已达到94门之多，并取得了显著的教育业绩。东京工业大学的做法对其他大学、高等专门学校和高中产生了巨大的社会影响力，受到了很好的评价。

二、创新人才培养体系

进入20世纪90年代，关于“创新”以及“创新人才培养”的研究越来越多，有很多学者从认知科学、创新人格、创新环境以及创新产品等多个角度对创新人才进行了大量研究。虽然各不相同的研究视角可能带来“创新”以及“创新人才”的不同定义，但大学要培养创新人才这已经形成一种国际共识。东京工业大学深刻地意识到这一点，于是将自己的教育目标明确界定为“培养世界通用人才，培养国际领军的创新人才”。同时，在具体的培养实践上，将创新人才的培养过程划分为三个阶段:(1)在学生的动手实践和问题解决能力上下工夫，让学生感受到乐趣，激发其潜在的创造能力，增长自信心。(2)通过竞赛等，让学生自己设计、完成具体的课题，提高科技素质。(3)在抽象的课题中，发现问题，思考解决问题的方法，进而解决问题。东京工业大学也将这三个发展阶段称为“螺旋上升式教育”(见图 1)。从图中可以看出，学生在第一学年到第三学年，进行教养教育和专业教育，第四学年主要以学位论文的研究和写作为主。同时，在第一学年和第二学年开设新式习明纳，在第二学年和第三学年开设创新教育科目。而完成这一教育过程的最终目的就是培养创新人才。

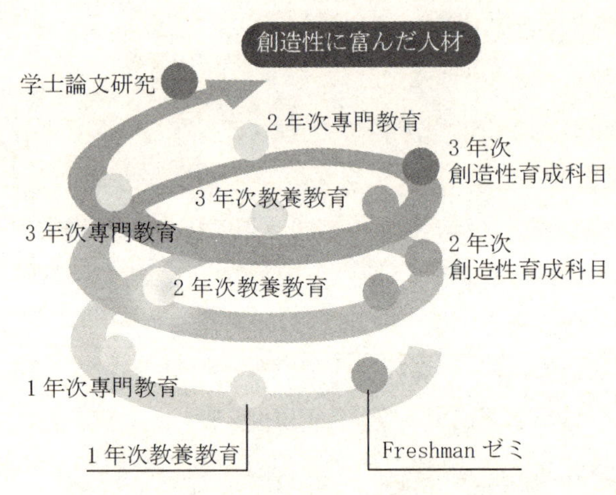

图 1　东京工业大学创新人才培养阶段示意图

上述教育理念和课程结构的改变首先源于 1991 年日本政府的“设置基准大纲化”，即文部科学省全面修订《大学设置基准》，撤消了“各个大学教学科目分为一般教育科目、外语科目、保健体育科目、专业教育科目”的规定，而要求各个大学根据本校的教学理念、目标，系统地编制教育课程。也就是说，新的“大学设置基准”使各个大学对本校课程的设置、课程结构的安排等具有完全的自主权。这样，东京工业大学新的本科生课程由教养教育(一般教育)科目、专业教育科目、创新教育科目和实验实习科目组成。其中，教养教育科目和专业教育科目占课程总数一半以上，且二者的安排比例呈楔型结构。作为以理工科为主的高校，实验实习科目从学生入学的第一年开始就不同程度地开设，直到第四年学位论文的研究和写作。但值得重点说明也是有别于其他大学的一个显著特点，就是东京工业大学所设置的创新教育科目。

创新教育科目主要集中在学生入学的第 2 年到第 3 年，到了第 4 年则主要以学士论文研究为主。设置创新教育科目的主要目标是：(1)让学生发现自己潜在的创造能力，并充满自信；(2)使创造性的开发与学习专业知识之间相辅相成，从而使学生具备一个未来科学工作者的基本素质；(3)为学生提供其尚未涉足的课题，促使学生不断进取、积极挑战。

那么，什么样的科目可以设置为创新教育科目呢？按照东京工业大学的规定，创新教育科目的基本条件也就是在科目的实施过程中必须满足4个条件，只要下述4个条件全部满足，不管是学部还是研究生院的课程都可以认定为创新教育科目。(1)以培养学生的创造性为目标的科目，并在教育目的中明确标示；(2)在科目的实施上做出适当的和独特的努力；(3)让学生个人或集体合作完成学生自身的提案；(4)有适当的机制保障对学生的提案做出评价。每一年，东京工业大学会从被认定的创新教育科目中，选定一些特别优秀的科目。例如2005年，根据该校审查委员会的评选，全校有27个科目被评为创新教育科目。在这27个科目中又有7个科目被评为创新教育代表性科目。概括起来，这7个科目均采取这样的形式：(1)由学生参与大部分课题；(2)以限制材料经费及性能要求为前提；(3)对独立创造出作品以及成果的给予奖励；(4)教师和学生一起互相评价。由此，我们也看出，创新教育科目本身并不是对课程内容的要求，而是对学生的学习过程以及学习方式的关注。

三、创新教育科目

从1981年第一门创新教育科目——“制御工学设计制作”的开设至今，东京工业大学曾经认定的创新教育科目已达200多门。2008年有64门课程被认定为创新教育科目，2009年有69门课程被认定为创新教育科目。这些创新教育科目在不同的学年有不同的侧重点。大致说来，它们又分为基础性科目、竞争性科目和独创性科目三项：

1. 基础性科目主要指那些在科学上、工学上激发学生创造性动机的科目以及提供创造性基础的一般科目与专业科目。这些科目主要是在学生入学后的第1年以及第2年，以新式习明纳的形式开设，并以一年级全体学生为对象。以机械系为例，一年级新生开设的习明纳课程主要有机械科学类学科、机械知能系统类学科、机械宇宙类学科以及控制系统工学类学科；第2学年开设有机械智能系统学以及机械制造1。这些学科主要是工学的基础类学科，其开设的目的主要是激发学生对工学的兴趣，并通过实习、试行操作让学生感受到创造的乐趣。

2. 竞争性的科目主要是对学生提出具体的目标，并通过对目标完成情况的评比来培养学生的创造性的科目。主要是在学生入学后的第2学年以及第3学年开设。以机械系为例，竞争性科目主要有创造设计 1(第 2 学年)、机械制造 2(第 3 学年)和创造设计 2(第 3 学年)。这些科目重在实践过程中培养学生的创造性。笔者拟以在第 3 学年开设的机械制造 2 为例说明机械宇宙学科的教学过程。在教学过程中，由几个学生组成一个小组，相互协作，利用电脑、伺服电动机等机械元件，组装机器人，并实际体验各种硬件设备的制作。制作出来的作品将在机器人大会上，由观众进行评价。1986 年开始，该校举办的“校长杯”机器人设计大赛，有很多的大学以及高等专门学校参加。从 1990 年开始，这项竞赛已发展成为一项国际性的比赛，有 7 个国家的学生参加比赛。东京工业大学无疑为国际化的创新教育提供了一个互相学习的平台。

3. 独创性科目主要是只提出抽象的目的，由学生自行决定具体目标并评价其完成情况，通过这种方式来培养学生创造性的科目。机械系所设的独创性科目主要有独创机械设计和机械智能系统制造，均在第 3 学年开设。独创性科目的实施主要是由学生个人自行设计和研制出用以解决工学问题以及为满足社会要求的机械，并在设计报告会上提出。从中选拔出 5 个优秀的主题创作。分成小组设计、制作和试运行，在设计报告会以及作品展览会上进行讨论，与 TLO 相关的可获得证书。

目前，东京工业大学正在着手创立创新教育研究援助中心，该中心将通过大量研究，不断完善和充实创新教育体系，把目前处于平行地位的各个学科纳入到创新教育体系之中，并使其形成螺旋式上升的新结构。展望未来，东京工业大学拟加强以下几方面：(1)扩大创新教育科目；(2)开展跨学科的创新教育；(3)和不同的学科领域进行交流；(4)做好创新教育的综合组织(设置实验厂房、援助中心)。

东京工业大学在原有课程设置的基础上，增加创新教育科目，并使之与原来的教养教育、专业教育有机结合，根据理工科学生的实际需要，循序渐进地提升学生的实践能力。它主要采用讨论、竞赛、小组合作、自行设计等方式来培养学生的专业素质和创新能力。可以说，它在培养创新人才方面的理念和实践是卓有成效的。目前，包括我国在内的很多大学都把培养创新人才作为自己的首要任务，也为如何培养创新人才进行着不断的探索。相信东京工业大学的实践必将为我们带有很多有益的借鉴和启示。

【参考文献】

1. 高益民：《创新人才培养与新世纪日本研究生教育改革》[J]，载《比较教育研究》2009 年第 11 期。

2. 臨時教育審議会. 教育改革に関する答申[M]. 東京:大蔵省印刷局,1988,12—16.

3. 日本高等教育研究会. 大学審議会全 28 答申・報告集——大学審議会 14 年間の活動の軌跡と大学改革(上)[M]. 東京:ぎょうせい、2002,52.

4. 吕可红、张春浩:《日本〈21 世纪教育新生计划〉述评》[J],载《外国教育研究》2002 年第 10 期。

5. 学士課程教育の構築に向けて(審議のまとめ)[R]. 文部科学省ホームページ:http://www.mext.go.jp/.

6. 伯顿・R. 克拉克:《高等教育系统——学术组织的跨国研究》[M],杭州大学出版社,1994 年版,第 289—290 页。

7. 日本高等教育研究会. 大学審議会全 28 答申・報告集——大学審議会 14 年間の活動の軌跡と大学改革(上)[M]. 東京:ぎょうせい、2002,103.

8. 21 世紀 COEプログラム委員会[EB/OL]. 文部科学省ホームページ:http://www.mext.go.jp/.

9. 広島大学高等教育研究開発センター. 21 世紀型高等教育システム構築と質的保証——FD・SD・教育班の報告[M]. 広島;広島大学高等教育研究開発センター,2007,161.

10. 特色ある大学教育支援プログラム(特色 GP)[EB/OL]. http://www.mext.go.jp/a_menu/koutou/kaikaku/gp/002.htm.

11. 広島大学高等教育研究開発センター競争的な教育資金の効果の検証及び今後のあり方に関する調査研究月日[M]. 2007,90.

12. 特色 GPの審査と選定[EB/OL]. http://www.mext.go.jp/a_menu/koutou/kaikaku/gp/003.htm.

13. 現代 GPの審査と選定[EB/OL]. http://www.mext.go.jp/a_menu/koutou/kaikaku/gp/005.htm.

14. 東京工業大学——大学案内[EB/OL]. http://www.titech.ac.jp/about/index.html, 2009-12-24.

15. KJ 法是文化人类学家川喜田二郎研究开发的创新教育方法,它以川喜田二郎教授名字的首字母命名,故称为“KJ 法”。这种方法已经在企业研修、学校教育、各种研究会,甚至也在大学经营工学专业的课程中集中使用。目前,“KJ 法”已经被川喜田研究所注册商标(商标登录第 4867036 号)。

16. 東京工業大学における創造性教育について[EB/OL]. http://www.eduplan.titech.ac.jp/souzou/total—index.html，2009-12-28.

17. 広島大学教育研究センター. 高等教育統計データ集[M]. 広島:広島大学教育研究センター,1989,354.

18. 平成15年度「特色ある大学教育支援プログラム」採択取組の概要および採択理由[EB/OL]. http://www.mext.go.jp/a_menu/koutou/tokushoku/03091801/004/019.pdf，2003-09-18.

19. 東京工業大学における創造性教育について[EB/OL]. http://www.eduplan.titech.ac.jp/souzou/total—index.html，2009-12-28.

20. 東京工業大学——入学案内—くさび型教育[EB/OL]. http://www.titech.ac.jp/admission/other/wedge.html，2009-12-29.

21. 東京工業大学大学院. 東京工業大学土木工学科における創造性育成のための取り組み[R]. http://www.plan.cv.titech.ac.jp/fukudalab/research/jsce06.pdf. 土木学会第61回年次学術講演会,2006—09—21.

22. 平成19年度までの創造性育成認定・選定科目[EB/OL]. http://www.eduplan.titech.ac.jp/souzou/past_list.html，2008-04-12.

23. 東京工業大学大学院. 東京工業大学土木工学科における創造性育成のための取り組み[R]. http://www.plan.cv.titech.ac.jp/fukudalab/research/jsce06.pdf. 土木学会第61回年次学術講演会,2006—09—21.

24. 平成20年度 創造性育成科目リスト[EB/OL]. http://www.eduplan.titech.ac.jp/souzou/regist_08.html，2008-09-12.

25. 平成21年度　創造性育成科目リスト[EB/OL]. http://www.eduplan.titech.ac.jp/souzou/regist.html，2009-12-29.

26. 国立大学法人東京工業大学事業報告書[R]. 国立大学法人東京工業大学，2008,10.

美国、日本、韩国终身教育体系比较研究

职业教育与终身教育研究所[①]

构建中国特色的终身教育体系，建设学习型社会，已经成为我国未来十年教育改革与发展的战略目标之一，成为江苏建设教育强省、实现教育现代化的重要方面。分析发达国家构建终身教育体系的发展历程和政策措施，总结它们的主要实践经验，对于建设江苏特色的终身教育体系有着重要的启示意义。本课题组通过对美国、日本和韩国终身教育体系的考察，概括三国终身教育体系的共性特征，分析三国终身教育体系的国别典型特征，并结合江苏特点，提出完善江苏终身教育体系的政策建议。

一、美国、日本、韩国三国终身教育体系的共性特征

（一）后工业社会中多样化的学习需求：美国、日本、韩国三国终身教育发展的内在动力

美国、日本、韩国三国终身教育发展的过程表明，制度化的终身教育体系建设，与一个国家后工业化发展阶段密不可分。后工业社会的到来，人们对教育的需求发生变化，对传统学校教育的功能开始进行反思，这成为三国终身教育体系构建的宏观背景。

在传统社会，知识的分配是以学校教育为特征的权威性分配方式，即个体在生命发展的进程中掌握什么知识、掌握多少知识、怎样掌握知识，完全由国家和政府通过集中的、正规的教育机构予以提供，这样的知识提供方式，对于宣传国家的观念文化，对于训练和培养特定技能的国家公民，有着重要的作用。同时，

① 邵泽斌、冯志军执笔。

这种指定的知识分配方式，也容易忽视个体的发展需要，造成知识与工作、生活和兴趣的脱离。进入后工业时代，人们对这样的知识配置方式产生质疑，并推进了民众终身教育需求的增长。

1965 年联合国教科文组织成人教育局局长朗格朗倡导终身教育，强调通过终身教育克服劳动异化、满足个人多样化学习需要和解放人的价值。朗格朗认为："人们一方面会被过度劳动异化，也会被劳动机会排斥，另一方面会被充裕的业余时间困扰，因此提出超越学校教育阶段，用一辈子的时间继续学习的必要，并提倡人应该通过受教育的机会，继续学习，开发自己的潜能，克服上述的被异化和被排斥的困境，跟上社会变化，成为'完全的人'。"

美国、日本和韩国正是在这一时期引入了终身教育观念。刚开始，朗格朗的这种主张被视为一种理想，70 年代中期，伴随着经济高速发展情况的结束，严重的人的异化状态和民众多样学习需求的增长，朗格朗现象愈发明显。为了克服这种状况，满足民众多样学习需求，许多国家的政府开始重视朗格朗主张，将其政策化。1976 年，美国联邦政府颁布了《终身学习法》，开始以立法的形式推动终身教育体系的建设。"20 世纪 70 年代，日本政府中的一些开明人士引入终身教育，70 年代以后日本经济高速发展期结束，日本社会进入低成长期，人们的意识逐渐离开学校教育或要求学校教育社会化和受教育年限的延长，即意识到对终身教育的需求，要求国家给自己学习的机会。"日本的《社会教育法》明确赋予中央和地方政府责任："创造适当的环境帮助所有人提高他们的文化水准，满足其生活需要。"《教育基本法》第三条规定："要使所有的公民都能够终身持续地学习。"这种个体民主学习意识的增强，民众对多元文化教育的诉求，培育了终身教育的民众基础，成为各国发展终身教育的内在动力。

（二）政府主导的专门性支持措施：美国、日本、韩国三国终身教育体系的制度保障

这种多样化的知识分配方式和知识获取方式，既包括公民个人、社区、宗教团体的人文精神需求，也包括个体对改进工作技能、提高生活能力的学习需要。前者促进了宗教团体、社区教育的蓬勃兴起，推进了私人财团对终身教育的支持；后者促进了企业培训机构和专业培训机构的发展。如美国"29％的基督教堂和犹太教堂为 360.4 万成人举办有组织的教育活动；其他宗教组织为 47.43 万成人教育提供服务；基督教青年会和红十字会在 3 360 个地区为 305 万成人提

供教育机会；各种地方公民组织如老年市民团体、政治团体、街道中心为117.5万成人组织教育课程；各种地方性社会组织、文化团体为37万成人提供教育服务”。在这样的背景下，政府积极顺应民众和社会的教育需求，提供了强大的政策支持。

政府支持终身教育主要基于两个方面的原因：一是有利于减少社会震荡，促进社会公平。通过开展成人初等和中等教育、处境不利者的培训、退伍军人培训、老年教育等，回应民众教育需求，提高公众的生活或再就业能力。比如，二战以后美国发展的社区学院就是基于培训退职士兵的考虑而设的，而十几年前开始在一些州实施的“从福利到就业”(Welfare to Work)项目则是通过对处境不利者的教育培训来帮助他们再就业，以此促进社会稳定。二是开发人力资源，提升经济竞争力。美国主要是通过企业大学和市场化培训机构运作。日本主要通过回流教育，即在大学正常招生以外，通过社会人员特别选拔制度，招收社会人员参加学习，提高人力资源素质。韩国通过自学考试制度、企业大学等方式实施终身教育，韩国企业大学教学的重点是企业所需要的技术，企业大学的学历被社会承认。

政府支持终身教育体系构建，主要通过三种形式：

一是制定法律。三国均制定了完备的终身教育法律法规。美国1966年制定《成人教育法》；1976年制定《终身学习法》；此外还包括《全面就业与培训法案》《工作训练伙伴法案》等法规。日本也分别有《社会教育法》《终身学习振兴法》《职业能力开发促进法》等。韩国1982年制定《社会教育法》，后修订为《终身学习法》。

二是成立专门的管理机构。美国设有成人教育委员会，作为国家成人教育咨询机构。美国议会设有终身教育顾问委员会，联邦教育局内设立终身教育司，各州和地方政府成立终身教育处，共同管理终身教育。韩国终身教育的主管机构是终身教育中心，内设教育中心运作室、学分银行运作室、人力资源研究室3个工作部门。地方上，在广域市、道成立地方终身教育资讯中心。日本文部省在原有社会教育局的基础上设立了终身学习局和终身学习审议会，终身学习局下辖5个课和1个室，分别为终身学习振兴课、社会教育课、学习资源与资讯课、青少年教育课和妇女教育课以及专修学校振兴室，各都道府县设立终身学习中心。

表 1 美国、日本、韩国三国终身教育管理机构

	国家终身教育管理机构	地方终身教育机构
美国	终身教育司	终身教育处
日本	终身学习局	终身学习中心
韩国	终身教育中心	终身教育咨询中心

三是经费支持。美国联邦政府和州政府的财政支持主要体现在三个方面：一是重点资助对国家发展影响极大或公民福利性的促进平等的项目，如以津贴形式用于退伍军人和以奖学金形式用于志愿做特定学科教师的学生。二是适当支持专业提高和个人发展等方面的项目，这些项目的大部分经费由社会力量办理，但政府常常在人事、设施、行政开销等方面给予资助。三是紧急性培训项目，主要包括难民培训等，如佛罗里达州有 6 000 人因东方航空公司倒闭而失业，劳工部拨款 100 万给该州一所社区学院，委托其对这些人进行培训，帮助他们重新就业。日本文部省在预算中设置了"终身教育推进事业费补助"，并呈现出社会教育经费在教育经费总额中的比率上升，学校教育经费所占比率下降的趋势。韩国政府"从 1991 年开始至 2010 年，按国民生产总值 1%的比例逐年增加成人教育经费，加大对成人教育的投入，从而确保成人教育更好地满足经济发展的需求"。以 2006 年为例，该年度政府部门对终身教育的总预算达 34 638 亿韩元，其中，公民服务委员会、劳工部、科技部等部门给终身教育的预算占各部门预算的比例都相当高，此外，为支持学习型城市建设，韩国政府对每一个入选的终身学习型城市给予经费补助，教育部选择 3 个自治团体并投资 6 亿元，亦即每个自治团体可得 2 亿元，以进行学习城市建设。

(三) 立体化的终身教育载体：美国、日本、韩国三国终身教育的运行机制

总体上可以用"纵横交错"来概括三国的终身教育体制。即纵向上形成了从学前教育到老年教育的教育体系，横向上形成了社区教育、企业教育、网络教育、社会教育为主要形式的终身教育体系。三国的学校教育，特别是其中的基础教育由于其革新的教育理念和扎实的素质教育，为终身教育的开展奠定了坚实的基础。这里主要介绍三国的社区教育、企业教育和学分互认制度。

首先是发达的社区教育。美国社区教育的主要载体是社区学院。美国社区学院具有入学条件简单、学习时间灵活、收费低廉等特点，社区学院的教学内容主

要包括大学预备教育、职业技术教育、成人及继续教育等。全美44%的大学生在社区学院就读，社区学院成为美国高等教育大众化的重要方式。日本社区教育的主要设施是公民馆，也是日本战后几十年国民进行终身学习的中心场所。在日本，城市中每有一所中学大约就有一所公民馆，乡村中每有一所小学就有一所公民馆。根据日本《社会教育法》的规定，公民馆是“为市町村或某一特定地域的居民结合其实际生活进行教育、学术、文化方面的活动，以使居民提高教养、增强健康、陶冶情操、振兴生活和文化，充实社会福利”。韩国社区教育在不同时期具有不同的特点。20世纪70年代韩国开展的旨在支持乡村社区发展、改善农村地区居住条件和社区条件的“新乡村运动”，形成了以“新乡村运动中心”为主要载体的社区教育。此后，新乡村运动“将范围扩展到城市区域，韩国成立了全国性的社区学校协会，在农村和城市范围内广泛开展了社区教育运动”。目前，韩国城市社区教育没有独立的运作载体，但形成了以乡镇终身学习中心、终身学习馆为主导，以“图书馆、地方小区中心、艺廊、展览馆、文化中心、教堂、社会福利组织及各种中心，如青年中心、妇女中心、老人及劳工中心等”广泛参与的多样的社区教育体系。“韩国社区终身教育中心与市民大厅、妇女大厅、市内运动馆、市图书馆、当地终身教育中心，以及文化组织、社会福利组织、社会/市民组织、初等教育学校等联系，负责政策构建、终身学习网络、终身学习项目、终身学习文化、终身学习信息准备等。”

表2 美国、日本、韩国三国社区教育运行机制

	社区教育主要载体	社区教育机构运行特征	社区教育功能
美国	社区学院	独立运行	学历教育、社会教育（文化、教养等教育）、职业教育
日本	公民馆	独立运行	社会教育（文化、教养等教育）、社区行政
韩国	终身学习馆	与其他社会机构联合运行	社会教育（文化、教养等教育）、社区发展、职业教育

其次是实用的企业教育。企业教育成为三国终身教育体系的重要组成部分，是因为企业教育可以针对企业和员工的发展需求，开设有针对性的教育内容，促进企业的技术创新和员工的能力提高。美国企业特别重视职工教育，据估计，美国的公司、企业每年投入教育的金额达300—600亿美元，其中很大部分用于专门人员的继续教育。此外，企业大学也成为重要的终身教育形式。如美国通用汽车公司创办的工程管理学院，就属于美国较著名的企业大学。美国企业

大学发展到1 600多家，其中40%为世界500强企业所办。“全员培训”是日本企业内职工教育的最大特点。第二次世界大战后，日本从美国引进了对监工的训练(TWI)和对管理人员的训练(MTP)。20世纪60年代开始的日本高速经济成长使企业对职工教育和培训的重要性有了新的认识，促进了从初级技能工到高级管理人员的多层次、全方位和全员化的企业职工教育培训体系的形成。韩国《终身教育法》第21条中规定，企事业单位的规模超过总统令规定要求后，经过教育部长官认可，可以运营专科大学，也可以运营相当于本科大学的终身教育学校。企业大学的招生对象主要以当年从业人员为主，原则上由法人负担所需要的教育费用。企业大学的毕业证书如今已经得到社会的承认。三星电子、LG半导体、韩国通信等十多家韩国大企业都设置了企业大学。

第三是特色化的学分互认制度。美国、日本、韩国三国注重通过实施“学分互认”制度，沟通职业教育、普通学校教育、高等教育与成人教育，促进终身学习的灵活性和便捷性。美国的学分互认主要发生在社区学院和四年制大学、学院之间。“如果在社区学院顺利修完可供转学的核心课程，并达到其他转学规定，就可以携带学分顺利转入指定的四年制大学、学院，并免修大学一二年级相应的课程。”在日本，政府将学分互认看成是对学习者多元评价的重要方式。“文部省规定，对社会成员在社会上参加的学习可以作为在学校学习的学分。”如专修学校的学习成果及文部省认定的技能审查成果，高中以及大学可以将之作为学生的学分给予认定。韩国确立了“学分银行”制度，对学生学习成果进行认可和学分累积，凡是拿到高中毕业证书和同等学习背景的人都可以申请注册。每个人学习课程的成绩经有关部门审核便可以得到学分，学分可以一直累积到规定标准(学士学位140学分，两年副学士为80学分，三年副学士为120学分)，便可顺理成章地拿到学位证。

二、美国、日本、韩国三国终身教育体系的国别典型特征

(一) 美国:地方主导的终身教育运行机构

根据美国宪法规定，教育是由各州根据宪法和各州地方法规进行管理的。从总体上看，美国实施成人教育的机构大致可分为四类:(1)独立设置的成人教育机构。包括以社区为基础的机构、私立成人学校、校外学位机构等。(2)正规教育机构。包括公立小学、社区学院、四年制大学和学院、农业合作推广处等。(3)半教育性组织。包括社区组织(各种地方性民间非盈利会员组织)、文化组织

(公共图书馆、博物馆、大众媒体)、各种职业协会。(4)非教育性组织。包括工商企业、工会政府机构、军队等举办的教育机构。当前在美国终身教育体系中发挥重要作用的主要有社区学院、企业大学、博物馆、图书馆、开放性学习机构、专业团体、网络教育等。鉴于美国社区学院和企业教育在前面已经进行了分析,这里重点介绍终身教育的其他实施机构:

1. 博物馆和图书馆。美国的博物馆主要有历史类、科学类、艺术类 3 种,通常采用参观、演讲、讲解、参与各种研习活动等方式提供学习服务。如今,各图书馆还开设了学习咨询室,为成人学习者义务介绍学习机构,帮助制订学习计划,选择学习方式,同时还解答学习者提出的各种学习问题。

2. 开放性的学习机构。包括开放大学(open university)、无墙大学(university without walls)及有声望的州立学院(empire state callege)。其中无墙大学和有声望的州立学院均根据每一位求学者的兴趣、以前的学业成绩、能力及学习欲望而设计具体的教学计划,尊重求学者的主体性,让求学者决定自我教育的方向,而且在课程编排、学习时间及评价学习成果等方面均具有灵活性。

3. 专业团体和国际性机构。国际性的成人教育组织主要是国际继续教育与训练协会,全国性的组织有美国成人及继续教育协会,地方性的成人教育组织包括各州的成人及继续教育协会等。这些专业团体和机构分布于全美各地,相互合作,共同致力于营造良好的成人及继续教育氛围,有计划、有组织地进行终身教育的研究和推广工作,有力地促进了美国终身教育的发展。

4. 网络教育。美国广泛利用卫星传播与互联网技术,开展远程教学。据美国 New Promise 统计,目前,有 415 所大学开设 4 216 门课程在该公司登记上网,上网的课程覆盖了美国半数以上的州。上网课程比较多的是加利福尼亚州、纽约州和明尼苏达州。通过互联网,加利福尼亚州内的大学提供了 970 门课程,其中私立大学提供的课程数为 120 门,涉及 80 个专业。

5. 大学推广教育。美国的大部分大学都设有开放部或成人教育学院、继续教育学院,主要对企业管理人员和专门技术人员实施继续教育。高校提供的课程中既有全日制的,也有半日制、周末和晚间的;既有学分的学位课程,也有非学分的短期课程。通常每年有 1 000 万左右的人参加非学分的课程,大部分为医生、律师、工商企业经理和教师等,学习本专业的最新发展成果。

(二) 日本:沟通劳动世界与学习世界的回流教育

日本积极推动在职人员的回流教育。文部省实施“社会人员特别选拔制度”、“夜间部和昼夜开讲制度”、“通信(函授)教育制度”、“大学公开讲座制度”、“大学入学资格检定制度”、“科目履修生制度”等。

1. 特别选拔制度。为不断扩充和提高社会人员参与大学学习的机会,日本建立了向社会开放的高等教育机构,实施“社会人员特别选拔制度”,即通过普通大学夜间部授课、夜间研究生院等方式,在正常招生之外招生社会人员。此外,日本还实行大学入学资格检定制度,主要是对没有受过高中教育的人,通过接受资格检定,在规定科目合格的情况下,给予准入大学的资格,以扩大大学教育机会。

2. 短期大学与放送大学。日本于 1950 年创建了短期大学,1961 年创立了高等专科学校,1976 年创建了专修学校,1981 年公布《放送大学学园法》,1985 年放送大学开始正式招生。现有短大 591 所,其中 84%为私立;有专修学校有 3 000 多所,设置的专业皆为社会需要的实用性专业。开设课程种类 300 门以上,参与学习者的年龄跨度为 18—90 岁。

3. “准学士”制度。日本除了正规高等教育可以授予学生学士和硕士、博士学位之外,高等专门学校毕业者可以授予“准学士”称号;短期大学毕业者可以授予“短期大学学士”称号。符合学习年限 2 年以上,参加总授课时数超过 1 700 小时条件的专门学校的学生,可以授予“专门士”称号;修业年限 4 年以上,参加总授课时数超过 3 400 小时的学生,可以授予“高级专门士”称号。使得各个类别的学生的努力都可以得到社会的承认。

4. 应对老龄社会挑战的老年教育。日本总务省 2009 年 7 月 1 日公布数据,国内 65 岁以上老年人口占日本总人口的 21%。为了应对老龄社会的挑战,日本积极开展老年教育。从办学结构上看,日本老年教育可分为社会福利与社会教育两大系统。从具体办学形式上看,可以分为:(1)教育行政部门主办的长寿学院、高龄者教室和公民馆;(2)由高等教育机构主办的公开讲座、函授教育和放送大学;(3)由福利行政部门主办的老年大学和老年人俱乐部;(4)由民间机构主办的老年人寄宿所和老年人网站俱乐部。据日本的《高龄社会白皮书》调查显示,当前排在学习内容前 3 位的分别是:园艺和盆栽、健康和卫生、绘画和音乐。

(三) 韩国:以终身学习城市为主导的丰富的社会教育体系

韩国《社会教育法》将社会教育定义为:指除根据其他法律的学校教育以外,为全民终身教育所采取的所有形式的有组织的教育活动。目前,韩国已经形成了以“终身学习城市”为主导的发达、丰富的社会教育体系。

1. 终身学习城市建设。面对国际竞争，韩国政府把力量集中在对人力资源不断开发和培养之上，且把人力资源开发放在国家发展的核心战略目标。从2001年开始，韩国政府积极从事及支持终身学习城市的发展，终身学习城市政策已被提升为教育及人力资源发展部门所指定的促进终身教育全面计划的一部分。至2006年韩国共有54个终身学习城市，而且申请加入的城市越来越多，韩国政府对入选的终身学习城市进行补助，以支持终身教育的发展。

2. "新村"运动。韩国十分重视农业和农村教育，积极开展"新村"运动，旨在建设崭新的农村社会，并在农村开展了终身教育运动——新农村教育。新农村教育不仅仅是为了学校和社区的发展，更是展开成人教育、生产教育、志愿奉献活动、文化宣传的社会综合教育。韩国的农村教育体系包括3个层次：一是正规教育课程中的农业教育。这种农业教育由农业高中、农业专门大学、农协专门大学、农科大学为培养农业技术员、中坚的农业经营技术员、专业农民而开展的教育。二是由农村振兴厅开展的农业与农民教育、民间团体开展的农村及农民教育。三是民间组织开展的农村社会教育。这种农村社会教育主要由韩国相关的民间群众组织进行，主要开展农业技术和进行勤勉、节约、福利等实践教育，普及农民文化教育和进行信息交流等培训。

3. 学位自学考试制度。韩国在1990年4月制定了学士学位自学考试制度(Bachelor's Degree Examination Program for the Self-educated)。学位自学考试制度主要招收高中毕业而未能升入高等学校的社会成员，学习的形式有自学、参加远程教学和培训班学习等。"该项制度共设12个专业，如韩语言文学、英语语言文学、商业管理、法律、数学、国内经济、公共管理、儿童教育、计算机科学、农业和护理等。学员需要通过4个阶段的考试，才能获得学位。"

4. 网络远程教育。韩国每百人宽带用户居世界首位，使用互联网的人数居世界第三。根据《终身教育法》第22条规定，远程大学(以远程教育为形式的成人教育大学)在办学上享受与其他高等院校相同的待遇，毕业生和其他高等学校的毕业生一样可以申请相应的学位。目前，韩国"共有6所大学开办网络大学(26个专业，3 800名学生)；已建立的9所远程教育大学在校人数达16 700名"。

5. 职业培训教育。韩国1963年《产业教育振兴法》开始对职业教育作出相关规定，1996年颁布了《职业教育和培训促进法》，对职业培训进一步专门规定。将资格等级简化为技能士——产业技师——技师——技术士。政府对职业教育培训给予政策倾斜，对职业高中的财政拨款和财政奖励多于普通高中，并促进国立和私立职业教育机构的独立法人化建设，形成相互合作和竞争的机制。

6. 弱势群体教育。2001年和2002年韩国教育部在全国分别征集了20个和25个终身教育项目，以帮助那些没有平等受教育权的群体，如妇女、老人、残疾人、低收入者等。主要包括：(1)老年教育。为解决社会各阶层之间日益扩大的教育差异问题，韩国政府鼓励大学为老年人提供各种培训课程，并开展了“老年人资源开发计划”在内的许多旨在促进老年人教育、增加老年人参与社会事务机会的计划和项目。(2)残疾人教育。1977年12月31日颁布了《特殊教育振兴法》，规定：韩国政府向残疾人提供远程特殊高等教育。1977年颁布的《特殊教育振兴法》、1989年的《残疾人福利法》等，从教育、就业、医疗等各方面给残疾人提供福利和帮助。2007年，韩国政府为了进一步保障残疾人的受教育权利，废止《特殊教育振兴法》，相继制定并颁布了《对残疾人等的特殊教育法》及其施行令和施行规则，规定：“国家及地方自治团体设置残疾人终身教育设施，并构建不同生涯周期残疾人的教育支援体制等各项条款。”(3)女性教育。1998年在教育及人力资源发展部下设女性教育政策室，负责确立和调整有关女性教育。除了制定一些男女平等教育的法律外，韩国还专门加强对女生的职业培训。目前在韩国，主要以女性为对象开展终身教育活动的机构有3 561个，其他类型的终身教育机构1 876个。

7. 非传统学校教育运动。20世纪90年代，韩国开展了非传统学校教育运动(Alternative School Movement)。该运动力图解决公共教育制度的弊端，旨在探索一条新的教育方向和实践方法。非传统学校教育运动基本上贯彻了“教育改革委员会”1995年5月31日公布的与教育国际化、终身化相适应的“新教育体系的改革方案”，其核心内容强调以学生为中心，提倡教育的多样化、与自由平等理念相协调的教育。

三、美国、日本、韩国终身教育实践对完善江苏终身教育体系的启示

(一) 江苏构建终身教育体系的优势和挑战

1. 江苏构建终身教育体系的基础和优势

(1) 经济社会的快速发展，为终身教育体系的构建提供了社会基础。改革开放以来，江苏经济社会发展走在全国前列，特别是近年来，在“两个率先”目标的引领下，全省经济社会保持良好的发展势头，苏南不少地区经济社会进入现代化发展阶段。经济社会的快速发展，促进了民众文化自觉意识的提升、民主意识的增强，以及自我完善需求的提高。这为终身教育体系的构建提供了物质基础

和文化基础。

（2）各类教育的健康发展，为终身教育体系的构建提供了教育基础。新世纪以来，江苏各类教育取得了较快的发展速度和较高的发展质量，特别是近年来在“教育强省”战略指引下，学前教育、义务教育、高中教育、职业教育、高等教育等取得了长足发展。各级各类教育质量的提高和效益的增强，本身就是终身教育健康发展的重要表征。同时，各类教育的快速发展，有利于激活民众多样的教育需求，增强人们参与终身教育的主动性。

（3）已有扎实的终身教育实践，为终身教育体系的构建奠定了制度基础。近年来，江苏在终身教育思想引领下，社区教育取得较大进展，国家级、省级社区教育示范区创建工作走在全国前列。继续教育、农村成人教育、老年教育、社会培训事业都呈现出良好的发展态势，终身教育资源建设稳步推进，这都为江苏终身教育体系的构建奠定了制度基础。

2. 江苏构建终身教育体系面临的困难和挑战

（1）民众参与终身教育的主动性需要激活。对照美国、日本、韩国三国终身教育体系发展的社会背景，中国民众参与终身教育体系的社会经济和文化背景条件尚不够完备。一方面表现为传统的权威的知识分配体系还处于主导地位。教育，在很大程度上被理解为制度化的学校教育，特别是其中的基础教育，激烈的学习竞争和考试压力，给广大民众带来了严重的消极的学习体验，人们对主动参与学习的兴趣不高；另一方面，民众更多地将学校外教育理解为成人学历教育、成人职业教育，这使得教育充满了职业主义、实用主义和消费主义。此外，公民社会发育的相对缓慢、激烈的职场竞争，以及严重的就业压力，消解了民众多样的文化需求、艺术需求和博雅提升需要。如苏南不少地区建有高标准，甚至是豪华的社区教育机构，但民众的使用率和参与率却不高。

（2）终身教育事业的发展尚处于务虚阶段。从总体上看，当前国内终身教育还存在于理念阶段，无论是国家的政策表述，还是地方政府的制度设计，都表现出一定的务虚性。诸如构建“人人学习、处处学习、纵横交错的终身教育立交桥”等口号随处可见。面对涉及人的一生，关涉到各类教育的终身教育体系的构建，需要着力推进的事业很多，泛泛而谈，笼而统之，容易模糊终身教育的内在价值。如何结合本国、本省，甚至是每一个人的实际，寻找构建终身教育的切入点，制订扎扎实实的路线图，从看得见、摸得着、见成效的具体举措做起，将理想的、面向未来的终身教育体系落实到当前的具体实践中，让广大的民众从自身的生活实践中体验到终身教育的乐趣和收益，是政府推进终身教育的重点。

（3）终身教育支持系统的相对脆弱。政府和社会对制度化教育和学校教育的过度支持，淡化了终身教育的支持系统建设。无论在机构设置还是法规建设、载体建设上，学校教育系统在管理、考核、评价、投入等方面都形成了一套成熟、完善的支持体系。相对而言，社区教育、企业教育、成人教育的支持系统相对薄弱。首先是文化支持系统的薄弱。功利的学校教育导致的人们对教育概念的窄化和误解，高度竞争的职业压力制约着人们参与终身教育的时间和精力，公民社会的不成熟造成民众文化团体、宗教团体的发育缓慢，这些都不利于形成一个促进民众多样知识需求的文化支持系统。其次是制度支持系统的不足。一方面表现为终身教育的相关法律还处于空白；另一方面表现为缺少独立的终身教育管理机构，仅有的终身教育管理机构也大都隶属于教育部门，不利于整合各种力量推进终身教育。

（二）落实《规划纲要》精神，完善江苏终身教育体系的建议

1. 优化经济社会发展结构，革新学校教育制度，为江苏终身教育体系的构建提供社会支持

首先要加快经济和社会事业发展。这不但有利于为终身教育体系构建提供物质基础，也有利于改善民生，减少民众的就业压力、生活压力，增强民众的幸福感，为民众有更多时间、更多精力、更宽裕的财力参与终身教育创造条件。

其次要改革现有的学校教育制度，尤其是推进基础教育课程改革，减轻学生的学业负担，增强学生的学习兴趣，减少学校生活对青少年人格生成、精神成长和文化发展的消极影响。改革各类教育的培养方式，以学生的创新精神和实践能力为重点，激发国民接受终身教育的需求，增强国民参与学习活动的情趣，调动国民自我学习、自我提高的积极性。这既是构建终身教育体系的重要组成，也是推进终身教育体系的动力基础。

2. 完善政策法规，创新体制机制，为江苏终身教育体系的构建提供制度支持

首先要加快制订终身教育的法律法规。终身教育的法律法规，不仅在舆论上可以形成支持终身教育的制度氛围，而且可以在终身教育的管理体制、经费投入、考核评价、实施机构、违法责任等方面形成有效的约束机制。就江苏而言，尽快制定并形成与经济大省、教育强省相匹配的终身教育法规，应当成为当前推进终身教育事业的重点。

其次要形成有利于终身教育发展的体制机制。一是要成立省、市、县三级终身教育管理协调机构。这个机构最好不要隶属于教育系统，应该是直属于政府

的综合协调机构，类似于机构改革前的“职工教育办公室”，统筹学校教育以外的各类教育活动，协调企业、行业的各类终身教育活动，承担信息搜集、检查督导、协调管理等综合功能。二是要构建起终身教育体系的激励督导机制。要通过政府督导、行业监管、个人激励等多种方式，将江苏《规划纲要》中关于“创建学习型组织”、“建立市民学习卡”、“学习成果互认”等制度细化和落实，提高其可操作性。

3. 立足江苏特色，重点推进若干个有显示度、可操作的终身教育项目

从总体上看，江苏终身教育体系的构建还处于初级阶段。江苏终身教育体系的构建，要结合省情、市情，循序渐进，扎实推进。今后5年，应该选取几个有显示度、可操作的终身教育项目重点推进，既为终身教育的扎实推进奠定基础，也增强终身教育对民众的吸引力。

(1) 以满足民众的文化需求为重点，稳步推进城市社区教育。江苏城市社区教育启动早，成效明显，目前已经形成了若干个在全国有影响的社区教育示范区。但从总体上看，社区教育发展不均衡、不深入。不均衡，体现为省内不同地区，同一地区的不同社区发展水平有差异；不深入，体现为社区教育对民众的吸引力低，民众参与度不高。特别是在经济发达的地区，社区教育设施非常先进，但“人气不旺”群众参与度不高。这主要是社区设施建设、社区教育内容设置脱离民众需要。今后城市社区教育的实施应该进一步下移重心，将社区教育延展到居民小区；同时积极吸纳社会中介组织和群众团体参与社区活动，将民间自发的、多样的民众文化组织和文体活动吸纳到社区教育中心，并提供服务和帮助。真正将社区办成居民的活动中心、文化中心、交流中心和学习中心。

(2) 以帮助农民创业增收为重点，积极发展农村社区教育。农村社区教育要服务于农村人力资源开发，提高农民创业致富的积极性。要统筹农村中小学教育、职业教育和成人教育资源，构建新型的农村社区教育中心。整合农业部门、教育部门、文化部门和民政部门实施的农村发展、农民素质提升的各类项目。突出农村社区教育的实用性和职业性，将社区教育与农村发展项目相结合，与农民就业和增收相结合，与农村劳动力转移相结合。将农村社区办成农民的信息中心、创业中心、学习中心和文化中心。

(3) 实质性推进“学分互认”制度，提高成人高等教育的灵活实用性。出台相关文件，明确学分互认的程序、方式。改革成人教育和成人高等教育培养模式，特别是在成人专科阶段，将自学考试、农民新技术培训、城市新市民培训、企业职工培训等各类培训资源打通，通过学分互认、学分累积等方式，激发成人的学习兴趣，提高学习的灵活性和有效性。

（4）建设省级终身学习综合数据库，积极发展数字化终身教育。下大力气，依托专业机构，建设涵盖高等教育、职业教育、继续教育、干部教育、社区教育和老年教育的大型数字化学习资源。建设若干个专题学习网站，采用互联网、双向卫星、数字电视、移动学习网等多种学习平台，实现课程建设、信息发布、学习课件下载、互动教学、成果展示、学习评价等交互管理，形成多功能的省级终身教育教学资源库。

【参考文献】

1. 翁朱华：《终身教育体系的整体再建——中日学者三人谈》，载《开放教育研究》2010 年第 5 期，第 4 页。
2. Ministry of Education，Culture，Sports，Science and Technology of Japan. National Report on Development and State of the Art of Adult Learning and Education. Report for the 6th International Conference on Adult Education. May 2009. 3.
3. 李玉芳：《美国终身教育基本经验及启示》，载《继续教育研究》2005 年第 6 期，第 20 页。
4. Gwendolyn McCray，USA's Welfare to Work Situation-Work First Program. In：Carolyn Medel-Anonuevo. eds. Integrating Lifelong Learning Perspectives. UNESCO Institute for Education，2002. pp. 126 – 127.
5. 赵曙明：《美国高等教育管理》，湖北教育出版社，1992 年版，第 104 页。
6. 张风巧、倪守健：《韩国成人教育的特点及启示》，载《中国成人教育》2009 年第 18 期，第 94 页。
7. Republic of Korea：Lifelong Education Budget by Government Office (2006). in：UNESCO Institute of Lifelong learning. Global report on adult learning and education. (2009). p. 112.
8. 奇永花：《韩国终身教育的发展与实务运作》，载《成人教育》2009 年第 3 期，第 15 页。
9. United States Department of Education. National Report on the Development and State of the Art of Adult Learning and Education. Report for the 6th International Conference on Adult Learning and Education. May 2009. 191.

10. 陈爱香:《日本社区教育设施分析》,载《成人教育》2006 年第 8 期,第 93 页。
11. 金哲华:《中韩终身教育经营之比较》,载《延边大学学报》2010 年第 1 期,第 71 页。
12. 奇永花:《韩国终身教育的发展与实务运作》,载《成人教育》2009 年第 3 期,第 12 页。
13. 雷丽平:《韩国职业技术教育的发展与改革对我国的启示》,载《东北亚论坛》2008 年第 2 期,第 19 页。
14. 毕淑芝、司荫贞:《比较成人教育》,北京师范大学出版社,1995 年版,第 191 页。
15. 乐传永:《管窥战后日本成人教育的主要特色》,载《中国成人教育》2005 年第 11 期,第 119 页。
16. 米红、李国仓:《美国大学与社区学院学分互认机制研究》,载《比较教育研究》2007 年第 10 期,第 27 页。
17. 吴忠魁:《当今日本建设终身学习体系的经验与措施》,载《比较教育研究》2000 年第 5 期,第 52 页。
18. Korean Ministry of Education, Science and Technology. National Report on the Development and State of the Art of Adult Learning and Education. Report for the 6th International Conference on Adult Education. May 2009. 7.
19. 肖利宏:《当前美国成人教育发展的主要特点》,载《继续教育》2005 年第 1 期,第 59 页。
20. 赵红亚:《迈向学习社会》,中国社会科学出版社,2004 年版,第 377 页。
21. 毕淑芝、司荫贞:《比较成人教育》,北京师范大学出版社,1995 年版,第 190—191 页。
22. 吴忠魁:《当今日本建设终身学习体系的经验与措施》,载《比较教育研究》2000 年第 5 期,第 50 页。
23. 张晓菲:《终身教育视野下的日本老年教育》,载《成人教育》2010 年第 9 期,第 93 页。
24. [韩]鲁在化:《韩国新农村运动和社会教育运动》,载《外国中小学教育》2009 年第 7 期,第 4 页。
25. 王海东:《韩国的学士学位自考制度和学分库系统介绍》,载《成人教育学刊》2001 年第 11 期。

26. 国际教育信息跟踪与研究课题组:《韩国终身教育体系的建立》,载《天津市教育科学研究院学报》2004 年第 10 期,第 43 页。
27. 金香花:《转型期韩国特殊教育发展研究》,载《教育评论》2010 年第 5 期。
28. [韩]郭插谨等:《女性终身教育的理论与实践》,首尔:教育科学社,2005 年版,第 183 页。
29. [韩]洪性敏:《韩国非传统学校教育运动述要》,载《全球教育展望》2005 年第 6 期,第 79 页。

德国、美国、日本职业教育校企合作制度研究

职业教育与终身教育研究所①

校企合作制度是现代职业教育制度的核心内容。加强校企合作制度建设是发达国家职业教育发展的基本经验和改革重点。《国家中长期教育改革和发展规划纲要》中明确提出:“调动行业企业的积极性。建立健全政府主导、行业指导、企业参与的办学机制,制定促进校企合作办学法规,推进校企合作制度化。”这为今后我国职业教育校企合作制度建设指明了方向。发达国家的校企合作制度构建比我国起步早、措施实、经验多,这为我国校企合作制度建设提供了可资借鉴的经验。本文选取校企合作制度相对成熟的德国双元制、美国合作教育、日本产学合作进行研究,以期为我国校企合作制度建设提供有益的参考。

一、德国、美国、日本职业教育校企合作制度的历史追溯

(一) 德国校企合作制度的嬗变

德国双元制是行业协会与企业主导下的职业教育人才培养模式。它由企业和学校共同承担人才培养的任务,按照行业标准、企业对人才的要求组织教学和岗位培训,实现企业实践技能培训和学校理论学习的有机结合。它是目前国际上公认的校企合作培养人才的典范,较好地解决了学校和企业两种环境和运行体系衔接的问题,是企业为主导的校企合作类型。

双元制模式发展的过程是一个法律法规不断建立和完善的过程,现已形成了一整套内容丰富、相互衔接、便于操作的职业教育法律法规保障体系,支撑着德国庞大而复杂的职业教育系统的运作,使其依法、有序发展。纵观二战后德国

① 马成荣、尹金金执笔。

相继颁布的职业教育法律法规,为其职业教育的校企合作体系的形成和良性发展提供了法律基础和政策保障。

表1 二战后德国职业教育有关校企合作的法律法规

颁布时间	法律法规
1965年	《手工业行业协定》
1969年	《联邦职业教育法》
1972年	《企业基本法》
1972年	《实训教师资格条例》
1981年	《联邦德国职业教育促进法》
1984年	《职业培训条例》
1987年	《手工业学徒结业考试条例》
1990年	《联邦德国职业教育促进法(修订)》
1994年	《强化职业教育的几项重点措施》
2005年	《联邦职业教育法(修订)》

这些法律大致上可分为两类。

1. 纲领性政策

《联邦职业教育法》是纲领性的政策法规,该法于1969年颁布。进入20世纪90年代以来,随着经济社会的相互融通,职业教育与经济和劳动力市场政策结合得更加紧密,该法又于2005年与《联邦职业教育促进法》两法合二为一,颁布了新的《联邦职业教育法》,确立了职业教育中校企合作在经济社会发展中的重要地位,第一章第一节第四条第一款就指出:联邦经济和劳动部或其他主管业务部门可与联邦教育和研究部协商,以无须联邦参议院同意的法规形式,代表国家对职业教育予以认可,并按照第五条的规定颁布职业教育条例,使其成为规范统一的职业教育基础。同时,还以法律形式规定和完善了职业教育管理和运行的各个环节。第一章第二节第十条第一款规定:招收他人接受职业教育(教育提供者),须与受教育者签署职业教育合同。第一章第二节第十一条第一款就职业教育合同的各项内容做了规定,主要包括:培训的性质、培训内容、时间的不同阶段和培训目的、培训场所之外的培训措施、日常培训课时数、培训津贴的支付和高低、休假期限等。对于合作过程中受教育者和企业的权利和义务都由国家以法律形式确定下来。第一章第二节第十三条第一款指出:受教育者有义务做到:认真完成其职业教育范围内所交付的任务;

参加根据第十五条为其提供专门时间的所有教育措施；听从教育提供者、实训教师或其他有权指令人员的指示；遵守针对教育机构的制度；爱护工具、机器和其他设备；不得泄露有关企业和企业经营秘密。第一章第二节第十四条第一款就企业应履行的义务作了规定，如致力于向受教育者传授实现教育目标所必要的职业行动能力，按照教育目的所要求的形式有计划地从时间和内容上系统安排并实施职业教育，使教育目标在预定的教育时间内得以完成；亲自进行或明确委托实训教师进行教育；免费为受教育者提供参加职业教育及中期和结业考试所必需的教育用品，特别是工具和材料，即便这些考试在职业教育关系结束之后进行；督促受教育者去职业学校学习及填写在职业教育的范围内所要求的教育证明，并对其进行检查；致力于促进受教育者的个性发展，使其在道德和身体方面不受损害。

2. 配套性政策

在这一层次上，主要是配合《联邦职业教育法》的执行所颁布的教育行政法规和相关规定、条例。如《手工业行业协定》《实训教师资格条例》《强化职业教育的几项重点措施》。另外，有些条例通常是配合联邦政府的某项教育立法而制定的，它们的作用事实上是指导教育法的执行，如《职业培训条例》是配合《联邦职业教育法》而制定的，是指导企业开展职业培训活动的重要依据；《手工业学徒结业考试条例》是关于组织和实施双元制结业考试的法定章程，对职业资格的取得进行标准化的规定。

在州一级别，通过法律法规来指导和保障双元制的顺利开展，除了宪法和职业学校法，还有由州教育文化部颁布的行政性法规。比如，针对“物流师”这一职业，职业学校的专业教学计划和课时进度表，必须在听取交通部、货运联合会及其他有关机构的意见后由州教育文化部颁布和实施。

德国双元制的校企合作制度是由联邦统筹，各州具体安排，“求大同、存小异”，自上而下逐层细化和更贴合实际需要的法律法规体系，保障了双元制的健康有序发展。

（二）美国校企合作制度的嬗变

校企合作在美国最为典型的表现形式即为合作教育，它是以获得合格雇员为目标，整合课堂学习与工作经验学习的结构式教育项目，其对象主要是职业高中和大学的学生。美国职业协会发表的《合作教育宣言》第一次给这种教育模式下了定义，认为它是“将理论学习与真实的工作经历结合起来，从而使课堂教学更加有效的教育模式”。其中，学校为合作教育的主办方，学生是被雇佣的雇员，企业作为雇主是职业教育的合作伙伴，而合作教育则是由以上三者合作产生的结果。

美国第一个合作教育计划始于1906年。与德国校企合作制度发展的历史和形式不同，美国规范的校企合作制度的建立和发展产生于工业化进程的迫切需要之际，最早不是产生于中等职业教育领域，而是产生于大学的工程技术科学领域。它不像德国有可追溯到中世纪的源远流长的学徒制培训，美国职业教育校企合作的发展不同程度受到杜威实用主义、泰勒科学管理、人力资本理论、终身教育理念的影响，其学校和企业之间的合作不但是自下而上的而且是有着强烈的内在需求所致，在学校与企业合作中的形式更为灵活和多样。

美国职业教育校企合作法律制度的出台具有针对性和时效性，它结合社会经济的发展需求和教育发展的内在需求，这是美国职业学校和企业合作能够有序、规范、高效进行的必要保障。二战后，美国社会经济的发展给职业教育的发展提供了一片广阔的天地，也为企业成功介入参与职业教育起到了巨大的推动作用，崇尚法治的美国国会相继通过了一系列法案和采取措施来促进和规范学校职业教育与企业的联系，以提高企业在职业教育中的作用。具体法案的颁布如表2所示：

表2　二战后美国合作教育相关法律法规

颁布时间	法 律 法 规
1963年	《职业教育法》
1977年	《青年就业与示范教育计划法案》
1982年	《职业训练协作法》
1983年	《就业培训合作法》
1984年	《伯金斯职业教育法案》
1990年	《伯金斯职业应用技术教育法》
1994年	《从学校到工作机会法》
2006年	《卡尔伯金斯生涯与技术改进法》

这些法律法规大致可分为两类。

1. 纲领性政策

《伯金斯职业教育法案》开启了全民职业教育之门，将职业教育的补助范围进一步扩大，补助金额进一步提高，目的在于帮助各州推广、改进和发展职业教育，确保个人接受职业教育的权益。法案规定，联邦政府可以拨款推动政府和私人企业在职业教育领域开展合作，鼓励工商企业和教育机构间建立密切合作关系，共同拟订培训项目和课程。《伯金斯职业应用技术教育法》目的是"通过更充分地开发美国所有阶层的学术能力及职业能力，进一步提高美国的国际竞争力"。法案授权联邦政府每年向州和地方培训计划投资16亿美元，是美国联邦政府批准的职教经费最多的一项法案，它以教育专项补助款的形式分配到各州。法案明确规定将社会事务及商业等活动引入课程内容，以缩短学生毕业后就业的适应过程。《从学校到工作机会法》法案规定企业负责延伸的学习活动，如提供合作学习课程，向高中学生提供实习职位，以及提供实地工作指导，学校和企业必须一同工作以创造合作关系，建立就业及学校之间的沟通。该项法案的签署及实施，对规范、促进美国的校企合作起到了极大的指导作用。

2. 配套性政策

《职业教育法》规定为工读课程提供财政资助，并且要求各州的职业教育部门与企业相互合作；《青年就业与示范教育计划法案》旨在促进协调职业教育与培训课程的进行；《职业训练协作法》是美国历史上首部由政府与民间团体共同推动的职业培训法案，该法规定政府资助职业培训，设立私立企业委员会，由企业机构、教育单位、劳工组织、社区团体等共同参与，以扩大受训者的雇用及其收入，减少对公共福利的依赖。《就业培训合作法》将职业培训的权力下放给地方私人企业，联邦政府只起协调资助作用。《卡尔伯金斯生涯与技术改进法》把职业教育延伸到了工作阶段，支持在学校、学位授予机构、劳动力市场和企业等之间建立伙伴关系，为个人的发展提供接受再教育的机会，使其获得保持竞争力所必需的知识。

美国职业教育校企合作制度除了立法的重要作用外，更重要的在于政府、企业、学校三方对校企合作制度的重视。早在1962年就由教育家和企业家组成了全国合作教育委员会，1963年又成立了美国合作教育协会。1991年美国劳工部为了帮助学校了解如何改革教学大纲和教学内容，以期让学生取得将来在职场成功所需的高效率技能，还专门成立了"获取必要技能部长委员会"，该委员会强调学校必须通过教育让学生"学会生存"，为此发表了题为《职场要求学校做什么》的报告，极大地推动了美国校企之间的合作。

(三) 日本校企合作制度的嬗变

在日本,校企合作又被称为产学合作。它是政府主导、中介机构深度参与的科技发展机制。与美国发展合作教育的社会经济背景相同,日本的产学合作也是在20世纪50年代中期经济高速增长的背景下快速发展起来的。日本的校企合作制度与美国所不同的关键在于日本政府对职业教育起着绝对的宏观调控和管理的作用,因而又被称为“官产学合作”。这与美国自下而上的变革和发展,相对灵活的管理是有所不同的。在日本的校企合作具体工作是由企业协会、科技协会和学术协会来执行,这些协会组织规范、管理严密、分工细致、任务明确、规章清晰,在沟通企业、学校、学生、社会、就业等方面起着重要作用。

二战后,日本在美国的快速发展中看到了经济迅速崛起的缘由,对教育领域进行了全面改革,职业教育在此次改革中发生了重大变化。在政府的引导下日本逐渐形成了官产学联合开发机制,并围绕着产学合作出台了一系列深化职业教育的法律法规措施。具体如表3所示:

表3　二战后日本产学合作相关法律法规

颁布时间	法 律 法 规
1956年	《产学合作教育制度咨询报告》
1957年	《关于振兴科学技术教育的意见》
1960年	《关于产学合作》
1960年	《国民收入倍增计划》
1961年	《学校基本法(修订)》
1969年	《职业训练法》
1985年	《职业能力开发促进法》
1993年	《职业能力开发促进法(修订)》

这些有关校企合作的法律法规大致可分为两类。

1. **纲领性政策**

如1961年修订的《学校教育法》第四十五条第二款规定,凡在国家指定技能教育机构学习的高中生,其所学课程和学分可视为高中课程和学分的一部分,毕业时发给证书,享受高中毕业的同等待遇;职业培训机构、全日制高中、函授制高中三结合;普通课主要采取函授教学方式,基础课采取定时制。企业为提高在职初中毕业生的水平，一方面聘请高中教师定期到企业授课，另一方面也组织他们进入全日制高中，学习有关基础课和专业知识，并加强高中教员与企业技术人员的交流，第一次通过法律的规定使得这种合作的学校制度化。

进入80年代，日本经济进入了一个结构转型时期，劳动力市场出现了一些新的变化。1985年日本政府公布《职业能力开发促进法》用以取代原有的职业训练法，它的出台成为日本职业教育校企合作基本法的标志，依据经济社会的发展先后历经了3次修改。其后因为泡沫经济发展、产业结构的改变以及高龄化社会所衍生出一系列的问题，又于1993年大幅修订《职业能力开发促进法》，其改革重点在于确立事业机构实施教育训练或在职训练制度的地位。

2. 配套性政策

如《"产学合作的教育制度"的咨询报告》，建议在国内推行产学合作教育制度，希望通过产业界和大学之间的直接联姻，减少教育投资的浪费，灵活调解中等和高等教育的系、科设置，最大限度地发挥教育的经济功能，使日本教育真正成为支撑经济发展的重要支柱。随后，日本经营者团体联盟发表《关于振兴科学技术教育的意见》，重申"要进一步加强大学与产业界的合作关系"，要求"进一步加强企业内技术人员的培养制度与定时制高中及函授制高中之间的联系"，并提出了具体合作方案，如产业界可以对大学实行技术上的委托研究，从大学聘请技术顾问；大学可派遣讲师、学生到工厂实习等等。

日本生产性本部赴美考察后于1958年设置了"产学合作委员会"。1960年出台的《国民收入倍增计划》则首次把教育规划纳入经济计划之中，正式提出"对于教育训练来说，今后更重要的是推进产学合作"，"必须强化学校与民间技术人员、熟练工人之间的合作体制，强化学校教育与职业训练的联系"。它标志着产学合作教育制度的最终确立。

二、德国、美国、日本职业教育校企合作制度的分析比较

（一）德国、美国、日本职业教育校企合作制度的特征分析

发达国家在校企合作制度的构建上都结合自己的国情、社会文化背景、经济发展水平、职教发展内在要求等因素，在合作形式、主导因素、角色分配、运行机制方面都有着各自不同的侧重点，如表4所示：

表 4　德国、美国、日本三国校企合作制度的比较

特征因素 \ 国别	德国	美国	日本
合作形式	双元制	合作教育	产学合作
主导因素	企业主导	学校主导	政府主导
角色分配	——企业、行会、职业学校以及跨企业培训中心共同参与 ——共同承担双元制的规划、实施和资金筹措以及改善责任	——州政府管理，学院董事会和院长负责具体工作 ——合作资金来源一部分是政府财政补贴，另一部分主要由基金会赞助	——政府宏观调控管理，行业协会、科技协会和学术学会来执行具体工作 ——采取地方拨款和国家下拨给地方的税款相结合的措施
运行机制	——企业提供培训岗位 ——学员与企业签订培训合同 ——学员学习阶段的优劣将决定他今后能否被企业录用	——专业委员会按岗位需求确定培养目标 ——学校和企业共同制定、监督工读计划 ——学校和企业各派一名教师任协调人	——文部省、劳务省、通商产业省共同参与，各司其职 ——在大学中设立专门的产学合作研发机构，重点在于科技成果转化

发达国家校企合作制度的建立虽然各有侧重点，但都用法律的形式明确规定各类企业在职业教育中的责任与义务，以保障职业教育的顺利发展。具体呈现出以下三个共有特征：

第一，合作形式多样。多形式的校企合作满足了不同职业教育需求学生的要求，满足了不同职业岗位和职业学校的实际要求；例如美国合作教育的主要模式既有每个月进行学校和企业交替学习的交替式模式，也有利用课余时间学习的并行式模式，更有利用寒暑假进行交替学习的契约模式，这在时间上满足了不同学生的需求；同时在学校层次上既有综合中学又有社区学院，满足了不同层次学生需求。在日本，企业和学校的合作既有与高中的合作，也有与大学的合作，针对不同层次的学生，学校也采取了相应不同的合作形式。高中同产业界的合作具体通过诸如双结合（定时制高中同企业里的职业训练机构合作）、三结合（定时制、函授制高中及职业训练机构三方合作）委托培养、巡回指导和集体入学等形式进行。大学与产业界的合作主要表现在：产业界向大学投资，校企双方在人员上进行交流，企业委托大学搞科研项目。

第二，职责分工明确。政府、企业、学校三方责权利做到了较好的统一，使制度的运行做到组织规范、管理有序;职业教育与企业各自属于不同的行业,校企之间的合作很难像一般企业那样直接达成契约或股份合作,而设立专门组织机构,在校企之间搭建桥梁,这是发达国家常用的办法。例如,美国的国家合作教育委员会、日本的产学恳谈会、德国的行业协会一样,都起到了协调合作各方顺利完成合作项目的作用。

第三,分摊机制完善。经费问题一直是校企合作中的一块软肋。校企合作需要大量资金的投入,发达国家建立了良好的合作教育成本分摊制度,较好地解决了教育过程中的经费问题。例如,德国在挑选合作企业时就筛选了那些颇具规模的中大型企业,这为校企合作奠定了良好的物质基础;美国则主要采用基金会的赞助与政府拨款相结合的方式;日本则采取地方拨款和国家下拨给地方的税款相结合的措施。

(二)德国、美国、日本职业教育校企合作制度的影响因素

第一,社会劳动力市场因素对校企合作制度构建的影响。职业教育与社会和企业之间的密切联系,是教育与经济、科技的重要结合点,是把人力资本优势转化为现实生产力的重要桥梁。职业教育"与生俱来"的经济功能决定了职业学校和企业合作的过程中必须考虑社会劳动力市场因素的变化。无论是德国还是美国抑或日本都在不断适应劳动力市场环境变化,据此来制定和调整法律以及相关配套政策制度。例如,上世纪80年代初期的美国产业已基本完成由劳动密集型向技术密集型的转化,生产力水平大大提高,社会对各类应用型人才的需求进一步增加。特别是上世纪70年代以来受到日本在汽车、电子等领域经济上的挑战,美国社会经过认真反思后认为,科研与生产脱节,许多研究成果没有及时转化为产品,产学没有很好地结合是重要因素之一,于是1984年颁布《伯金斯职业应用技术教育法》,规定了联邦政府可以拨款推动政府和私人企业在职业教育领域开展合作。

第二,政府因素在校企合作制度构建中的作用和定位。德国、美国、日本这3个二战后迅速崛起的发达国家都非常重视职业教育中学校与企业的合作关系,虽然德国、日本有独立的职业教育培训体系,而美国则没有,但这并未削弱政府对于校企合作制度构建上的宏观调控和管理作用。在立法上,政府根据劳动力市场的变化不断跟进相关的法律和政策;在财政投入上,逐步增加政府投入,积极拓宽投资渠道;在职责分工上,国家的总体发展战略规划和宏观调控的职责一直发挥重要作用,同时明确地方政府、企业、学校的定位,使三者做到责权利的统一。

第三,企业参与职业教育的定位和途径。企业关心职业教育、参与职业教育

的热情，总体上来看与其生产力的发展水平和经济体制有着密切的关系。发达国家生产力高度发达，企业资金和技术实力雄厚，使得企业有条件去关注职业教育。其次，市场经济的竞争机制也使得发达国家的企业时刻关心企业的生存能力和竞争能力，企业人力资本优势的竞争是企业之间竞争能力的关键因素，因而与经济部门联系最紧密的职业教育得到了企业的重视。德国企业参与职业教育是一种自愿的行为，这与德国有着悠久、完善的学徒制、行会制度密切相关；美国企业参与职业教育不仅有法律上明文规定而且就其内在要求上也是如此，这与思想上深受实用主义思潮影响同时又拥有高速发展着的生产力密切相关，因而社会需要大量可以直接从学校到工作的人员，这就迫使美国企业更为积极地支持和参与。日本无论是企业与学校合作参与职业教育，还是企业自主对在职员工进行继续教育，作为职业教育的组织者和实施者，企业从内在人员需求出发来设计和规划人才培养模式以及校企合作的内容。

第四，学校在校企合作中的定位。发达国家的校企合作往往企业占据了主导地位，但学校作为企业参与职业教育的合作方，一直以来保持着学校教育的特征，承担着传授基础知识的功能，着眼于学生整体素质和知识的系统性，学校教育虽然在企业参与职业教育的发展中，逐渐失去了其在职业教育中原有的主导地位，但是在教育思想、方法研究领域仍然具有不可替代的作用。学校通过与企业的联姻能够对当地劳动力市场需要迅速做出反应，及时调整人才培养方案、教学内容、教学方法以紧跟经济和社会的发展步伐。为此，学校投入大量的人力、精力和财力，发展与企业的合作关系。

三、完善我国职业教育校企合作制度的有益启示

（一）我国职业教育校企合作制度存在的主要问题

目前，我国出台的与职业教育校企合作相关的法律法规如表5所示：

表5　我国出台的有关校企合作法律法规

颁布时间	法律法规
1996年	《中华人民共和国职业教育法》（全国人大）
2003年	《关于进一步加强中等职业学校实习管理工作的通知》（教育部办公厅）
2005年	《国务院关于大力发展职业教育的决定》（国务院）

续 表

颁布时间	法 律 法 规
2006 年	《教育部关于职业院校试行工学结合、半工半读的意见》(教育部)
2006 年	《教育部关于在部分职业院校开展半工半读试点工作的通知》(教育部)
2006 年	《关于企业支付学生实习报酬有关所得税政策问题的通知》(财政部、国家税务总局)
2007 年	《中等职业学校学生实习管理办法》(教育部、财政部)
2007 年	《企业支付实习生报酬税前扣除管理办法》(财政部、国家税务总局)
2010 年	《国家中长期教育改革和发展规划纲要(2010—2020 年)》(国务院)

我国在校企合作制度的构建上不断完善,相继颁布了有关校企合作方向性、规制性、激励性的政策法规,但在合作的目标、深度、效度上与德国、美国、日本等国成熟模式的差距还十分明显,这使得我国职业教育校企合作的项目质量良莠不齐,合作形式多停留在表层。例如,《职业教育法》第三章第二十二条提出:“政府主管部门、行业组织、企业、事业组织委托学校、职业培训机构实施职业教育的,应当签订委托合同。”但究竟合同的基本内容如何界定、各相关利益主体的权责利又是如何划分并未明确提出。第四章第二十六条中提出:“国家鼓励通过多种渠道依法筹集发展职业教育的资金。”但具体可以通过哪些渠道,筹集的资金又有谁来管理和分配,缺乏必要的合作机制和制度的保障,更缺少统筹规划、统一布局,使得合作的层面较低,合作的稳定性、长期性较差,合作的效能得不到充分发挥。

《关于大力发展职业教育的决定》(国发〔2005〕35 号)、《教育部关于职业院校试行工学结合、半工半读的意见》(教职成〔2006〕4 号)相继出台后,各级政府召开了职业教育工作会议,出台了促进职业教育发展的一系列文件,但地方政府并未在《职业教育法》允许范围内制订具体实施条例,从法律层面上建立有效的校企合作保障机制,对校企合作中的学校、企业双方的权利和义务缺乏必要的监督和约束,尤其是对企业的利益保护不够。例如,在《企业支付实习生报酬税前扣除管理办法中》第四条规定:企业按照财税[2006]107 号文件规定支付给在本企业实习学生的报酬,可以在计算缴纳企业所得税时依照本办法的有关规定扣除。但在财税[2006]107 号文中并未说明具体按什么规定、什么标准、享受什么优惠政策,具体征管办法国家税务总局并未指定明确可操作的实施准则,对进一步推进校企合作的实质性指导力度不够。各级政府职能部门对校企合作的宏观调控包括组织、领导、保障与统筹规划、监督方面作用也有待进一步发挥。

《国家中长期教育改革和发展规划纲要(2010—2020 年)》第六章明确提出:“调动行业企业的积极性。建立健全政府主导、行业指导、企业参与的办学机制,制定促进校企合作办学法规,推进校企合作制度化。”第一次将“校企合作制度化”提到重要的位置上来,明确了我国在今后校企合作中的重点工作,但具体的配套政策和措施还有待出台和落实。

我国职业学校与企业合作制度与发达国家相比,在法律法规体系、主体职责划分、保障体系构建、合作监督机制方面都存在一定的差距,具体如表 6 所示:

表 6　我国与德国、美国、日本等发达国家校企合作制度的比较

类　别	中　国	德国、美国、日本等发达国家
法律法规体系	不完善,缺少可操作性、配套性的政策,以基本原则性的规定为主	有实效性、针对性的颁布相关法律,并配有对应的配套政策和落实措施
主体职责划分	政、校、企三方权责利划分不清,缺乏规范的组织管理	利益共同体的角色定位各有不同,三方的合作在法律规定下各司其职
保障体制构建	合作资金不足,来源多以政府为主,企业缺乏合作的激励性政策措施	多元化的资金投入体制,多样化的政策支持体制
合作监督机制	协调沟通不畅,缺乏相应的监督评价机构和配套制度	有专门的协调沟通机构、监督评价机构和配套制度

目前,我国很多企业也逐步认识到了校企合作的重要性,但由于校企合作需要企业一方投入大量的人力、物力、财力,增加了企业的运营成本,因而很多企业都不愿意与学校合作。一些企业很少参与学校的教学,学生也很少得到在企业进行真实、完整工作过程的学习机会。由于受校内实训设备条件、教师队伍水平、课程内容和教学方法等因素的影响,学校和企业的合作很难做到深度融合,在合作中没有协调合作的相关部门或专业人员,往往导致学校和企业两种环境的转化衔接不顺畅,双方从人才培养方案的制订、人员的配备、教学实践内容的确定到技术技能鉴定标准的设立、项目评估标准的实施等方面容易出现偏差。而在我国职业教育校企合作的法律法规中,主体权责规定较为笼统,界定不明确,缺乏实际的操作性,法律条目缺乏约束效力,以基本原则性的规定为主。各级政府尚未建立专门的协调机构负责设计、监督、考核和推行校企合作,造成很

多项目难以获得企业主管单位、劳动部门、教育部门的充分协调，校企合作主要靠“关系和信誉”建立与维系，缺乏合作办学的内在动力，难以形成长效的合作机制。其中除了相互的职责不清之外，也因缺乏必要的合作保障制度和资金的支持。尤其是建设资金的投入上，政府的调控机制不健全。

我国在双方的合作上也缺乏相应的监督评价机构和制度。德国培训企业之所以能选到高质量学徒，源于优秀申请者的竞争以及学习过程中的激励机制。学生作为企业的员工和学校的学生双重身份，如果考核不合格就不能获得相应的资格证书，也无法从事相应岗位的工作，这从根源上保证了校企合作培养人才的质量。德国有行业协会来监督校企合作的成效，在日本主要由行业协会、科技协会和学术学会来执行，在美国主要受相对完善的职业资格证书制度的制约。

（二）完善我国职业学校校企合作制度的政策建议

建立和完善校企合作制度，旨在发挥政府的统筹规划、管理监督职能，可以保证校企双方较为顺利地沿着既定目标、方式运行，确保合作内容的实现，保证校企双方应有的主体地位、发言权和应该享有的利益，而且可以强行推动合作不顺利的校企双方承担自己的合作职责，履行自己的义务，为培养高素质、技能型人才提供有力保障。德国、美国、日本等发达国家的成熟模式和经验为我们提供了一个值得借鉴和探究的思路。

启示一：法律法规上明确合作双方的权责利，出台合作的实施性、配套性政策

（1）政府应结合劳动力市场状况、行业企业需求标准、职业教育需求不断修订校企合作促进法规，实现《职业教育法》与《劳动法》的相互衔接。针对劳动合同中的法律准则及法律原则应同样适用于职业教育合同，明确职业学校学生接受企业培训过程中的身份，明确规定政企校三方的责权利，保障受教育时间和条件，规范企业对受教育者的劳动报酬、劳动保护和伤害保险等，进一步强化校企合作在职业教育中的重要位置。

（2）建议国务院出台校企合作的专门性法规。由教育、发改、税务、人力资源和社会保障等部门共同起草，国务院和地方政府根据经济发展和劳动力市场结构等特征制定具体实施条例，实现国家立法与地方政府立法相结合，进一步细化和明确政府、行业企业、学校及受教育者在校企合作中的权利和义务，明确合作企业的资质以及获得政府补助和优惠的经费扶植性、保障性条款，规范校企合作的组织、实施、评价、监督的各个环节和过程。

(3) 建议国务院和地方政府联合有关部门出台实施细则的补充、配套政策。例如企业接纳职业院校学生学习发生的物耗的资助标准,企业委托职业院校开发新产品发生的研究开发费用,享受企业所得税的优惠幅度,相关部门引导和鼓励企业参与校企合作的具体举措等。

启示二:建立校企合作的联动机制,完善资源共享、利益共享的管理措施

(1) 成立专门机构来协调和保障校企合作。例如成立协调委员会,委员会由行业专家、学校教师、学校合作项目协调人、企业合作项目协调人、企业教师组成,合作双方共同商议和监督合作过程。由专人负责管理具体合作事项并随时处理合作中出现的问题以及跟踪调查和全面的评估。

(2) 制定企业资质认证细则。由发改委牵头,教育、人力资源和社会保障、财政、税务等行政部门通过联席会议等形式共同制订校企合作企业资质认证细则,从生产规模、经济效益、劳动安全、诚信经营等方面设置相关标准,遴选有能力和资质承担校企合作的企业,并对合作质量高的企业进行宣传,加大职业教育校企合作的社会影响和社会效益。

(3) 建立企业内部培训师任用制度。在人事主管部门、教育主管部门、行业企业主导下,从企业遴选具有熟练生产技能和较高职业素养的职业教育培训师进入职业院校中,根据不同行业、专业特征和课程需求,分别进行长期、中期、短期的培训。根据企业培训师拥有的不同知识技能结构特征来聘任或聘用,或给予编制或进行劳动力购买,并把培训师的指导业绩作为培训师职务晋升与工资升级的依据之一。

(4) 完善教师下企业实践制度。通过访问工程师、访问经济师等形式深入企业进修,推动职业学校教师以促进信息交流和技术共享,提高职业教育培养人才的能力和水平。企业和学校应共同制订教师下企业的实践计划,使教师下企业做到有的放矢、分层推进,带着一定的项目去企业实践,参与合作研发、技术改造等工作。同时,还应引入职业学校教师下企业实践的监督和评价机制,避免教师下企业实践流于形式。

启示三:建立多元化的投入体系,细化政校企三方承担校企合作所需的经费比例

(1) 政府除了稳定增加对职业教育的投资外,应鼓励、吸引社会资金以基金会、组织和个人的形式投资于职业教育,对参与校企合作的质量较高的企业应可以获得政府的税收减免、经费补偿和表彰奖励。

(2) 应规定国家和地方政府对职业教育校企合作经费的负担比例、对职业教育校企合作的拨款办法、对学校实验实训场所建设的资金投入分配比例及对企业的补助办法，对学生的资助、补助费用等。

（3）教师到企业实习、实践期间的工作量应由学校制订补贴标准，发放相应津贴。学生在企业实习中的消耗以及企业对培训师培养的付出应由国家或地方政府制订相应的补偿标准，给予补偿。

启示四：完善过程性的评价监督体系，发挥各自的监督职能

（1）成立由教育、人力资源和社会保障部门组成的专门管理委员会进行劳动监察；负责校企合作的过程监督、纠纷仲裁、考核奖惩、信息公告等，对校企合作的组织和管理成效进行绩效评估，对落实校企合作政策和制度的情况进行督查。

（2）专业合作委员会监督的主要内容有校企双方协议条款的履行情况、企业的合作（服务）态度、专项资金的使用情况、校企合作项目进展情况、教师教学和学生学习的考核工作等。

（3）建立学校、家长、企业三方的合作信息定期通报制度、重大问题及时汇报制度、重大失误责任追究制度。

【参考文献】

1.《联邦职业教育法》[Z]，2005 年。

2.《联邦职业教育促进法》[Z]，1981 年。

3.《中华人民共和国职业教育法》[Z]，1996 年。

4.《国务院关于大力发展职业教育的决定》[Z]，2005 年。

5.《教育部关于职业院校试行工学结合、半工半读的意见》[Z]，2006 年。

6.《企业支付实习生报酬税前扣除管理办法》[Z]，2007 年。

7.《国家中长期教育改革和发展规划纲要（2010—2020 年）》[Z]，2010 年。

8. 石伟平：《比较职业技术教育》[M]，华东师范大学出版社，2001 年版。

9. 滕大春：《美国教育史》[M]，人民教育出版社，2001 年 10 月版。

10. 沈学初：《当代日本职业教育》[M]，山西教育出版社，1996 年，第 41 页。

11. 王璐：《德国"双元制"职业教育法律法规研究》[D]，天津大学出版社，2009 年版。

12. 苏俊玲：《美国职业教育校企合作实践的研究》[D]，华东师范大学出版社，2008 年 5 月版。

13. 刘冬:《战后日本职业技术教育政策研究》[D],河北师范大学出版社,2009年9月版。

14. 姜大源:《职业教育立法的跨界思考》[J],载《教育发展研究》2009年第19期。

15. 石伟平、徐国庆:《世界职业教育体系比较研究》[J],载《职业技术教育》2004年1月。

16. 姜大源:《德国企业在职业教育中的作用及成本效益分析》[J],载《中国职业技术教育》2008年4月。

17. 殷翔文、马斌、马成荣:《中等职业学校学生顶岗实习制度研究(上)——基于江苏实践的现状调查与问题剖析》[J],载《中国职业技术教育》2008年9月。

18. 殷翔文、马斌、马成荣:《中等职业学校学生顶岗实习制度研究(下)——制度设计视野下的顶岗实习》[J],载《中国职业技术教育》2008年11月。

19. 马成荣:《校企合作模式研究》[J],载《教育与职业》2007年8月。

20. 刘存刚:《美国的校企合作及其对我国职业教育的借鉴意义》[J],载《教育探索》2007年8月,第33页。

21. 李元元、邱学青、李正:《合作教育的本质、历史与发展趋势》[J],载《高等工程教育研究》2010年5月,第22页。

22. 张炼:《美国合作教育最新发展与面临的问题》[J],载《职业技术教育(教科版)》2004年第16期。

23. 周加仙:《美国企业参与职业教育的方式》[J],载《教育与职业》2000年4月。

24. 徐平:《美国合作教育的基本模式》[J],载《外国教育研究》2003年8月。

25. 罗朝猛:《日本职业教育立法的嬗变及特色》[J],载《职业教育研究》2006年6月。

26. 智瑞芝:《日本产学合作演变及政府的主要措施》[J],载《现代日本经济》2009年3月。

27. 刘力:《政府在产学研合作中的作用透视(下)》[J],载《教育发展研究》2002年2月。

28. 张惠梅:《我国与发达国家职业教育立法的差异性研究》[J],载《职教论坛》2007年4月。

29. School-to-Work Opportunities Act of 1994. http://www.fessler.com/SBE/act.htm.

30. Dyrenfurth, et al (1998). Research Institute for Technical Education and

Development (RITE).

31. Work-based learning and students with disabilities: one step toward high-skill, high-pay careers. http://www.thefreelibrary.com/.
32. http://www.bibb.de/.
33. http://en.wikipedia.org/wiki/Carl D. Perkins Vocational and Technical Education Act.
34. http://www2.ed.gov/offices/OVAE/CTE/perkins.html.

后　记

为深化对发达国家(地区)教育的进一步认识,更好地为教育行政决策服务,省教育科学研究院近期组织各研究所(中心)进行了比较教育的专题研究。

国际比较教育的专题选择,紧紧围绕当前教育改革与发展的重大问题,如0—6岁学前教育一体化、学前教育立法、基础教育质量标准、普通高中办学模式、新兴知名高校的发展、高校创新人才培养、终身教育体系建设、校企合作制度等,尤其是就理论研究较为前沿、实践探索存在着争议的若干问题,进行了较为深入的研究。这是省教育科学研究院建院以来第一次系统进行国际教育比较研究,既希望研究成果能为教育行政部门决策提供参考和依据,也希望为今后相关的决策咨询研究提供基础和积累。

最后形成的14篇报告,多数为省教育科学研究院各所(中心)的研究人员承担,部分为组织相关高校研究人员承担。全书由丁晓昌、杨九俊、彭钢同志统稿,省教育科学规划办公室承担了选题确定、项目公布、过程管理、文字编辑等相关组织工作。感谢江苏教育出版社对本书出版的大力支持,感谢责任编辑午新生付出的辛勤劳动。

编者

2011年10月